Inhalt

Titelfoto ©iaremenko - stock.adobe.com

Günter Calaminus
Geschäftsführer
W.I.S. Unternehmensgruppe

Günter Calaminus *ist seit Januar 2016 Geschäftsführer der W.I.S. Unternehmensgruppe mit Sitz in Köln. Seit über 25 Jahren ist er in leitenden Funktionen der deutschen Sicherheitswirtschaft auch für international operierende Sicherheitsunternehmen tätig. Zudem setzt er sich für die Entwicklung der Branche auch ehrenamtlich ein und ist u.a. im Verwaltungsrat des Brandenburgischen Instituts für Gesellschaft und Sicherheit BIGS aktiv.*

Vorwort

Sehr geehrte Damen und Herren,
liebe Leserinnen und Leser,

das Kompendium *„Sicherheit – Gesellschaft – Digitalisierung"* widmet sich aktuellen und künftigen Themen der Sicherheitswirtschaft und der Unternehmenssicherheit, die von ausgewiesenen Experten der Branche, von Verbänden und von der Wissenschaft aus verschiedenen Blickwinkeln und Perspektiven beleuchtet werden. Mit dem Kompendium verfolgen wir das Ziel, einen branchenübergreifenden Diskurs zum Thema Sicherheit im Zeichen der Digitalisierung – Chancen und Risiken anzustoßen.

Möglicherweise geht es Ihnen wie mir, wenn Sie mit Begriffen wie „Big Data" oder Digitalisierung konfrontiert werden: Reflexartig möchte man sich wegducken und hofft, dass der Themenkelch an einem vorüberzieht. Der Grund, und darauf geht *Dirk Zundel* in seinem *Beitrag „Digitalisierung – Keiner kann's mehr hören"* ein, liegt häufig darin, dass eine klare Definition und ein eindeutiges Verständnis über Digitalisierung fehlen. Zudem wird das so bedeutsame Thema in den Medien inflationär verwendet, ohne nachhaltig in die Chancen-, Nutzen- und Risikobewertung einzusteigen.

Fest steht: das Internet hat mehr als nur neue Formen der Kommunikation und den Online-Handel gebracht. Heute sprechen wir vom „Internet der Dinge", von Blockchain und Künstlicher Intelligenz (KI). Die Entwicklung von Hardware und Infrastruktur tun ihr übriges: Immer kleinere Prozessoren erzeugen immer mehr Leistung bis hin zum Quantencomputer. Datenautobahnen werden zu „Rennstrecken", per Glasfaser oder „wireless"; Deutschland muss sich eher fragen, warum es in Lesotho besseren Empfang gibt als hierzulande. Zurückbleiben ist keine Option. Der Kampf um die Regelungs- und Deutungshoheit auf dem „Grid" im Cyberspace findet seit Jahren statt. Die Datenschutzgrundverordnung (DSGVO) sei nur beispielhaft erwähnt.

Zuweilen fühlt man sich an die frühen 1980er Jahre und den Fantasy/Science Fiction Film Tron erinnert. Der Programmierer Flynn kämpft mit seinem Programm Tron gegen das alles beherrschende Master-Kontrollprogramm. Dieses hat ein gefährliches Eigenleben entwickelt und droht die Herrschaft auf dem Raster zu übernehmen. Was damals noch „Fantasy" war, hat sich heute zu einem ernsten und wahrhaftigen Problem entwickelt. Welche Bedeutung Bedrohungen aus dem Internet für die Wirtschaft und das Business Continuity Management sowie das geistige Eigentum und den Bestand Kritischer Infrastrukturen haben können, beleuchten der *Vorsitzende Volker Wagner* und der *Geschäftsführer Jan Wolter vom Bundesverband Allianz für Sicherheit in der Wirtschaft (ASW)*.

Wie es um die Sicherheitswirtschaft steht und wer zu ihr zählt, darauf gehen *Dr. Tim Stuchtey* und *Dr. Johannes Rieckmann* vom *Brandenburgischen Institut für Gesellschaft und Sicherheit* – kurz: *BIGS* – ein. In ihrem *Beitrag „Die Vermessung der Sicherheitswirtschaft – Wachstum und Veränderung im Zeichen der Digitalisierung"* gehen sie davon aus, dass es für eine Analyse erforderlich ist, „ein klares Verständnis von Sicherheit zu haben. Sicherheit wird am BIGS als das Ergebnis aus einer Funktion von externer Bedrohung und den Schutzleistungen einer Gesellschaft zu deren Kompensation betrachtet. Ceteris Paribus steigt also die Sicherheit, wenn der Staat oder private Wirtschaftssubjekte mehr für Schutzleistungen ausgeben oder die Bedrohung durch Kriminalität, Terrorismus oder Naturkatastrophen zurückgeht. Schutzleistungen können

demnach z.B. Ausgaben für die Polizei oder private Sicherheitsunternehmen sein." Zudem führe die fortschreitende Digitalisierung dazu, dass sich die Sicherheitswirtschaft verändere. „Immer günstiger werdende Sicherheitstechnik bei gleichzeitig steigenden Lohnkosten führen zu einer Verschiebung von Arbeit zu Kapital, das bei der Sicherheitsherstellung zum Einsatz kommt."

Nach Beiträgen, die grundsätzlich Chancen und Risiken aufzeigen sowie eine Zuordnung ermöglichen, sind die nachfolgenden Abhandlungen an der Praxis orientiert. Mit ihnen steigen wir auch in die Umsetzung von Digitalisierung in hochwertige Sicherheitsdienstleistungen ein. *Stephan Grinat* und *Philip A. Caspari* gehen in ihrem *Beitrag „Predictive Analytics und Künstliche Intelligenz in der Sicherheitswirtschaft"* u.a. der Frage nach, „warum Predictive Analytics und Künstliche Intelligenz nicht für ganzheitliche Sicherheitsarchitekturen genutzt werden und ob das derzeit vorherrschende Verständnis von Sicherheit den Anforderungen der Zukunft gewachsen sein wird". Wie sich die Digitalisierung und der Umgang mit dem Mehrwert „Unternehmensdaten" im Verbund mit qualifiziertem Sicherheitspersonal auf die Sicherheitswirtschaft und ihre Geschäftsmodelle entwickelt, beleuchten meine Führungskräfte. Sie sind erfahrene

Spezialisten im Bereich Corporate Security und verfügen über internationale Einsatzerfahrungen bei der Bundeswehr.

Mit dem Beitrag *„Drohnen in der Sicherheitswirtschaft"* von *Marian Meier-Andrea*, Geschäftsführer der bei Berlin ansässigen *Multirotor GmbH*, richten wir den Blick in die dritte Dimension. Etwas überspitzt könnte man sagen, dass die Entwicklung der aus dem Modellbau stammenden „Flugrobotik" und ihr Einsatz im Rahmen ziviler Sicherheitsanwendungen nahezu synchron mit der Digitalisierung verläuft. Der Beitrag veranschaulicht beispielsweise den polizeilichen Einsatz von Drohnen durch das Landeskriminalamt Berlin. Es setzt Multirotor-Systeme u. a. zur Tatortvermessung ein und hält sie inzwischen für unverzichtbar. Zudem werden interessante Alternativen zu personalintensiven Dienstleistungen bei der Objektbewachung aufgezeigt. In einer demographisch bedingt zunehmend schwierigen Personallage ein attraktives Instrument. Jedoch schildert der Autor diese Entwicklungen auch im Spiegel sich ändernder datenschutzrechtlicher Bestimmungen sowie sicherheitstechnischer Anforderungen, die für den Einsatz von Flugrobotik im Zusammenhang mit sicherheitsrelevanten Dienstleistungen unabdingbar sind.

Und dass mit der Digitalisierung herausfordernde Veränderungen einhergehen, weiß auch *Matthias Clausmeyer*, unser Chief Financial Officer. In seinem Beitrag *„Grundlagen der digitalen Transformation - Aus Sicht eines CFOs"* gibt er Einblicke in Voraussetzungen und Anstrengungen, die für eine erfolgreiche digitale Transformation notwendig sind. In seinem Beitrag „werden die aufgekommenen Fragestellungen sowie die gegebenen Antworten, die eigenen Erfahrungen und die hoffentlich gezogenen Lehren… skizziert, wobei diese Ausführungen auf keinen Fall als vollumfänglich anzusehen sind". Dennoch bieten sie dem geneigten und an einer digitalen Transformation interessierten Leser realistische und wegweisende Einblicke in diesen Prozess.

Abschließend beleuchtet *Dr. Frank Nikolaus* in seinem Beitrag *„Blockchain: Ein Fall für die Sicherheitswirtschaft?"* die zahlreichen Facetten der Blockchain/Distributed Ledger Technologie und ihre Auswirkungen auf die Sicherheitswirtschaft. „Es lässt sich feststellen, dass sowohl erhebliche Potenziale in der Schaffung zusätzlicher Sicherheit für Menschen und Daten in der Technologie wohnen, sie aber zugleich neue Bedrohungsszenarien schafft, die einer professionellen Absicherung und Verteidigung durch Unternehmen der Sicherheitswirtschaft erfordern."

Mit den Beiträgen in unserem ersten Kompendium unter dem *Titel „Sicherheit – Gesellschaft – Digitalisierung"* haben wir mit der W.I.S. Unternehmensgruppe Neuland betreten. Mit diesem Schritt beabsichtigen wir, einen inhaltlichen Beitrag zur Diskussion über den Digitalisierungsprozess in der zivilen Sicherheitswirtschaft zu leisten. In einer Zeit, in der private Sicherheitsakteure in Deutschland quantitativ und qualitativ immer bedeutsamere Partner für behördliche Sicherheitsakteure werden, setzen wir uns als TOP 10 Sicherheitsdienstleister, führender Technikintegrator und Spezialist für Corporate Security an die Spitze einer inhaltsgetriebenen Entwicklung.

Mein Dank gilt den Autoren dieses Kompendiums, die mit großer Begeisterung und Engagement das Projekt inhaltlich möglich gemacht haben. Zudem danke ich den im Hintergrund arbeitenden, fleißigen Händen meiner Mitarbeiter. Allen voran Maren Prill und Jan Wosnitzka-Koch, die unermüdlich die Organisation des Projektes betreut haben.

Ich freue mich, diese Entwicklung gemeinsam mit Ihnen anzugreifen und ins Gespräch zu kommen. Nun wünsche ich Ihnen viel Freude bei der Lektüre.

Mit freundlichen Grüßen /
Kind regards

Günter Calaminus

Dirk Zundel
Inhaber und Geschäftsführer
streamBASE GmbH

„Be aware of digital overkill"

...sagt einer, der die Commodore-Ära nicht etwa 'zockend' durchlebte, sondern den die Möglichkeiten und Chancen der Errungenschaft „Homecomputer" von klein auf faszinierten und bereits in früher Jugend dazu bewegten, nicht-kommerzielle Software für den Heimgebrauch zu entwickeln. Ob es sich dabei um die Organisation und Verwaltung der mehrere zehntausend Werke umfassenden väterlichen Bibliothek oder den Aufbau eines umfangreichen Medikamenten-Archivs handelte: Ordnung, Struktur und große Datenmengen waren schon immer seine Passion. Und dennoch mahnt Dirk Zundel, Jahrgang 1973, Eigentümer und Geschäftsführer der 2001 gegründeten streamBASE GmbH, zu „Achtsamkeit gegenüber maßloser Digitalisierung". Und das, obwohl er diese seit Anfang der 1990er aktiv und erfolgreich vorantreibt.

Nach dem Abitur 1993 macht sich Software-Experte Zundel parallel zum Studienbeginn an der Frankfurter Goethe Universität als Programmierer selbstständig. Neben verschiedenen klein- und mittelständischen Betrieben – darunter Apotheken, Reifenhändler und Taxiunternehmen – betreut er Fachabteilungen öffentlicher Einrichtungen und entwickelt hier vorrangig Individualsoftware für seine Kunden. Gemein ist allen Softwareprojekten die inhaltliche Fokussierung auf die Prozessoptimierung und -automatisierung. Sein Einkommen bessert der Informatik-Student in dieser Zeit zudem mit Nebenjobs auf – und kommt früh mit Sicherheitsdienstleistern in Berührung, für die er sowohl im operativen Geschäft als auch in der Softwareentwicklung tätig ist.

Mitte der 90er steigt er bei „ReadSoft" ein, einem schwedischen Software-Hersteller für automatisierte Auslesung gescannter, lesbarer Dokumente (OCR/ICR). Zundel beginnt mit der Entwicklung eigener Produkte; Software, für Dokumente und Informationen, die nicht computerlesbar sind, um das Firmen-Portfolio zu ergänzen. CODING entsteht: eine Software zur automatisierten und optimierten Bearbeitung aller denkbaren Informationsformate, die über zunehmende Kommunikationskanäle in Unternehmen eingehen.

Mit Gründung der streamBASE GmbH 2001 verlässt er ReadSoft, bleibt dem Unternehmen in den folgenden Jahre jedoch durch eine enge Kooperation weiterhin verbunden.

Mit CODING gelingt Zundel gemeinsam mit seinem hochqualifizierten Team die Umsetzung des von ihm propagierten „Ticketing" – einen Prozess zur hochindividualisierten Verarbeitung eventgesteuerter Masseninformationen – und bringt dieses Produkt fortan im Rahmen von Großprojekten – unter anderem bei renommierten Finanzdienstleistern, Callcentern mit Millionen von „Tickets" oder im produzierenden Gewerbe in der Maschinenüberwachung – erfolgreich zur Anwendung.

Trotz seiner anhaltenden Begeisterung für das heute brandaktuelle und populäre Digitalisierungsthema mahnt der Unternehmer vor einem „Digitalisierungs-Overkill":

„Im Zentrum aller Anstrengungen um technische Innovationen muss neben Vereinfachung von Prozessen und Steigerung des Unternehmenserfolges immer die sinnvolle Entlastung, Einbindung und Förderung der Mitarbeiter stehen. Keinesfalls dürfen diese Entwicklungen zum Verfall der Wertigkeit menschlicher Arbeit, Erfahrungen, Fertigkeiten – oder gar deren vollständige Auslöschung aus Arbeitsprozessen führen."

Digitalisierung...
keiner kann's mehr hören

Digitalisierung – Digitale Transformation – Disruption

Konfrontiert man Gesprächspartner mit dem Begriff „Digitalisierung" oder seinen engen Verwandten „Digitale Transformation", „Big Data" und „Disruption", erntet man entweder eine schmerzgeplagte Mimik oder gelangweiltes Abwinken. Das liegt zum Großteil vermutlich daran, dass diese Schlagworte einer gewissen Abnutzung unterliegen, einer Überreizung, denn sie werden mittlerweile inflationär für nahezu alles verwendet, was im weitesten Sinne mit „Computer" zu tun hat. Das wiederum ist ein Stück weit sicher der Tatsache geschuldet, dass es für den Begriff „Digitalisierung" in keinem Lexikon eine kantenscharfe Definition gibt, und der immer dann verwendet wird, wenn jemand oder etwas besonders innovativ wirken will.

Ähnlich verhält es sich mit dem Begriff „Disruption" – oder "disruptive Innovationen", also technischen Neuerungen, die bestehende Technologien oder Produkte nicht nur verbessern oder ergänzen, sondern gänzlich vom Markt verdrängen. Auch hier meist gelangweiltes Abwinken, denn die wenigsten können sich die Möglichkeit einer solchen Entwicklung für den eigenen „Wirkungsbereich", also die eigenen Dienstleistungen und Produkte vorstellen. Oder man stellt keinerlei Überlegungen einer Weiterentwicklung oder Erneuerung für sich und die eigene Branche an.

Dabei kann man allgemeingültig festhalten: Der Einsatz neuer 'Werkzeuge' befähigt zu neuen Endprodukten. Stehen also neue Werkzeuge grundsätzlich zur Verfügung, können die Endprodukte sich verändern, oder es können gänzlich neue entstehen. Im übertragenen Sinne bedeutet das: Werden veränderte Techniken ein- oder Prozesse aufgesetzt, ergeben sich unter Umständen vollkommen neue Perspektiven hinsichtlich Produkten, Angeboten und Dienstleistungen.

Ein einfaches Beispiel: Ein Gemälde lässt sich schnell, effektiv und sicher mit Hammer und Nagel aufhängen. Solange der Hammer nicht existiert, behilft man sich mit weniger optimalen Werkzeugen. Der Vorgang dauert dann länger als nötig und führt zu einem wenig exakten, wenig langlebigen Ergebnis.

Ist der Hammer „erfunden", wird dieser zum erfolgreichen Arbeiten eingesetzt. Dann folgt die Erfindung der Nagelpistole. Gegen diese kann der Hammer nun eingetauscht werden. Die Aufgabe wird noch schneller, effektiver und dabei weniger mühsam und anstrengend ausgeführt. Doch hey: Warum mit der modernen Nagelpistole eigentlich nur Bilder präzise aufhängen? Warum nicht eine komplette Wand- oder Deckenverkleidung? Ganze Häuser bauen? Wohnblocks? Vielleicht sogar Werkshallen, Schiffe, Stege? Mit dem neuen Werkzeug erscheinen die Gestaltungsmöglichkeiten auf einmal unbegrenzt. Und der Hammer? Nun – er wird bis auf weiteres seine Aufgabe erfüllen. Allerdings wird er ab jetzt weniger häufig zum Einsatz kommen. Und vielleicht überhaupt nur noch zum Aufhängen von Bildern. Und nicht jeder, der ein Leben lang mit Hammer gearbeitet hat, ist bereit, sich auf ein moderneres Arbeitsgerät wie die Nagelpistole einzulassen - oder ist in der Lage, mit dieser zurecht zu kommen; obwohl sie zweifelsfrei die besseren Möglichkeiten, die präziseren Ergebnisse und die größeren Gestaltungsräume eröffnet. Es wird also eng für den Hammer-Mann, der müde, kraftlos und neidvoll auf die Ergebnisse Anderer blickt. Derartiges hat es in der Geschichte der Menschheit immer schon gegeben – jedoch selten mit solch' einer Wucht, wie im Moment im Hinblick auf technische Möglichkeiten.

Der folgende Text befasst sich zunächst mit den Begriffsbestimmungen. Es folgen die im Unternehmen notwendigen Schritte für eine erfolgreiche Digitalisierung in fünf Phasen. Und am Schluss steht ein Ausblick auf die heute absehbaren wirtschaftlichen und gesellschaftlichen Auswirkungen der fortschreitenden Digitalisierung.

Was ist das eigentlich – Digitalisierung?

Versuchen wir, den Begriff der Digitalisierung folgendermaßen herzuleiten:

Unsere Welt besteht aus materialisierten Dingen, Feststoffen. Wir können uns in unserer Umgebung bewegen, Dinge nach Art und Beschaffenheit verorten und formen. Jedes Ding existiert. Verbindet man Stoffe entsprechend geschickt miteinander, können daraus neue nützliche Dinge entstehen – wie Autos, Werkzeuge, Möbel etc. Alle diese materialisierten Formen sind zunächst auf ihren Standort beschränkt. Denn es ist nur mit ziemlichem Aufwand möglich, z.B. einen Tisch von Köln nach Namibia „umzuziehen".

Was aber wäre, wenn es eine „Sprache" gäbe, die das „Ding" exakt beschreibt? Wenn das Möbelstück auf Papier gebracht, mit der Post versandt und am Bestimmungsort exakt nachgebaut werden könnte? Eine detaillierte Anweisung, welches Werkstück mit welcher Länge und Stärke an welcher Stelle auf welche Weise montiert werden muss. Der Transportaufwand würde entfallen, das Ding könnte in unbeschränkter Zahl und darüber hinaus mit anderen Materialien als Abarten des ursprünglichen Dings hergestellt werden. Richtig, diese Sprache gibt es längst: In Gestalt von Konstruktionsplänen.

Ähnlich ist es in der Ton-Übertragung: Zu bestimmten Zeitpunkten (einer Frequenz) wird die Höhe einer Schwingung abgefragt und mit einer Zahl beziffert. Auf diese Weise entsteht eine Zahlenkette, die beliebig versandt und durch Wiederherstellung der Schwingungen mit richtiger Frequenz und Höhe zurück zu einer Tonfolge geführt werden kann. Den Vorgang zur Erstellung dieses speziellen 'Konstruktionsplanes' nennt man „Sampling"; er wird bei der digitalen Übertragung verwandt; z.B. beim Telefonieren oder Musikhören. Da ist er also: der Begriff „digital".

„Digit" bedeutet nichts anderes als „Ziffer", und stammt ursprünglich aus der oben beschriebenen Messtechnik. Digitalisierung ist also eine Abbildung, eine „Vermessung" realer Gegebenheiten. Die aus der „Beschreibung der Materie" entstandenen Zahlenketten sind elektronische Datensätze, die beliebig übertragen und wiederhergestellt werden können. Auf diese Weise lässt sich praktisch die ganze Welt „vermessen" und für die Ewigkeit „ablegen"... Temperatur, Entfernung, Farbe, Gewicht etc. Der Detaillierungsgrad der Beschreibung – also wie präzise eine bestimmte Sache beschrieben wird – entscheidet über die Länge der Zahlenketten sowie darüber, wieviel Papier im Anschluss benötigt wird, um die

Dinge abzulegen. Beim Sampling beispielsweise produziert eine höhere Frequenz mehr Werte, sorgt allerdings beim Empfänger für eine entsprechend bessere Wiedergabequalität des Originals.

Zahlenketten und „Wertehaufen" werden allgemein als „Daten" bezeichnet. Mehr Beschreibungsdetails sorgen für eine höhere Datendichte. Schnelle Messung sorgt für eine höhere Alltagstauglichkeit. Große Speichermöglichkeiten sorgen für verbesserte Möglichkeiten in der Ablage. Schnelle Übertragungswege für Daten sorgen für direkte Weiterleitung und Wiederherstellung des Originals an jedem beliebigen Ort. Wow! Welche Möglichkeiten das birgt!

Schaltkreise und das „Gesetz" von Gordon Moore

Rechenmaschinen ermöglichen die Verarbeitung langer Zahlenketten, die bei der Vermessung – also der Digitalisierung – von Dingen entstehen. Waren jene bis Ende der 1960er Jahre vornehmlich für die vier Grundrechenoperationen im Einsatz und größtenteils noch mechanisch angetrieben oder auf Basis von elektrisch geladenen Röhren, begann Anfang der 1970er Jahre die Entwicklung der sogenannten elektronischen Mikroprozessoren mit einem seriell zugreif-

baren Datenspeicher in Form von Magnetbändern. Die Entwicklung vollintegrierter Schaltkreise und die zunehmende Miniaturisierung der Einzelkomponenten sowie neue frei wählbare Adressierungsmöglichkeiten für Speicher (direkter Zugriff auf Speicher-Positionen, ohne dafür ein Band spulen zu müssen – sogenannte „Random Access Memories" - RAM) trieben die rasante Entwicklung der Fähigkeiten der Mikroprozessoren bis heute an. Ein Prozessor kann mittels Befehlen (Programmierung) andere Maschinen oder elektrische Schaltungen steuern und dabei einen Prozess, einen Algorithmus ausführen.

Gordon Moore (geb. 1929 in San Francisco), Physiker und Mitbegründer der Firma Intel, veröffentlichte im Jahre 1965 seine Beobachtung, nach welcher sich die Komplexität integrierter Schaltkreise mit minimalen Kosten in einem ungefähren Zeitraum von jeweils ca. 24 Monaten regelmäßig verdoppelt. Die Aussage Moores wird heute als „Mooresches Gesetz" gehandelt, wobei es sich nicht um ein wissenschaftlich belegtes Naturgesetz handelt, sondern vielmehr um eine empirische Beobachtung. Es hat erstaunlicherweise bis heute Gültigkeit und macht deutlich, in welch rasanter Geschwindigkeit die elektronischen Möglichkeiten voranschreiten.
Jedes einzelne technische Gerät, vom Personal Computer über

das Mobiltelefon bis zu den sogenannten IoT-Geräten („Internet of Things", elektronische Geräte mit Anschluss an das Internet für eine unbeschränkte Kommunikationsmöglichkeit) unterliegt unmittelbar dieser Entwicklung.

Intranet und Internet

Als Intranet bezeichnet man einen eigenen, nach außen abgeschlossenen Verbund von Rechnern und selbständig agierenden Systemen. In aller Regel kommen für die Kommunikation der einzelnen Systeme untereinander im Intranet die gleichen Technologien zum Einsatz, wie sie auch im öffentlich zugänglichen Internet verwendet werden. Basis ist in aller Regel das Internet-Protokoll (IP), ein Satz aus Regeln und Formaten, die das Verhalten der angeschlossenen Systeme steuert – also die Sprache der Geräte. Im Intranet hat über das IP-Protokoll jeder angeschlossene Teilnehmer eine eigene Adresse – seine sogenannte IP-Adresse. Normalerweise handelt es sich dabei um eine segmentierte, durch Punkte getrennte Zahlenreihe (im IP-V4-Netz). Die einzelnen Segmente dienen u. a. dazu, das Intranet in Bereiche einzuteilen. Beim Versand von Nachrichten „signiert" der Teilnehmer seine Information mit dieser eigenen Adresse und gibt die Adresse des Empfängers der Nachricht an. Anschließend geht dieses (Daten-) Paket auf die Reise durch die

Verkabelung des Unternehmens oder über entsprechende Drahtlosnetzwerke. Kommt die Nachricht beim Empfänger an, so kann er sie verarbeiten und ordnungsgemäß bestätigen.

Das Ganze geschieht mit sehr hoher Geschwindigkeit, die in Bit pro Sekunde angegeben wird. Wenn diese Übertragungsrate sehr groß ist, wird sie in Mbit/s (Megabit) bzw. Gbit/s (Gigabit) beschrieben. Das Internet hingegen ist ein weltweites, öffentliches Intranet und stellt sich somit als Verbund von Rechnernetzwerken (z.B. Intranets) und einzelnen selbständig agierenden, direkt verbundenen Systemen dar. Auch hier gilt: Jeder Teilnehmer erhält seine eigenständige IP-Adresse, um mit anderen Teilnehmern kommunizieren zu können. Eine solche Adresse sieht zum Beispiel so aus: „178.202.122.171".

Im bislang noch verwendeten Protokoll IPv4 ist es möglich, insgesamt 4.294.967.296 solcher Adressen zu vergeben, wobei nur 3.707.764.736 wirklich verwendbar sind. Der Rest ist technisch nicht adressierbar oder für andere feste Aufgaben reserviert. Die Anzahl verfügbarer Adressen ist jedoch in absehbarer Zeit aufgebraucht, was ein sehr deutliches Indiz dafür ist, in welch rasanter Geschwindigkeit das Internet, genauer die Anzahl angeschlossener Geräte wächst, denn Intranets aus Unternehmen reservieren in aller Regel nur wenige „externe" Adressen (alle einem Intranet angeschlossenen Systeme verfügen über eigene, nicht öffentliche Adressen). Um diesem Engpass zu entgehen, ist derzeit die Einführung des neuen Internet-Protokollstandards IPv6 im Gange, welches alphanumerische Adressbereiche vergibt und damit die Anzahl der möglichen IP-Adressen von ca. 4,3 Milliarden im IPv4-Netz auf ca. 340 Sextillionen (eine 3,4 mit 38 Nullen) erhöht. Das sollte dann erstmal eine Weile reichen. Die neuen IP-Adressen sehen z.B. folgendermaßen aus: „2001:0db8: 85a3:08d3:1319:8a2e:0370:7344".

IoT und „smarte" Geräte

Doch wozu dieser Hintergrund zu den Netzwerkprotokollen? Die bereits oben beschriebene Entwicklung der „Internet of Things" (IoT) sorgt für diese gesteigerte Anforderung individuell zuordenbarer Adressen. Die Miniaturisierung der Komponenten macht es möglich, auch noch so kleine Gegenstände mit einer weltweiten Kommunikationsmöglichkeit auszustatten. Gemeinhin sorgt eine solche Funktionserweiterung bei einem Gegenstand dazu, dass er als „smart" bezeichnet wird. Vom „Smart"phone, über das „smarte" Haushaltsgerät, welches Bestellungen und Serviceintervalle selbständig regelt, bis hin zu „smarten" Verpackungen, die ihren Preis im Ladenregal der aktuellen Verfügbarkeit, der Tageszeit oder der Entwicklung der auf z.B.

politische Ereignisse reagierenden Märkte anpassen können. Dabei sind es eigentlich nicht die Gegenstände selbst, die smart werden. Vielmehr können sie sich durch die ihnen verliehene Kommunikationsfähigkeit mit Portalen verbinden, welche Informationen sinnvoll zusammentragen und auswerten und mit der gewonnen „Erkenntnis" ihrerseits die verbundenen Gegenstände füttern und steuern; das bedeutet: Das Portal macht Gegenstände smart.

Bereits heute werden kleinste Komponenten wie z. B. Schrauben oder Kugellager mit entsprechender Kommunikationstechnik ausgestattet. Damit können sie ihren jeweiligen Zustand regelmäßig übermitteln und so Ausfälle durch frühzeitige Warnmeldung vermeiden helfen. Servicetechniker können dann gezielte Wartungsmaßnahmen präventiv durchführen, und die Verfügbarkeit der Teile kann bereits vor Reparaturbeginn sichergestellt werden. Dafür sind bei entsprechender Verbindung mit dem Internet keine geografischen Grenzen gesetzt.

Und wie geht's denn jetzt los bei uns?

Die „Digitale Strategie"

Der Begriff der „Digitalen Strategie" ist ebenso in der Findungsphase wie der Begriff der Digitalisierung selbst. Doch benötigt ein Unternehmen, das sich mit Digitalisierung auseinandersetzt, zwingend einen Fahrplan, wer was bis wann zu tun hat, um ein – zugegebenermaßen schwer zu definierendes – Endziel der Digitalisierung zu erreichen. Was können, wollen, müssen wir digitalisieren? Wann sind wir „digital genug"? Wie könnte ein digitales Endziel aussehen? Und – gibt es ein solches überhaupt?

Die oben beschriebenen technischen Entwicklungen sorgen seit den 1990er Jahren in den Unternehmen dafür, dass dort eine „digitale Elektrifizierung" Einzug gehalten hat. Man könnte das als eine Art Vorstufe des Begriffs der Digitalisierung bezeichnen, denn im Wesentlichen handelte es sich um den Einsatz neuer Technologien zur Optimierung von Prozessen und Ressourcen. Allerdings ging dieser Prozess in aller Regel von einzelnen Fachbereichen aus, in Form von Insellösungen für das jeweilige Anwendungsgebiet. So wurden eigene Prozessabläufe definiert, Systeme zur Datenerfassung, -erhebung und -analyse angeschafft, Datenstrukturen gebildet und zum Teil aus zeitlicher, finanzieller oder fachlicher Not Abteilungsanwendungen von dazu zufällig befähigten Mitarbeitern entwickelt; vielfach auch auf Plattformen, die sich für eine professionelle Datenverarbeitung nicht eigneten. Eine umfassende, ganzheitliche, unternehmensweite digitale Strategie wurde nur selten entwickelt. Unzählige Einzelprojekte wurden mit „heißer Nadel" gestrickt.

Lediglich in Großkonzernen war ein Durchmarsch von Komplettlösungsanbietern (bspw. SAP) zu beobachten. Solche Komplettlösungen realisierten in (mehr oder weniger) nur einer zentralen Datenbank spezielle Lösungen für einzelne Abteilung, also vorbereitete Prozesse in strukturierten, starren Eingabemasken. Der Traum von einer Vereinheitlichung, Standardisierung und Struktur wurde Wirklichkeit, allerdings zu einem sehr hohen Preis. Abweichungen vom vorgegebenen Standard mussten und müssen noch immer aufwändig in die starren Vorgaben einprogrammiert werden. Ein Aufwand, den kleine und mittelständische Unternehmen nur schwer stemmen können. Hinzu kommt, dass Mitarbeiter zur bloßen „Erfassungskraft" degradiert werden. Vorgaben erleichtern zwar Abläufe, doch verhindern sie jegliche Eigeninitiative und Flexibilität. Einer der Gründe, warum mancher Kunde bei Anruf einer Hotline Antworten wie „Das kann ich so im System nicht eingeben" zu hören bekommt.

Die „Digitale Strategie", wie sie derzeit propagiert wird, hat einen breiten, einen ganzheitlichen Ansatz – für jedwede Unternehmensgröße – und kann genau genommen nicht 'Bottom-Up' entwickelt werden. Um eine Komplettlösung anzustreben, müssen vielmehr finanzielle und personelle Ressourcen zur Verfügung gestellt werden – ohne sich dabei in der Definitionsphase von aktuell im Markt befindlichen eigenen oder anderen Produkten oder Angeboten beeinflussen zu lassen.

Um die obige Frage nach einem möglichen Endziel der Digitalisierung beantworten zu können, ist von der Grundmotivation jedes Unternehmens auszugehen, die in der Erhaltung der Wettbewerbsfähigkeit im Markt begründet ist; ein unter Umständen schwieriges Unterfangen. Je länger ein Unternehmen im Markt existiert, umso tiefer sind seine Wurzeln und desto schwieriger sind meist irgendwelche Veränderungsprozesse. Alte Strukturen müssen aufgebrochen und neu organisiert, Abläufe angepasst oder eliminiert, alte Gewohnheiten – intern wie extern – neu definiert werden. Da haben es „Newcomer" oder „StartUper" leichter – sie sind zu einem völlig anderen Zeitpunkt in ein anders funktionierendes Marktgeschehen eingestiegen, bringen andere Voraussetzungen mit, sind beweglicher. Der zeitliche und „räumliche" Startpunkt einer individuellen „digitalen Strategie" hängt somit wesentlich von der herrschenden Informationskultur und -philosophie sowie von der existierenden Unternehmensstruktur ab.

Digitale Strategie in fünf Phasen

Ein sauberer und für alle Arten von Unternehmen geeigneter Ansatz zur Definition einer digitalen Strategie kann in die folgenden fünf Phasen unterteilt werden:

1. Phase: Datenmodellierung
2. Phase: Informationssammlung und Normierung
3. Phase: Umdenken
4. Phase: Prozessidentifikation und -optimierung
5. Phase: Anwendung neuer Möglichkeiten

Sind die Phasen 1 und 2 eher technischer Natur, beginnen ab Phase 3 die enge Einbindung und Zusammenarbeit aller Mitarbeiter im Unternehmen. Je genauer die einzelnen Phasen vorab definiert werden, desto klarer kann eine Aufgabenverteilung stattfinden und desto eher können möglicherweise benötigte externe Ressourcen ins Boot geholt werden.

Generell gilt: Der Aufbau einer „Digitalen Strategie" besteht nicht darin zu prüfen, mit welchen Systemen am Markt das Kerngeschäft betrieben und andere Absatzmöglichkeiten am besten genutzt werden können. Das hätte zwangsläufig zur Folge, dass die Systeme den Weg der Umsetzung sowie die möglichen Ziele vorgäben.

Die Formulierung einer digitalen Strategie muss in allen Phasen im Einklang mit den folgenden beiden Überlegungen stehen:

- *Wer zählt in meinem Geschäft, meinem Unternehmen, zu meinen Akteuren und wie kann ich geschäftsrelevante Informationen zentralisiert und einheitlich ablegen und pflegen?*

- *Wie kann ich nun auf Basis dieses Wissens aus meinen Daten Möglichkeiten schaffen, um Kernkompetenzen in die neue digitale Welt zu transferieren?*

Phase 1: Die Datenmodellierung

Wir lernen unser Unternehmen kennen – mal anders!

Entitäten – die Akteure der digitalisierten Company

Der Erfolg der Arbeit in dieser Phase hängt ganz wesentlich davon ab, alle im Unternehmen eingebundenen Personen, Dinge, bestehenden Verbindungen, Informations- und Interaktionswege, Abhängigkeiten, Zuständigkeiten und Aktionen zu identifizieren. Dabei steht nicht das einzelne Individuum im Blickfeld, sondern es kommt auf die jeweilige „Gattung" an, der es zugeordnet ist.

Im Klartext: Es geht nicht darum „Herrn Meier", im „Kopierraum 2", am Drucker „HP 1423c", zu „inventarisieren", sondern um die Informationen „Mitarbeiter", „Drucken", „Drucker", „Raum". Nun können einzelne Attribute vergeben werden: Mitarbeiter-Name, Mitarbeiter-Vorname, Druckername, Druckerhersteller, Raum-Nummer. Wichtig bei der Definition der Attribute ist die Grundüberlegung, wozu sie benötigt werden; der Mitarbeitername beispielsweise, um das Druck-Ergebnis der richtigen Person zuzuordnen. Druckername und Raumnummer werden benötigt, um das richtige Gerät am richtigen Ort zu finden. Demgegenüber haben z. B. Körpergröße oder Alter des Mitarbeiters, maximale Blattaufnahme des Druckers oder die Raumgröße keinerlei Bedeutung für den Vorgang „Drucken". Um Überladungen zu vermeiden, sollten Attribute ohne sachliche Bedeutung nicht einbezogen werden. Sollten sie später dennoch benötigt werden, lassen sie sich verhältnismäßig leicht hinzufügen.

Um ein erstes Verständnis von Unternehmensabläufen, -inhalten und -zusammenhängen zu gewinnen, sind einleitend intensive Gespräche mit den Verantwortlichen der zu betrachtenden Abteilungen notwendig. Im Verlauf feinmaschiger, konzentrierter Interviews mit den jeweiligen Verantwortlichen über Vorgänge, Prozesse, Arbeitsweisen, Protagonisten, Systeme und Hardware wird identifiziert und dann definiert, wer was wo und wann mit wem in Abhängigkeit von wem oder was mit welcher Konsequenz und welchen Hilfsmitteln auf welche Weise zu tun oder zu lassen hat. Kurz: So entstehen Entitäten. „Entität" ist der Sammelbegriff für eben diese unterschiedlichen Dinge, Sachverhalte oder Ereignisse, Abstraktes oder Gegenständliches. Den Entitäten werden Attribute zugeordnet, um sie zu beschreiben und zu klassifizieren. Bei den Zuordnungen handelt es sich um ganz banale Merkmale wie Namen und Adressfelder für Kunden, Objekte oder Mitarbeiter, aber auch um prozessrelevante Informationen wie Status oder Gewichtung

einzelner Sachverhalte. Je granularer der Interview-Prozess an dieser Stelle durchgeführt wird, und je detaillierter einzelne Fachsysteme bezüglich ihrer Datenmodellierung untersucht werden, desto exakter bildet die Definition der Entitäten anschließend die Wirklichkeit ab. Und das ist das Entscheidende: Die möglichst wirklichkeitsnahe und genaue Abbildung der (Unternehmens-) Wirklichkeit auf Datenbasis – ähnlich dem eingangs beschriebenen Konstruktionsplan.

Wird nun auf diese Weise Fachbereich für Fachbereich, Abteilung für Abteilung durchkämmt, ergibt sich eine umfangreiche Sammlung an Entitätendefinitionen mit zahlreichen dazugehörigen Attributen. Auf dieser Basis entsteht ein Bild, wer mit wem auf welchem Kanal kommuniziert, welche Informations- oder Interaktionsströme existieren und welche Nachrichteninhalte relevant sind (Entity Relationship Model). Wichtig dabei: Die zugrunde liegenden technischen Systeme müssen zunächst völlig außer Acht gelassen werden. Interviews müssen erfolgen, als würde mit Papier und Stift gearbeitet. Nur so kann eine unabhängige, unvoreingenommene Darstellung der Wirklichkeit erreicht werden, d.h. keine die von existierenden Anwendungen vorgegeben ist.

Für die Durchführung der Interviews muss ausreichend Zeit eingeplant werden. Mitunter ist es sehr aufwändig, die Modellierung der Entitäten durchzuführen. Darüber hinaus sollten zeitgleich die Befragten ausführlich über den Sinn der Erhebung informiert und ihre Fragen zufriedenstellend beantwortet werden.

Sind die einzelnen Entitäten erfasst, werden sie gesichtet und in Kategorien eingeteilt. Die Kategorisierung kann beispielsweise nach Themengebieten oder globalen Gesichtspunkten erfolgen: Kunde, Mitarbeiter, Lohn, Faktur, etc.

Im Zuge der Kategorisierung erhält man einen Überblick, der es möglich macht, Entitäten zusammenfassen. Ein Kunde ist ein Kunde – unabhängig von der Abteilung, von der er bedient wird. Er ist immer mit den gleichen Grundinformationen belegt. Hinzu kommen ggf. benötigte Zusatzinformationen aus den jeweiligen Abteilungen. Fasst man nun gemeinsamen Attribute zusammen und fügt die zusätzlichen hinzu, lässt sich die neue eindeutige Entität „Kunde" in allen Fachbereichen verwenden. Auf dieser Logik basiert die Idee der Entitäten-Definition.

Die Detailstufe der Entitätensammlung und die Attributdefinition sind entscheidend, wie weit die Automatisierung, Optimierung und die Transformation nachher realisiert werden können. Allerdings müssen nicht sofort 100% erreicht werden.

Spätere Nachjustierungen können dann schnell jederzeit in dem festgelegten Modus erfolgen.

Datenmodellierung

Mit der Definition der Entitäten ist eine wesentliche Aufgabe für eine wirklichkeitsnahe Beschreibung des Unternehmens erledigt. Nicht nur, dass im Anschluss daran Klarheit über Vorgänge und Abläufe besteht, auch ist damit der Grundstein für einen Perspektivenwechsel gelegt: für den Blick „von oben" auf das Unternehmen.

Der nächste Schritt in Phase 1 ist die technische Datenmodellierung. Dazu wird ein Datenbank-Managementsystem nach eigenem Belieben oder nach Unternehmensvorgaben ausgewählt (z.B. Microsoft SQL-Server, ein Oracle-Datenbanksystem oder eine offene Datenbank wie MySQL oder MariaDB). Idealerweise existiert das entsprechende System bereits im Hause und kann direkt verwandt werden. Hierbei ist wichtig, dass das System frei programmierbar und nicht an eine spezielle Software gebunden ist.

Bei der Einrichtung und der Skalierung eines solchen Systems sollte grundsätzlich eingeplant werden, dass es sehr schnell sehr große Datenmengen speichern und verarbeiten können muss. Auch sollte von Beginn an ein gutes Sicherheitskonzept existieren – sowohl im Bereich der Backups als auch bei der Zugriffssteuerung. (In aller Regel ist über den IT-Bereich eine ausreichende Infrastruktur bereits vorhanden. Dies soll hier nur der Vollständigkeit halber erwähnt sein.)

Die im ersten Schritt erfolgte Entitätendefinition legt das Fundament für die Erstellung eines vollständigen Datenbank-Schemas. Ausgehend davon, dass jede Entität eine Tabelle innerhalb der neu zu erschaffenden Unternehmensdatenbank darstellt, und die ermittelten Attribute die einzelnen Spalten der Tabelle definieren, lassen sich schnell Datenstrukturen herausbilden. Diese einzelnen Tabellen stehen auf Basis der in den Interviews erhaltenen Informationen in einer Beziehung zueinander. Somit kann eine Tabelle in aller Regel mit mindestens einer anderen Tabelle in eine 1:1- oder 1:n-Beziehung gebracht werden. Dabei wird ein sogenannter Fremdschlüssel in der einen Tabelle auf die bezogene andere definiert. In beiden Tabellen muss es wiederum einen sogenannten „Primärschlüssel" geben: Eines oder mehrere Attribute, die einen Datensatz eindeutig identifizieren.

Eliminierung nicht benötigter Nummernkreise

Die Identifikation von Primärschlüsseln ist ein elementarer Schritt bei der Vereinfachung der Datenwelt des Unternehmens.

Zur Verdeutlichung: Gewöhnlich hat ein Mitarbeiter eine Personalnummer, sein Primärschlüssel. Doch es gibt Faktoren - wie z.B. ein Systemwechsel, dezentrale Organisation oder Unternehmensaufkauf - die dazu führen können, dass die Personalnummer konzernweit nicht eindeutig ist. Häufig ist sie nur innerhalb der entsprechenden Niederlassung eindeutig. Somit wäre die Personalnummer zusammen mit der Niederlassungsnummer der Primärschlüssel für den Mitarbeiter. Wechselt der Mitarbeiter nun im Verlauf seiner Beschäftigung die Niederlassung, bekommt er eine neue Personalnummer – nämlich die bestehende (soweit diese in der Zielniederlassung noch frei ist, sonst muss sie aktualisiert werden) zusammen mit der neuen Niederlassungsnummer. Entsprechend können alle historischen Informationen zum Mitarbeiter nur aufgefunden und richtig aufbewahrt werden, wenn der Verlauf der Personalnummer unter Angabe eines Gültigkeit-Ab-Datumswertes abgelegt wird. Welch ein Aufwand! Nun besteht die Möglichkeit, eindeutige Schlüssel für die einzelnen Basis-Entitäten zu definieren. Personalnummern, Debitorennummern, Objektnummern etc. Redundante Nummernkreise fallen bei diesem Arbeitsschritt schnell auf und können eliminiert werden. Denn jeder Nummernkreis erfordert einen erheblichen Pflegeaufwand. Wozu benötigt man einen eigenen Kostenträger-Nummernkreis, wenn sich der Kostenträger beispielsweise über Objektnummern, Immobilien-IDs o. Ä. automatisch ergibt? Die Information müsste dann lediglich in der Buchhaltung mitgepflegt werden, um eine funktionierende Kostenträgerrechnung zu ermöglichen. Es lassen sich doch die „altbewährten" Kostenstellen durch Verknüpfung (Konkatenation) aus Niederlassung und Leistungsart zusammen mit den anderen Kriterien eines Buchungssatzes gänzlich eliminieren. Die Pflege ellenlanger Kostenstellenlisten kann vollständig entfallen, wenn die zugrundeliegenden Basisdaten logisch, durchdacht und klar definiert sind.

Phase 2: Informationssammlung und Normierung
Und nun ab durch die „Datenhölle"!

Grundgedanke: „Freiheit und Performance durch Systemunabhängigkeit"

Warum sollten wir eine weitere Datenbank anlegen, wenn alle Informationen bereits vorhanden sind? Warum sollten Kunden, Objekte und Leistungsarten nochmal gespeichert werden? Sie sind doch längst erfasst! Das stimmt, aber eben nur in speziellen Systemen wie Buchhaltung, Dienstplanung, Auftragsabwicklung oder HR-Software etc. Gewöhnlich gibt es keine zentrale – vor allem aber keine herstellerunabhängige – Datenquelle, aus der unkompliziert konsumiert, gruppiert und konsolidiert werden kann. Es müssen immer Extrakte aus entsprechenden Spezialsystemen gezogen werden.

Dazu kommt ein weiterer, ganz wesentlicher Punkt: Ein Kunde, der in System A gepflegt wird, kann bezüglich seiner Daten von System B, in dem er ebenfalls gepflegt (und benötigt) wird, eine abweichende Behandlung erfahren, wenn die Synchronisation beider Systeme nur bedingt möglich ist. Ist sie möglich, ist dies in der Regel nur in Zusammenarbeit mit dem Hersteller der Spezialsoftware umsetzbar und teuer.

Es geht nicht darum, Spezialsysteme zu ersetzen oder nachzubauen. Jede eingesetzte Software hat ihre Legitimation, denn sie besitzt genau die Funktionalitäten, die für die effektive und ggf. einheitliche Bewältigung der jeweiligen Aufgaben notwendig sind. Nicht selten bringt sie außerdem ein entsprechendes Reporting mit, was für die eigenen Datenbestände nützlich und erforderlich ist.

Datenzugriffe, Synchronisation

Nach der Definition der Datenbank-Objekte sollen diese mit Daten aus den jeweiligen Systemen befüllt werden. Dank im Markt erhältlicher Synchronisierungstools ist es möglich, Veränderungen von Datenbeständen (Manipulation, Löschung, Neuerstellung) zu identifizieren und darauf im eigenen Datenbanksystem entsprechend zu reagieren. Solche Tools ermöglichen ein spaltenweises Mapping aus Datenquelle und Ziel-Datenbank und erlauben z. B. auch die Durchführung von Typkonvertierungen und Berechnungen basierend auf Spaltenwerten. Durch die Definition sogenannter Trigger im Zieldatenbanksystem kann zum Beispiel eine automatische Mitteilung über Stammdatenänderungen an andere angeschlossene Systeme oder eine automatische E-Mail-Generierung mit Freigabelinks abgesetzt werden.
Die Synchronisationsvorgänge

können enitäten- bzw. tabellenweise in unterschiedlichen Intervallen ausgeführt werden. Während gewöhnliche Geschäftsdaten wie Buchungsinformationen und Kunden-Stammdaten in der Regel tageweise synchronisiert werden, gelten für Bewegungsdaten möglicherweise andere Intervalle, wie stündlich oder viertelstündlich – abhängig von der Nutzung des Datenbestands und individueller Vorgaben. Die Synchronisations-Vorgänge sollten überwacht und ggf. protokolliert werden.

Anbindung der „großen" Systeme

Mit „großen Systemen" sind Anwendungen gemeint, die bezüglich Datenhaltung einen relevanten Bestand der im Unternehmen zu verarbeitenden Geschäftsdaten vorhalten. Hier sollte sich in der Datenstruktur eine hohe Überschneidung zu den gefundenen und definierten Entitäten finden. Um die eigenen Datenstrukturen zu befüllen, ist ein lesender Zugriff auf die Datenspeicher der Anwendungen nötig. Dieser wird in aller Regel gemeinsam mit dem System-Hersteller eingerichtet, der darüber hinaus durch Bereitstellung spezieller Sichten optimierte Datenabfragen ermöglichen kann.
Normalerweise werden bei Weitem nicht alle Informationen aus den großen Systemen benötigt und auch nicht nachgebildet. Vielmehr

ist es das Ziel, die Hauptdaten der „großen Anwendung" mit den Daten anderer großer und kleiner Datenbestände abgleichen zu können, um sowohl Abweichungen zu erkennen, als auch neue oder kleinere Systeme mit den Hauptdaten zu versorgen.

Identifizierung und Eliminierung der „kleinen" Datenquellen

Ein schwieriger – unter dem Aspekt der Einhaltung der neuen Datenschutz-Grundverordnung jedoch auch unabdingbarer – Schritt, ist das Auffinden der „kleinen Datenquellen"; also der Vielzahl an Excel-Tabellen, selbst angelegter Access-Datenbanken, Mitschriften und Bearbeitungsblättern von Mitarbeitern. Diese beinhalten wichtiges Informationsgut und sind nicht einfach abgreifbar. Der Grund dafür, dass diese Informationen in eigenen Datenstrukturen „gefangen" sind, liegt meist darin, dass die Hauptsysteme unzureichende Sichten und Möglichkeiten für deren Aufnahme oder Abbildung bieten. Demnach ist es für die Aufdeckung „versteckter" Informationen besonders wichtig, Alternativen anzubieten, sei es in Form von Erweiterungen bestehender Systeme, durch Zusammenführung der individuellen Systeme mit der offiziellen Unternehmensdatenbank oder durch individuelle Implementierung neuer Applikationen. Gleich welche

Variante gewählt wird: Die regelmäßige Synchronisation der Daten ist unerlässlich.

Zusammenführen, Umkonvertieren, Normieren – Gang durch die „Datenhölle"

Die einzelnen Schritte erscheinen zunächst klar und eindeutig. Eine lesende Anbindung an kleine und große Systeme, Abholen der Daten und Abstimmung mit den Datensätzen der neuen Datenbank. Soweit die Theorie. Die Praxis unzähliger Datenprojekte zeichnet allerdings ein vollkommen anderes Bild: Die Datenqualität ist mitunter schlecht oder gar nicht kompatibel mit der neuen Datenidee. Dafür gibt es zahlreiche Gründe, wie zum Beispiel eine bislang nicht gegebener Bedarf an stimmigen und konsistenten Daten. Damit wird eine konzernweite Zusammenführung zugehöriger Informationen äußerst schwierig und ohne mitunter sehr hohem manuellen Erfassungsaufwand nahezu aussichtslos.

Ein weiterer Grund ist das Bestehen unzähliger Nummernkreise bzw. solcher ohne Eindeutigkeit in unterschiedlichen Systemen und Regionen. Abhilfe schafft auch hier ausschließlich das manuelle Zusammenführen von Dubletten und die verbindliche Festlegung einer Schreibweise bestimmter Datenfelder (z. B. von Straßennamen oder

Firmierungen). Dabei entsteht die Notwendigkeit zum „Rückschreiben" geänderter Daten in den großen und kleinen Systemen – eine mitunter sehr aufwändige Aufgabe, die meist nur in Zusammenarbeit mit dem Systemhersteller gelöst werden kann.

Große Probleme ergeben sich oft auch bereits auf rein technischer Ebene, selbst wenn strukturierte Daten bereits vorliegen. Dazu ein Beispiel: Zum 1. Juli 1993 wurden in der Bundesrepublik Deutschland fünfstellige Postleitzahlen (PLZ) eingeführt; dabei wurden den neuen Bundesländern PLZ mit einer führenden Ziffer „0" zugewiesen. Bei der Verarbeitung von Adressdaten in EDV-Systemen werden PLZ in aller Regel numerisch abgelegt. Zahlen mit einer führenden „0" existieren jedoch in der Mathematik nicht, so dass – z.B. bei der schnellen Verarbeitung in Excel – aus den „neuen" 5-stelligen PLZ 4-stellige werden, sie somit keine gültigen deutschen PLZ mehr darstellen, und eine Zuordnung nicht mehr möglich ist.

Anderes Beispiel: Wie ist das Datum 1984-04-03 zu bewerten? Ist der 3. April 1984 oder der 4. März 1984 gemeint? Ohne Formatangabe oder die Recherche nach dem Format ist eine Interpretation nicht möglich und birgt somit ein hohes Fehlerrisiko.

Zahlreiche Informationen sind in Kategorien oder Dimensionen organisiert. Um die Datensätze aus unterschiedlichen Quellsystemen in gleiche Dimensionen einordnen zu können, sind Umsetzungs- und Hilfstabellen notwendig, mit denen die Quellinformationen verbunden werden müssen. Diese Tabellen existieren evtl. nicht und müssen neu definiert und angelegt werden. Um Verbindungen zwischen den Quelldaten und den Verbindungstabellen herzustellen, ist eine teils umfangreiche Transformation von Werten oder die Zuhilfenahme von Zwischeninformationstabellen notwendig. Wenn sich diese nicht im gleichen Datenbank-Managementsystem wie die Quelldaten befinden, kommen weitere zugriffstechnische Herausforderungen dazu.

Um eine bestehend schlechte Datenqualität zu eliminieren, brauchen diese Bearbeitungsschritte sehr viel Zeit, große Aufmerksamkeit und akribische Kleinarbeit. An dieser Stelle ist das Management gefordert, um erstens die Notwendigkeit der Umstrukturierung anzuerkennen und zweitens größere – jedoch einmalige – Transfer-Arbeiten anzuordnen. Dieses Konstrukt muss solide, durch verlässliche Stabilität geprägt und auf Langfristigkeit ausgelegt sein. Die einzelnen Arbeiten müssen detailliert dokumentiert werden; andernfalls ist eine zukunftsmäßige Weiterentwicklung nicht möglich.

Phase 3: Umdenken

Technik gelöst – Mitarbeiter mitnehmen

Kommunikation

Mit Phase 1 und Phase 2 hat man einen eigenen unternehmensweiten Datenlayer mit regelmäßiger Synchronisation geschaffen, der – wie später gezeigt wird – die Basis für zahlreiche neue Anwendungsmöglichkeiten bietet. Nun gilt es, diesen zu bewahren und zu pflegen. Das ist jedoch nur möglich, wenn Absicht und Vision der neuen Datenwelt klar und plausibel an alle Beteiligten kommuniziert werden. Dabei muss vor allem die Notwendigkeit der Neumodellierung des Datenhaushaltes vermittelt werden, um die zahlreichen neuen Technologien einführen und verwenden zu können und eine Verbesserung der eigenen Marktposition zu erreichen. Zweckmäßigerweise sollte eine Arbeitsgruppe „Information Management" eingerichtet werden, welche außerhalb der originären IT anzusiedeln ist, denn eine zu starke Nähe zu Hard- und Software verzerrt das eigentliche Vorhaben einer Unternehmensdatenquelle auf Entitätenbasis und wird schnell auf die zugrunde liegende Datenbank-Basis reduziert.

Datenqualität als neue Messgröße

Vielfach werden der bloße Appell zur Datenpflege und der Hinweis auf die verbesserten Leistungsmöglichkeiten nicht ausreichen, die neu geschaffene Datenqualität zu bewahren oder sogar zu steigern. Vielmehr es ist in aller Regel notwendig, die neue Erfolgs-Messgröße „Datenkonsistenz" als Maßstab für die Qualität und den Grad der Daten-Pflege im Verantwortungsbereich eines jeden Mitarbeiters einzuführen. Auf der Basis von Entitätengruppen können Regeln definiert werden, ob ein Datensatz bzw. die Gruppe als „fehlerfrei" einzustufen ist. Technisch lässt sich das per Synchronisations-Reporting realisieren, in welchem alle Abweichungen von der Norm sowie durchgeführte Datensatzänderungen täglich protokolliert und in einem Bericht zusammengetragen werden. Als „fehlerfrei" zu bezeichnen sind die Datensätze dann, wenn alle Entitäten der Gruppe in allen Quellsystemen homogen zueinander angelegt sind, keine Dubletten existieren und es zu keinen nachträglichen Korrekturen kommen muss. Für diese Art der Fehlerfälle kann ein Koeffizient definiert werden.

Tools für die neue Datensicht

Sind Entitätenbaum und einzelne Abhängigkeiten sauber definiert, lässt sich ein Datenpfad auf den zugrundeliegenden Informationen festlegen. Von einer Entität kommt man über die 1:1- bzw. 1:n-Beziehung zur nächsten. So lässt sich die Datenbank sozusagen „virtuell" entlang gehen. Bei einer Entität angekommen, lassen sich entsprechende Kennzahlen und Details anzeigen.

Ein solcher virtueller Rundgang sollte eingerichtet werden, um ein Fenster zur neuen Datenstruktur zu öffnen, um so den Blick von oben auf alle Daten zu ermöglichen, und um Fehler in den Zuordnungen oder Detaildaten schnell identifizieren und in den Quellsystemen eliminieren zu können. Unterschiedlich definierte Datenpfade für verschiedene Verantwortungsbereiche sorgen dafür, dass sich der Mensch schnell zurechtfindet und er Fehler sofort aufdecken kann.

Diese Art der Datenselbstkontrolle sollte fester Bestandteil des Arbeitsalltags werden, da das Datenmodell ebenso lebt und sich bewegt, wie die geschäftliche Unternehmensaktivität selbst.

Phase 4: Prozessidentifikation und -optimierung

Nächster Schritt: Prozesskommunikation und Ticketing

Ereignisse als Entitäten

Die oben genannten Beispiele zuvor basieren meist auf Entitätstypen, die als Akteure im Geschäftsmodell vorkommen und verhältnismäßig statisch sind: Kunden, Mitarbeiter, Ressourcen, etc. Interessant wird es, wenn nun Ereignisse in das Entitätenmodell aufgenommen werden. Zum Beispiel „der Arbeitsbeginn", „der Telefonanruf", „die Beschwerde", „die Fertigstellung einer Leistung" oder „die Alarmauslösung". Für die Entitätendefintion ergibt sich kein Unterschied. Die Entität wird mit Attributen versehen, die sie eindeutig beschreiben. Vor allem nehmen die Entitäten wiederum Bezug auf existierende Entitäten und verbinden diese datentechnisch miteinander: Der Mitarbeiter dokumentiert seine Ankunft mit seiner Zutrittskarte in einem bestimmten Betriebsgebäude zu einer festen Uhrzeit an der Stechuhr. Nun kommt ein weiteres Attribut hinzu: die Uhrzeit. Für die Erstellung von Statistiken bezogen auf die Vergangenheit, vor allem aber für die Verwendung in Vorhersagesystemen (Predictive Services), ist dieser die zentrale Größe. Gelingt es, eine Erfassung in Echtzeit zu realisieren, können individuelle automatisierte Abarbeitungsvorschriften (Workflows) aktiviert und angewandt werden.

Individuelle Abarbeitungsvorschriften – Ticketing

Das Ziel muss sein: „Systemunabhängigkeit". Eine Echtzeit-Informationsverarbeitung mit Ausführung individualisierter Abarbeitungsvorschriften sollte demnach so generisch wie möglich erfolgen. Dafür haben wir den Begriff „Ticket" eingeführt. Ein Ereignis oder ein Datenstrom, dem Aufmerksamkeit in unserem Datenmodell geschenkt werden soll, bezeichnen wir als Ticket. Beim Auftreten eines solchen Ereignisses im Unternehmen, wird durch die Spezialsysteme oder eine allgemeine „Annahmestelle" ein elektronisch verarbeitbares Ticket erzeugt. Es beinhaltet Kopfinformationen wie

- *Wann ist das Ereignis eingetreten?*
- *Von welcher Art ist das Ereignis (Prozess)?*
- *Über welchen Medienkanal wurde das Ereignis erfasst?*
- *Von welchem Quellsystem wurde das Ticket erzeugt?*

Außerdem schließt es prozess-spezifische Informationen ein, die sich in einem hohen Maß mit den definierten Attributen der Zielentität überschneiden.

„Workflow-Systeme", die gegenwärtig am Markt verfügbar sind, können das elektronische Ticket als Eingangs-Trigger verwenden, die inhaltlichen Ticket-Informationen auslesen und verwerten. Diese sind der Ausgangspunkt für serielle und parallele automatisierte Vorgänge. Auf dieser Basis sind nahezu unbegrenzte Möglichkeiten in der Intersystem-Kommunikation und der Mensch-System-Kommunikation möglich. Neue Ereignisse (auch Systemmeldungen anderer Anwendungen oder Geräte) können problemlos in die Datenwelt aufgenommen werden und auf diese Weise das Unternehmenswissen stetig erweitern.

Doch auch hier sollte die Gefahr des „Information Overloads" unbedingt vermieden werden: Der Erfassung von Ereignissen sind keine Grenzen gesetzt. Ein noch so kleines „Event" kann erfasst, zum Ticket transformiert und in ein Workflow-System übergeben werden. Während der Weiterbearbeitung generiert es wieder neue Events (z.B. Freigaben durch Mitarbeiter, automatisierte Antworten etc.). Man sollte sich vorher im Klaren darüber sein, bis zu welchem Grad eine Erfassung der Events sinnvoll und für die Zielerreichung tatsächlich notwendig ist.

Phase 5: Anwendung neuer Möglichkeiten

Ab jetzt haben alle was davon

Sind die Phasen 1 – 4 erfolgreich abgeschlossen, besteht folgende komfortable Ausgangslage:

- *Alle im Unternehmen vorhandenen Akteure und vorkommenden Ereignisse sind definitionsgemäß erfasst.*
- *Die Bereiche verfügen weiterhin über ihre Spezialanwendungen, um ihren Geschäftsbereich optimal abdecken zu können.*
- *Im zentralisierten Informations-Managementsystem sind alle relevanten Informationen zusammengetragen - aus den Spezialsystemen und individuellen Strukturen – und durch eindeutige, wenige Nummernkreise definiert.*
- *Die gefundenen Datenstrukturen stehen alle in Bezug zueinander. Eine Kontrolle der Daten auf Richtigkeit und Vollständigkeit ist im zentralen Managementsystem wesentlich leichter zu realisieren.*
- *Ereignisse können vollautomatisiert, normiert, dokumentiert und frei definierbar abgearbeitet werden. Informationsflüsse zwischen den Systemen können hergestellt werden.*
- *Aussagen zur Vergangenheit lassen sich ebenso leicht treffen wie Vorhersagen für die Zukunft – basierend auf den vorhandenen umfangreichen Datenstrukturen.*
- *Bis zu diesem Punkt wurde lediglich strukturiert und organisiert. Ab jetzt kann Vollgas gegeben, und neue „smarte" Dienste können angeboten werden – intern wie extern!*

Schaffung oder Verbesserung der Customer Experience

Um den Begriff „Customer Experience" zu verstehen und seine Wichtigkeit zu erkennen, muss zunächst klar sein, dass sich der heutige Kunde gravierend von dem „herkömmlichen", vom „traditionellen" Kunden unterscheidet: Er hat sich verändert, weiterentwickelt. Der Kunde von heute ist viel erfahrener und aufgeklärter. Seine Möglichkeiten, Produkte, Preise und Dienstleistungen miteinander zu vergleichen und wirklich fundierte Kaufentscheidungen zu treffen, sind enorm angewachsen. Er kann sich – auf Knopfdruck – rund um die Uhr informieren, unabhängig von Öffnungszeiten, Ladengeschäften oder Wochentagen. Weltweit. Dadurch ist er aufmerksamer und anspruchsvoller geworden, seine Erwartungen an Produkte und Dienstleistungen sind dementsprechend gestiegen.

Genügte es vormals, dem Kunden hochwertige, verlässliche Produkte zu einem adäquaten Preis anzubieten, müssen Unternehmen heute weit mehr bieten, um den Kunden für sich zu begeistern, ihn für sich zu gewinnen und langfristig an sich binden zu können. Das alles gelingt nur, wenn der Kunde sich angesprochen und verstanden fühlt, wenn seine Erfahrungen berücksichtigt, seine Erwartungen befriedigt und möglichst noch übertroffen werden. Dies gelingt, indem man herausragende Kundenerlebnisse schafft.

Das Zauberwort in diesem Zusammenhang heißt: Customer Experience. Sie ist die Summe aller Erfahrungen, die ein Kunde mit einem Unternehmen macht. Die Maxime muss somit für das Unternehmen lauten, die Beziehung zum Kunden durch möglichst positive Erfahrungen zu stärken. Dafür wiederum müssen Kundenerlebnisse aktiv gestaltet und gesteuert werden. Dies ist besonders der Fall wenn der Kunde Dienstleistungen in Anspruch nimmt, die für ihn nicht unmittelbar sichtbar, nicht erleb- oder nachvollziehbar sind.

Meist ist die mangelnde Erlebbarkeit, Transparenz und Interaktion begründet in fehlenden Darstellungsmöglichkeiten, das bedeutet: erbrachte Leistungen können nicht abgebildet werden. Der Kunde ist beispielsweise nicht ins Reporting einbezogen, er hat keine Zugriffs- oder Steuerungsmöglichkeiten, und es besteht keine ausreichende Kommunikation. Um in einer solchen Situation ein intensives und positives Kundenerlebnis zu kreieren, ist eine Struktur seiner unmittelbaren und kontinuierlichen Einbindung unverzichtbar. Diese lässt sich mit entsprechender Software und einem bereinigten Datenbestand vergleichsweise einfach herbeiführen. Durch eine intelligente Lösung kann der Kunde in sämtliche Bereiche der eingekauften Dienstleistungen einbezogen werden, kann Prozesse, Abläufe und Entwicklungen verfolgen, mit entsprechender Funktionalität sogar in Echtzeit, und über entsprechende Oberflächen maßgeblichen, steuernden Einfluss nehmen. Auf diese Weise wird das eigene Kundenerlebnis jetzt zu einem wesentlichen Bestandteil der Leistungserbringung. Dem Bedürfnis nach Klarheit, Nachvollziehbarkeit und Mitgestaltung wird Rechnung getragen und eine positive emotionale Beziehung aufgebaut. Zurück bleibt (hoffentlich): ein zufriedener, begeisterter Kunde, der nun vielleicht sogar zum Werbebotschafter für das Unternehmen seines Vertrauens wird.

Mobile Datenerfassung und Apps

Eine eigene Unternehmens-App ist der Traum nahezu jedes Unternehmens. Eine eigene Unternehmens-App hinterlässt von vornherein einen professionelleren Eindruck. Aber: Die Enttäuschung des Anwenders ist vorprogrammiert, falls die App keinen wirklichen Mehrwert liefert. Und Mehrwert bedeutet: hochwertiger Content.

In dieser Phase ist Content in Hülle und Fülle vorhanden und kann zur Fütterung von Apps oder anderen mobilen Anwendungen beliebig eingesetzt werden. Bei solchen Überlegungen sollte jedoch nicht nur eine App für Endkunden in Betracht gezogen werden, denn auch die eigenen Mitarbeiter können von einer solchen in hohem Maße profitieren. Geht man davon aus, dass im Verlauf der Digitalisierungs-Phasen 1 bis 4 Informationen zum Mitarbeiterstamm, dessen Qualifikationen und möglichen Einsatzzeiten gewonnen wurden. Eine entsprechend gestaltete Mitarbeiter-App könnte dazu dienen, anhand dieser Informationen einer nach bestimmten Kriterien zusammengestellten Mitarbeitergruppe Neuaufträge oder Auftragserweiterungen direkt anzubieten. Mitglieder der Gruppe können je nach Situation das Angebot annehmen und automatisiert Rückmeldungen über Bearbeitungsfortschritte und Status geben.

Wann immer Daten mobil erfasst werden, kann eine Dimension immer ausnahmslos miterfasst und verarbeitet werden: die Geolokation. Diese basiert auf Satellitenortung in Verbindung mit Mobilfunksystemen. Die Geolokation und die daraus resultierenden Koordinaten sind deswegen so interessant, weil die Position beim Absetzen einer Meldung zahlreiche Rückschlüsse zulässt: auf spezielle Kunden, mögliche Ereignisarten, spezielle Vertragsbedingungen oder den Standort des Mitarbeiters, was besonders für die Einzelarbeitsplatz-Absicherung von großer Bedeutung ist.

Nahezu grenzenlose Servicemöglichkeiten

Beim Einsammeln und Zusammentragen unzähliger Daten und Informationen ergeben sich nahezu grenzenlose Möglichkeiten, auf welcher Ebene und in welchem Bereich Unternehmen speziell auf ihren jeweiligen Kunden ausgerichtete Angebote machen und bei Bedarf zusätzliche Benefits und Erlebnisse anbieten können, wie zum Beispiel „Event-gesteuerte Kommunikation". Es tritt ein „Ereignis" ein oder besser: ein Prozess wird initiiert, der eine SMS oder ein anderes Nachrichtenformat an den Kunden auslöst. Man kennt das beispielsweise von DHL oder DPD. Man befragt den Kunden, in welcher Art und Weise bei künftigen Ereignissen verfahren werden soll. So können Vertragserweiterungen u. a. einfach und unkompliziert entgegengenommen werden (z. B. Bestellung zusätzlicher Sicherheitskräfte).

Auch ist grundsätzlich ein zielgerichteteres und punktgenaueres Reporting möglich. Durch Kenntnis von Vertragsbestandteilen und historischer Kundenbewegung kann das Angebot nach Relevanz und Interesse gezielter auf die evtl. Bedürfnisse des Kunden ausgerichtet werden.

Durchblick

Richtig spannend werden Unternehmensanalyse und -führung, wenn von oben, quasi der „Meta-Ebene", der Blick bis ins kleinste Detail möglich wird: von der pauschalen Gesamtdarstellung eines Unternehmens bis hin zu Micro-Abläufen einzelner Abteilungen, und das Ganze in Verbindung mit externen Gegebenheiten. All das wird ebenfalls möglich durch das beschriebene 5-Phasen-Prozedere. Denn sind erstmal alle Informationen, Protagonisten, Verbindungen, Kanäle, eingesammelt, bereinigt, identifiziert und stehen referenziell miteinander in Verbindung, können sie durch Definition entsprechender Pfade beliebig ins Verhältnis zueinander gesetzt werden. Das ermöglicht einen 360-Grad Blick ins Unternehmen, in jede Abteilung, in einzelne Prozesse, zu jeder Zeit.

Nimmt man als Beispiel ein Unternehmen der Sicherheitsbranche mit mehreren deutschen Niederlassungen. Mit der unabhängigen Datenbank könnte zum Beispiel zunächst das Gesamtunternehmen, dann ein bestimmter Standort ausgewählt werden. Von diesem können der eigenen Verantwortung unterliegenden Gebäude/Objekte in den Fokus genommen werden. Nun kann sich der Betrachter beliebig tief mit bestimmten Vorgängen und Abläufen befassen – zum Beispiel: Der Mitarbeiter XY, der seit soundso vielen Jahren im Unternehmen ist und die und die Qualifikationen hat, war der letzte an diesem oder jenem Objekt, für dessen Überwachung und Schutz das Unternehmen zuständig ist. XY hat um die und die Uhrzeit eine bestimmte Beobachtung gemacht und daraufhin dies und das auf diese oder jene Weise unternommen. Wow! Dazu sind jetzt externe Informationen verfügbar: z B. an diesem Tag, um diese Uhrzeit war es auffallend kalt; darüber hinaus gab es in dieser Region zum Zeitpunkt des speziellen Ereignisses Krawalle in der betreffenden Hauptstadt, in der gerade ein politischer Gipfel zu diesem oder jenem Thema stattfand und Demonstranten in der betreffenden Gegend.

Zusammenhänge lassen sich ableiten, Vorkehrungen können getroffen, Mitarbeiter detailliert gebrieft, vorbereitet und ausgestattet werden. Prognosen über künftigen

Mitarbeiterbedarf können ermittelt werden, wenn bestimmte Ereignisse angekündigt sind. Und das alles per App, aufgezeichnet, dokumentiert, versandt – und durch erforderliche Handlungsanweisungen automatisch veranlasst. Man kann jedoch auch einen ganz anderen Pfad wählen, indem man z. B. in die Kundenansicht wechselt: Z. B. wem gehört das Gebäude? Wie lange ist er schon unser Kunde? Welches Auftragsvolumen ist mit dem Kunden vereinbart? Welche Objekte gehören noch dazu etc.

Alle diese Einblicke stehen jedem mit entsprechender Autorisierung ausgestatteten Mitarbeiter offen, was bedeutet: Jeder Befugte im Unternehmen kann über den eigenen Tellerrand hinausblicken, „Datenpfade beschreiten", Relationen herstellen und analysieren. Auf diese Weise lernt er das eigene Unternehmen, die Kunden und die Produkte besser kennen. Durch Verknüpfung mit Echtzeit-Informationen (Standorte der Firmenfahrzeuge, aktuelle Tätigkeiten der im Außendienst befindlichen Mitarbeiter) kann ein reales Jetzt-Bild erstellt werden. „Cockpit für jeden!"

Durch die flächendeckende Einbindung der Mitarbeiterschaft findet eine inhaltliche Kontrolle der Datenqualität nahezu automatisch statt. Anstelle von aufwändigen Prozessen zur Datenqualitätssicherung bewegt sich die „Community" im Datenbestand – und wer kennt sie besser, als die Menschen, die tagtäglich damit arbeiten? Bei einem bereinigten Datenbestand darf „Mut" zu interner wie externer Transparenz gezeigt werden.

Einsatz neuer Technologien

Künstliche Intelligenz (KI), Machine Learning und Deep Learning

Der Bereich der Künstlichen Intelligenz (KI) in den Computerwissenschaften beschäftigt sich damit, Maschinen dazu zu bringen, ihre Umgebung wahrzunehmen, selbständig zu lernen, Schlussfolgerungen aus dem Gelernten und dem historischen Wissen zu ziehen, frei zu agieren und sich an die reale Welt anzupassen. KI kann zur sinnvollen Erweiterung der menschlichen Fähigkeiten eingesetzt werden. Durch KI können gefährliche Aufgaben automatisiert werden - gleichfalls kann KI möglicherweise einige gesellschaftliche und soziale Probleme unserer Zeit lösen.

Aber: KI funktioniert nur mit entsprechendem Lernmaterial. Der Zugriff auf ein vollständiges Unternehmens-Datenmodell erleichtert es ungemein, eine selbst agierende KI zu implementieren, die die Geschehnisse und Entscheidungen im Sinne des Unternehmens lenken kann. Damit ist nicht nur die Chefetage gemeint – auch der Mitarbeiter kann in seinen Anforderungen durch Einsatz von KI wesentlich unterstützt werden. Aus den gewonnenen Daten aus dem allgemeinen Business, dem Kunden- und Mitarbeiterverhalten können mittels Machine Learning, einer Unterkategorie der KI für die „künstliche" Generierung von Wissen aus Erfahrung, mathematische Algorithmen abgeleitet werden, um aktuelle Situationen zu bewerten oder zukünftige Ereignisse vorauszusagen.

Weitere Unterstützung bietet der Einsatz des sogenannten „Deep Learning". Deep Learning ist eine Unterkategorie des maschinellen Lernens, bei dem neuronale Netzwerkmodelle implementiert werden, um große Datenmengen zu verstehen. Deep Learning kann datengesteuerte Prozesse wie Bilderkennung, Verarbeitung natürlicher Sprache und andere komplexe Aufgaben beschleunigen. Die Technik wird beispielsweise bei der Umsetzung vollständig autonom fahrender Autos eine entscheidende Rolle spielen. Die Wiedererkennung von Personen aufgrund von Fotos ist ein anderes Beispiel für den Einsatz von Deep Learning.

Augmented Reality (AR)

In der „erweiterten Realität" wird die reale visuelle Umgebung eines Benutzers durch digitale Bilder überlagert. Dadurch können beispielsweise Sicherheitsmitarbeiter bei Betrachtung eines Objektes zusätzliche Informationen und

Dienstanweisungen mit Hilfe ihrer Datenbrille einblenden lassen. Auch die Einblendung von Navigationsinformationen oder Fotos zutrittsberechtigter Personen vor realem Hintergrund gehören zur erweiterten Realität.

Basierend auf umfangreichem historischen Wissen und gut strukturierten Grunddaten kann ein Augmented Reality-System sehr einfach gespeist werden.

Virtual Reality (VR)

Die nächste Stufe ist die virtuelle Realität. In dieser sieht der Benutzer eine vollständig vom Computer erschaffene Umgebung, in die er mit Hilfe einer speziellen VR-Brille eintaucht. In der virtuellen Realität können Benutzer „unmögliche" Dinge tun, zum Beispiel durch Gebäude gehen, ohne physisch vor Ort zu sein.

Die Virtual Reality eignet sich im unternehmerischen Umfeld sehr gut zur Ausbildung und zum Training spezieller Situationen. Zum anderen kann der Kunde nachträglich in Geschehen eingebunden werden, an denen er nicht beteiligt war.

Lasset die Transformation beginnen!

Vorab sei ausdrücklich darauf hingewiesen, dass die Begriffe „Digitalisierung", „Digitale Strategie" und „Digitale Transformation" häufig durcheinander geraten, in einen Topf geschmissen und falsch

verwendet werden: Digitalisierung beginnt im weitesten Sinne damit, dass analoge Formate und Medien in Unternehmen, Abteilungen oder Arbeitsprozessen in Daten umgewandelt und mit entsprechenden Systemen und Endgeräten verwertbar, also ausles- vervielfältigungs- und speicherbar werden. Diese Umstellungen und Einzelmaßnahmen sollten möglichst einer ganzheitlichen Digitalen Strategie folgen, die gemäß der oben dargestellten Phasen verläuft und auf ein sinnvolles, klar definiertes Ziel ausgerichtet ist.

Von Digitaler Transformation sprechen wir, wenn die Kernkompetenzen, einzelne Unternehmensbereiche oder Dienstleistungen im Rahmen der bestehenden Möglichkeiten der neuen Datenbasis angepasst, umgestaltet oder gänzlich neu entwickelt und alte ggf. eliminiert werden.

Bezüglich der eingangs gestellten Frage nach dem Endziel oder eines angemessenen „digitalen Status'" ist festzuhalten: Bereits im Verlauf der Umsetzung der fünf Phasen einer Digitalen Strategie wird sich gemäß dem Mooreschen Gesetz die Umwelt deutlich weiterentwickelt haben, neue Technologien und Angebote werden am Markt sein. Daraus folgt, dass auch die Digitale Strategie permanent im Fluss ist, sich in einem ständigen Prozess befindet. Demzufolge läßt sich die Frage nach dem Endziel, wenn überhaupt, nur folgendermaßen beantworten: Es wird – ausgehend davon, dass die Entwicklung weiter rasant voranschreitet – keinen tatsächlichen, keinen fixen Endpunkt geben. Gleiches gilt für eine Definition für „digital genug". Sind die fünf Phasen erfolgreich durchlaufen, ist das Unternehmen definitiv beweglich und gut aufgestellt für schnelle Veränderungen und Reaktionen, für Innovationen, und kann schnell und jederzeit neue Technologien unmittelbar in die Unternehmensstruktur aufnehmen, ohne diese grundlegend verändern zu müssen. Denn es entsteht u. U. eine Vielzahl neuer Datenquellen mit möglicherweise völlig neuen Geschäftsfeldern – doch können jene problemlos mit bereinigten, systematisierten und stets aktuellen Grunddaten aus dem Kerngeschäft gefüttert und bei Bedarf sofort auf den Weg gebracht werden.

Die Möglichkeit, den Blick von oben auf das Unternehmen zu werfen, bisher unbekannte Relationen zwischen Sachverhalten herzustellen, Markt- und Weltgeschehen in Betrachtungen einfließen zu lassen, eröffnet neue Horizonte und Wege, jene zu erreichen.

Und wo bleibt der Mensch?

Motivation vs. Angst

Digitalisierung – Big Data – Automatisierung – Robotik – Künstliche Intelligenz: Für viele Mitmenschen das ultimative Angstszenario der Gegenwart und zukünftiger Entwicklungen. Für die Unternehmer, weil sie Gefahr laufen, in diesem Umbruch nicht bestehen zu können. Und weil sie vielleicht – trotz des Bewusstseins von der Notwendigkeit technischer Veränderungen – vor dem organisatorischen Aufwand, den Kosten, vermeintlichen Sicherheitsrisiken, Personalentwicklungen und einem möglicherweise tiefgreifenden Unternehmenswandel zurückschrecken.

Und Angst vielleicht auch bei Arbeitnehmern, die sich wahrscheinlich bislang wenig bis gar nicht mit diesem Thema auseinandergesetzt haben, sich jedoch zunehmend mit diesen Schlagworten konfrontiert und sich dazwischen auflösen und untergehen sehen.

Richtig ist: Der Arbeitsmarkt wird sich in den kommenden Jahren drastisch verändern. In diesem Punkt sind sich die meisten Experten einig. Betrachten wir exemplarisch das Ergebnis der globalen Delphi-Studie[1] „2050: Die Zukunft der Arbeit" des Millennium Pro-

---

[1] http://www.kmu-digital.eu/de/service-kompetenz/publikationen/studien/80-2050-die-zukunft-der-arbeit-ergebnisse-einer-internationalen-delphi-studie-des-millennium-project/file

jekts, an deren Ausarbeitung unter anderem die Bertelsmann Stiftung, das Fraunhofer Institut für System- und Innovationsforschung, das VDI Technologiezentrum und die Freie Universität Berlin beteiligt waren.

Kernaussage der befragten Experten ist, dass in Folge der Digitalisierung von einem weltweiten und massiven Anstieg der Arbeitslosigkeit auszugehen ist und dass wir so wie bisher nicht weiterarbeiten können. Sehr kurz gefasst steht unterm Strich: Alles, was mittel- oder langfristig durch Technik ersetzbar ist, wird wegfallen. Und der Wandel wird nahezu alle Berufsgruppen erfassen und im Tempo voraussichtlich weiter zunehmen.

Oha! Lassen wir das kurz auf uns wirken und denken wir darüber nach, wie viele Bereiche und Aufgaben das beinhaltet, so stellen wir fest: Übrig bleiben nur Berufe, die Empathie erfordern, in denen „sich gekümmert", gesorgt, gepflegt wird.

Bereits jetzt übernehmen Maschinen und Systeme unzählige Aufgaben, die bislang von Menschen ausgeführt wurden. Tendenz steigend. Und die Entwicklung schreitet schnell und stetig voran. Sind es bislang überwiegend telefonische Kundenberatungen und Service-Hotlines, die von Sprachbots bedient werden, einzelne Verwaltungsaufgaben, selbststeuernde, intelligente Auspreisungen von Ver-

kaufsware, die sich in Echtzeit an aktuelle Marktbedingungen anpassen, juristische Beratungen und Erstellung von Erfolgsprognosen u. a. – werden in bereits sehr absehbarer Zeit Taxis, Busse und Bahnen ohne Fahrer, Arztpraxen und komplette Produktionsstraßen ohne menschliches Personal auskommen. Ganze Berufsgruppen werden entfallen. Als Beispiel seien in diesem Zusammenhang nur die Fahrschulen genannt.

Gegenüber dem Menschen bieten Computerprogramme und Maschinen unzählige Vorteile. Einer davon beispielsweise „kollektive Lernprozesse": Tritt irgendwo im System, im Arbeitsablauf ein Fehler auf, wird dieser zentral korrigiert, und sich global für sämtliche Computer und Systeme in dieser Form nie wiederholen. Ungenauigkeiten, Fehler, Störungen treten einmalig auf, werden übermittelt, überarbeitet und eliminiert. Nicht so beim Menschen: Er lernt individuell. Jeder für sich. Zwar kann er grundsätzlich von Erfahrungen und Berichten anderer profitieren, doch ist das kein vorgezeichneter, automatisierter Prozess und hängt dazu stark vom individuellen Interesse und Engagement des Einzelnen ab.

Darüber hinaus verursachen Computer und Roboter keine Sozialabgaben, beziehen keine Rente, kein Urlaubs-, Kranken- oder Elterngeld, arbeiten entsprechend ihrem vorgegebenem Zweck ggf. Tag und

Nacht. Sie stellen keinerlei Ansprüche bzgl. Anerkennung, Aufmerksamkeit oder Weiterbildung – und sind zunehmend günstiger in Anschaffung und Unterhaltung. Nüchtern betrachtet, scheint die Angst vor diesen Entwicklungen also tatsächlich berechtigt. Ist der menschliche Mitarbeiter im Arbeitsalltag, in unserem Wirtschaftssystem ein Auslaufmodell? Und wenn das so ist - was geschieht dann mit ihm? Oder ist und bleibt der Mensch unersetzlich? Wenn ja – warum? Und in welchen Bereichen?

Die Frage ist: Muss es denn zwingend „entweder/oder" heißen? „Mensch oder Maschine"? Oder sollte die Frage nicht richtigerweise lauten: In welcher Kombination kann ich Mensch und Maschine miteinander verbinden? Sollen und können nicht vielmehr Maschinen den Mensch befreien? Also wo und auf welche Weise können menschliche Fähigkeiten mit technischen Systemen sinnvoll erweitert werden? Und falls Menschen in bestimmten Arbeitsabläufen vollständig ersetzt werden: Bietet nicht diese Befreiung von möglicherweise stumpfsinnigen, eintönigen oder gefährlichen Tätigkeiten auch Chancen? Zum Beispiel individuelle Talente und Fähigkeiten gezielter zu nutzen, auszubauen, zu vertiefen? Wissen wir nicht längst, dass Routineaufgaben, vorgegebene Strukturen, Prozesse und festes Regelwerk zwar der Übersichtlichkeit und Vereinheitlichung dienen, Engagement und Eigeninitiative dabei jedoch vollkommen ersticken? Und ist es nicht gerade das, was den Menschen ausmacht? Individualität, Phantasie, Erfindungsreichtum, Emotionen, Neugierde? Nur eine kleine Auswahl an Attributen, die von Maschinen nicht erfüllbar sind.

Wie also kann die Vermischung von Technik und menschlichen Fähigkeiten gestaltet werden, dass durch Einsatz modernster Systeme andere Kompetenzen freigesetzt werden können, bereinigt von Müßiggang, Langeweile und Routine? Wie müssen Unternehmen dafür ausgerichtet, wie Mitarbeiter darauf vorbereitet werden? Diese – und viele weitere – Überlegungen müssen von Politik, Wirtschaft, Ökonomen, Unternehmenslenkern und anderen Experten dringend angestellt und beantwortet werden. Doch sind diese gegenwärtig eher klein-klein und uninspiriert: Ein bißchen mehr Breitband hier, ein bißchen mehr Weiter- und Ausbildung dort… – braucht es nicht eine neue, eine frische, eine moderne Gesellschaftsutopie? Hier ist die Politik gefordert und zwar auf mehreren Feldern. Bislang wird den sich abzeichnenden Anforderungen der Digitalisierung in der Breite noch nicht angemessen und zukunftsweisend begegnet. Hier bedarf es rasch sehr viel größerer Anstrengungen, um den notwendigen Anschluss an die Gegenwart nicht zu verlieren. Die große Mehrheit der Bevölkerung in unserem Land –

dies darf getrost behauptet werden – befindet sich bildungsmäßig bei diesem Thema auf einem völlig unzureichenden Stand. Wer sich bisher allein den Herausforderungen der Digitalisierung gestellt hat, sind (notgedrungen) die Unternehmen.

Nun stehen also auf der einen Seite Motivation, unternehmerische Neugierde und nicht zuletzt der Zwang und Druck, gegenwärtige Entwicklungen im Unternehmen einzuführen, um Prozesse, Produkte, Dienstleistungen zu überprüfen, zu verbessern oder neu zu entwickeln, um konkurrenzfähig zu bleiben und langfristig bestehen zu können. Auf der anderen Seite wiegt die Verantwortung für die Mitarbeiter und das Bewusstsein, dass Unternehmen vor allem durch die Belegschaft, deren Erfahrungen, Ideen und Impulse, Engagement und Loyalität aufgebaut, geprägt und weiterentwickelt werden. Doch eben diese Belegschaft hegt ein verständliches Misstrauen gegenüber dem technischen Fortschritt, dessen Auswirkungen auf den eigenen Arbeitsplatz noch unüberschaubar sind.
Das bedeutet: Werden aus unternehmerischer Überzeugung bestehende Ängste und Vorbehalte zugunsten neuer technischer Möglichkeiten überwunden, kann dieses Projekt dann erfolgreich sein, wenn es gelingt, die Mitarbeiter zu überzeugen und mitzunehmen. Doch wie kann das gelingen, muss es sich doch anfühlen, als sägten sie eigenhändig an dem Ast, auf

dem sie sitzen? Wie kann also eine Anpassung an die neue Arbeitsrealität gelingen? Ein schwieriges - doch nicht unlösbares Unterfangen. Denn wenn Sinnhaftigkeit, Notwendigkeit und das Vorgehen klar formuliert und kommuniziert werden, wenn dem Einzelnen verständlich und nachvollziehbar ist, dass die Veränderungen zwar unausweichlich, aber beherrschbar sind - und vor allem: dass sie in seinem Sinne, zu seinem Vorteil sein können. Die Überführung in das neue, das digitale Zeitalter wird gelingen, wenn die Veränderungen nicht pauschal und allgemeingültig, sondern mit Augenmaß und Flexibilität im Hinblick auf individuelle Erfordernisse begleitet werden.
Innovation und Fortschritt gab es schon immer. In mehr oder weniger hohem Tempo, mit mehr oder weniger weitreichenden Folgen. Ebenso gab es schon immer diejenigen, die für oder gegen Neuerungen und Entwicklungen plädierten. Optimisten oder Schwarzseher. Allerdings muss man einräumen, dass der derzeitige Wandel tatsächlich Veränderungen in noch nie dagewesenem Ausmaß mit sich bringt und dass seine Auswirkungen im Einzelnen, geschweige denn in Gänze nicht absehbar sind.

Folgt man bereits getroffenen Prognosen, wird die Transformationsphase der Arbeitsprozesse noch über die nächsten ein bis zwei Dekaden andauern. Dem wird dann der Übergang in ein gänzlich neues

System des Arbeitens und Wirtschaftens und in der Konsequenz auch in ein neues Sozialsystem folgen.

Die Arbeitswelt wird sich also verändern. Anders werden. Doch „anders" heißt nicht zwingend schlechter. Anders bedeutet, dass Denk- und Sichtweisen verändert, neue Lösungen überdacht, Prozesse aufgesetzt und Berufsbilder verändert werden müssen. Wer heute in den Vorlesungsverzeichnissen von Universitäten, Fach- oder Volkshochschulen und anderen ausbildenden Institutionen nachschlägt, wird überrascht sein, welche Studien-, Lehr- oder Weiterbildungsgänge dort bereits angeboten werden, von denen er nie zuvor hörte. Will sagen: Parallel zu technischen Möglichkeiten und zur zunehmend globalisierten und digitalisierten Arbeitswelt entwickelt sich (hoffentlich) auch das Angebot an Aus- und Weiterbildungen.

Berufe und Beschäftigungen fallen weg. Dafür entstehen neue. Und dort, wo gegenüber wegfallenden keine neuen entstehen, wird es völlig neue Angebote geben. Der Berufsalltag an sich wird sich verändern. Es wird sich eine neue Wahrnehmung und Definition für „Arbeiten" entwickeln. Geltende Prinzipien wie Lohnarbeit werden mittel- bis langfristig gänzlich überholt sein; es gilt, neue gesellschaftspolitische Modelle zu erdenken. Es werden Ideen – wie beispielsweise das bedingungslose Grundeinkommen – zum Tragen kommen. Der „arbeitende Mensch" wird sich neu erfinden (müssen); er wird sich weniger über Arbeit und entgeltliche Leistung definieren (können), wie er es heute tut. Vielmehr kann der Mensch zunehmend zum „freien Gestalter" seines Lebens werden, unabhängig von wirtschaftlichen Zwängen, vielleicht sogar ohne Abhängigkeit von Erwerbsarbeit. Denn all diese wirtschaftlichen, politischen, technischen und gesellschaftlichen Veränderungen finden dann in einem viel größeren Kontext statt, der bei oberflächlicher Betrachtung bislang außer Acht gelassen wird. Es wird sich nicht nur der technische Status Quo, sondern unsere gesamte gesellschaftliche Ordnung verändern. Es wird einen Ansatz geben, der der breiten Masse bislang noch völlig fremd ist, der jedoch für zahlreiche Philosophen selbstverständlich war und ist: Der Mensch verändert sein „Sein" hin zu einem unentgeltlichen „Tun". In einer Welt, in der Maschinen und Computer ihn zunehmend von seiner bisherigen Arbeit entlasten. Grandios! Die Entlastung des Menschen darf keinesfalls in seiner Entlassung enden. Daher an dieser Stelle die deutliche Warnung: Es liegt vor allem in der Verantwortung der Politik, Digitalisierung rechtzeitig, aber nicht im Übermaß zu betreiben! Bei alledem darf der Mensch nicht aus dem Blickfeld geraten.

Dr. Johannes Rieckmann
Senior Research Fellow
BIGS

Dr. Tim Stuchtey
Diplom-Volkswirt
Direktor BIGS

Dr. Johannes Rieckmann ist seit August 2015 als Senior Research Fellow am BIGS tätig. Er beschäftigt sich unter anderem mit ökonomischen Fragestellungen von Cybersicherheit, Ordnungspolitik im Zusammenhang mit der Bereitstellung von Schutz durch öffentliche und private Dienstleister; sowie der Vernetzung von Akteuren der zivilen Sicherheit aus Forschung und Entwicklung, Produktion, Politik und praxisorientierten Anwendern im Zusammenhang mit Forschungs-Rahmenprogrammen. Dr. Rieckmann hat Wirtschaftswissenschaften in Bremen und Paris studiert, arbeitete für Unternehmensberatungen in Hamburg und Brüssel und promovierte anschließend am Lehrstuhl für Volkswirtschaftstheorie und Entwicklungsökonomik an der Universität Göttingen. Im Rahmen seiner anschließenden Tätigkeit in der Abteilung Entwicklung und Sicherheit am DIW Berlin arbeitete er an der Entwicklung des WISIND-Indikators zur Abbildung objektiver Kriminalitätslage – unter Berücksichtigung von Dunkelfeld und Schweregrad – sowie subjektiver Wahrnehmung in Deutschland. Weiterhin koordinierte er Feldforschung im Rahmen einer entwicklungsökonomischen Studie in Kirgistan.

Dr. Tim Stuchtey ist Diplom-Volkswirt und hat an der Westfälischen Wilhelms-Universität Münster studiert und an der Technischen Universität Berlin im Fachgebiet Wirtschafts- und Infrastrukturpolitik promoviert. Er war zunächst persönlicher Referent des Präsidenten der TU Berlin bevor er für einen Spitzenverband der deutschen Wirtschaft im Bereich Wirtschaftspolitik arbeitete. 2001 wechselte er an die Humboldt-Universität zu Berlin als Leiter der neu geschaffenen Stabsstelle für strategische Entwicklung und Planung und wurde später Leiter des Präsidialbereichs. An der Humboldt-Universität baute Tim Stuchtey die Humboldt Institution on Transatlantic Issues (HITI) auf und wechselte 2007 als Senior Fellow und Program Director Business and Economics an das American Institute for Contemporary German Studies (AICGS) an der Johns Hopkins University in Washington, DC. 2010 wurde er geschäftsführender Direktor des neu gegründeten Brandenburgischen Instituts für Gesellschaft und Sicherheit gGmbH (BIGS) in Potsdam. Seine Forschungsschwerpunkte liegen im Bereich der Ökonomie der Sicherheit, der transatlantischen Wirtschaftsbeziehungen und der klassischen Ordnungspolitik.

Brandenburgisches Institut für Gesellschaft und Sicherheit gGmbH

Dianastra. 46
14482 Potsdam
Tel. + 49 (0)331 704 406 -0
E-Mail: info@bigs-potsdam.org

Die Vermessung der Sicherheitswirtschaft – Wachstum und Veränderung im Zeichen der Digitalisierung

von Johannes Rieckmann und Tim Stuchtey

Ein immer größerer Teil unseres Lebens ist durch die Digitalisierung betroffen. Dies gilt nicht nur für uns als Individuum, sondern auch für Geschäftsprozesse und die Wertschöpfung innerhalb der Volkswirtschaft. Als Konsequenz wächst die Verfügbarkeit von Daten über unser Tun und Schaffen exponentiell. Daten werden als das Öl des 21. Jahrhunderts bezeichnet und sind der Rohstoff, der die digitale Wirtschaft zum Laufen bringt. Daten stellen insofern einen erheblichen Wert dar und diesen Datenschatz gilt es, adäquat zu schützen.

Diese Entwicklung wurde von der Polizei bislang nicht mit gleicher Geschwindigkeit mitverfolgt. Der Cyberraum als neue Dimension für Leben, Wirtschaften sowie illegales Handeln ist polizeilich kaum erschlossen. Wer käme schon auf die Idee, einen durch Ransomware befallenen Computer zur nächsten Polizeistation zu tragen und dort Hilfe zu verlangen. Der Mangel an staatlichem Schutz bei gleichzeitiger Nachfrage nach eben diesem durch private Wirtschaftssubjekte führt dazu, dass sich ein weites Feld für private Sicherheitsdienstleistungen ergibt, durch die diese Lücke zumindest teilweise geschlossen werden kann.

Die Digitalisierung verändert aber auch die Sicherheitswirtschaft selbst. Immer günstiger werdende Sicherheitstechnik bei gleichzeitig steigenden Lohnkosten führen zu einer Verschiebung von Arbeit zu Kapital, das bei der Sicherheitsherstellung zum Einsatz kommt. Gleichzeitig fallen durch die unterschiedlichen Sicherheitstätigkeiten privater Sicherheitsunternehmen selbst eine erhebliche Menge an Daten an. Dieser Datenpool kann erschlossen werden um daraus einen Mehrwert für die Unternehmen selbst und besser noch ihre Kunden zu schaffen. In welchem Umfang dies erfolgt wollen wir mit diesem Beitrag analysieren.

Für die Analyse ist es erforderlich, ein klares Verständnis von Sicherheit zu haben. Sicherheit wird am Brandenburgischen Institut für Gesellschaft und Sicherheit (BIGS) als das Ergebnis aus einer Funktion von externer Bedrohung und den Schutzleistungen einer Gesellschaft zu deren Kompensation. Ceteris Paribus steigt also die Sicherheit, wenn der Staat oder private Wirtschaftssubjekte mehr für Schutzleistungen ausgeben oder die Bedrohung durch Kriminalität, Terrorismus oder Naturkatastrophen zurückgeht. Schutzleistungen können demnach z.B. Ausgaben für die Polizei oder private Sicherheitsunternehmen sein.

Übergeordnete Veränderungsprozesse

Die Sicherheitswirtschaft in Deutschland durchlebt seit einigen Jahren einen dynamischen Änderungsprozess. Als Sicherheitswirtschaft wird an dieser Stelle die Gesamtheit der in Deutschland ansässigen Anbieter von physischen Sicherheitsprodukten, Sicherheitsdienstleistungen sowie des sich dieser Trennung teilweise entziehenden Bereiches der Anbieter von „IT in der Sicherheit" und „Sicherheit in der IT" betrachtet.

Neben Änderungen in der Lohnhöhe und –Struktur mit den ersten (allgemeinverbindlichen) Tarifverträgen und später mit der Einführung des Mindestlohns im Jahr 2015, sowie in der Wettbewerbs- und Personallage durch regulatorische Änderungen und EU-Erweiterungen waren in den vergangenen

Jahren vor allem zwei Entwicklungen von Bedeutung: die Flüchtlingskrise und die bereits angesprochene Digitalisierung.

Mit der Flüchtlingskrise gab es einen Sondereffekt, dessen Bedeutung vorerst wieder nachgelassen hat. Mit dem sprunghaften Anstieg des Zustroms schutzsuchender Kriegsflüchtlinge sowie von Armutsmigranten nach Europa und hier besonders nach Deutschland im Jahr 2015 und 2016, stieg die Nachfrage nach klassischen Sicherheitsdienstleistungen ebenfalls an. Bei diesem Nachfrageanstieg ging es vor allem um die Bewachung von Flüchtlingsunterkünften nach außen, und um den Ordnungsdienst innerhalb der Unterkünfte. Mittlerweile hat der Zustrom von Migranten nachgelassen und damit ist auch die zusätzliche Nachfrage nach entsprechenden Sicherheitsdienstleistungen wieder entfallen. Ob diese Entwicklung von Dauer sein wird, hängt von vielerlei Faktoren ab, die zu einem großen Teil außerhalb Deutschlands liegen, jedoch von der deutschen sowie europäischen Außenpolitik mitgestaltet werden.

Dieser in Politik und Gesellschaft stark beachtete Effekt lässt leicht vergessen, welchen übergeordneten Trend wir seit Jahren in der Sicherheitswirtschaft beobachten können. Die Digitalisierung dürfte für die Branche von noch größerer Bedeutung sein und deutlich langfristiger wirken. Schließlich betrifft sie eine qualitative Veränderung und auch Erweiterung der Arbeit vor allem von Sicherheitsdienst-leistern, und mittelbar auch der Hersteller von Sicherheitsprodukten und Vorleistungen. Denn klassische Sicherheitsdienstleistungen werden durch Informationstechnologie-Sicherheitsdienstleistungen ergänzt (Komplementäreffekt), verändern sich im Rahmen der Digitalisierung, und werden teilweise sogar ersetzt (Substitutionseffekt).

Ein Beispiel für einen solchen Komplementäreffekt wäre die Unterstützung der Sicherheitsfirma eines Shopping Centers durch „intelligente", auf Algorithmen basierende Videoanalyse z.B. im zugehörigen Parkhaus. Diese kann automatisiert auf Auffälligkeiten hinweisen, wie beispielsweise das mehrfache Umsetzen desselben Fahrzeuges innerhalb des Parkhauses von einem Stellplatz zum nächsten – etwa immer näher heran an einen tragenden Pfeiler oder eine bestimmte Tür.

Ein Substitutionseffekt läge vor, wenn durch auf Algorithmen basierende Videoanalyse die Stelle des menschlichen Bildschirmbeobachters weitgehend oder gar gänzlich entfiele. Ein solcher Substitutionseffekt bedeutet eine Änderung der Kombination aus Inputfaktoren (Humankapital/Arbeit und Kapital /Technik) zur Produktion des gleichen Outputs. Arbeit wird teil-

weise und zusehends durch Kapital ersetzt. So ermöglichen nicht nur Anlagen für automatisierte Videoüberwachung und Bildauswertung einen geringeren Personaleinsatz in der Leitzentrale. Drohnentechnik ermöglicht Perimeter-Überwachung in Echtzeit, und damit eine Reduktion der herkömmlichen Streifentätigkeit sowie verbesserte Reaktionszeiten für Interventionskräfte.

Es zeigt sich, dass einige Sicherheitsunternehmen die neuen technischen Möglichkeiten bei der Erstellung ihrer Dienstleistungen annehmen und für Veränderungsprozesse offen sind. Andere Branchenteilnehmer halten an der herkömmlichen nahezu vollständig auf dem Faktor Arbeit beruhende Dienstleistung fest. Somit spaltet sich die Branche in zwei Gruppen: Zum einen gibt es auch weiterhin die „klassischen" Wachschutz- und Sicherheitsunternehmen, welche relativ wenig komplexe Dienstleistungen verkaufen. Diese zeichnen sich durch vergleichsweise geringe Arbeitsproduktivität und Innovationskraft aus, und betreiben oft nicht einmal eine Website. Digitalisierung spielt hier voraussichtlich in den kommenden Jahren nur eine begrenzte Rolle.

Die andere, innovativere Gruppe von Sicherheitsunternehmen passt sich den neuen technischen Möglichkeiten dahingehend an, dass sie nicht mehr primär Mann- oder besser Personenstunden verkaufen. Vielmehr werden vermehrt integrierte Sicherheitslösungen vermarktet. Ein ergebnisorientierter Ansatz tritt hier an die Stelle eines prozessorientierten.

Technischer Wandel – schleichend bis disruptiv

Sicherheit ist nach unserem Verständnis eine Funktion aus zwei Faktoren, nämlich Bedrohung einerseits und Schutz andererseits. Bedrohungen können dabei natürlicher Art sein (z.B. Sturmflut) oder vom Menschen bewusst herbeigeführt (z.B. Kriminalität oder Terrorismus). Während die erstgenannte sich durch vom Menschen geschaffene Schutzleistungen nicht verändert, ist letztere dynamisch und anpassungsfähig. Kriminelle und Terroristen sind anders als Naturereignisse in der Lage, ihre Taktik auf Grund von neuen oder veränderten Schutzleistungen anzupassen. Daher stehen die Schutzleistungen grundsätzlich in einem Wettbewerb mit der Bedrohung. Das Ergebnis dieses Wettbewerbs ist das Maß an erreichter Sicherheit.
Mit der Digitalisierung unseres Wirtschafts- und Privatlebens erwächst auch die Notwendigkeit, den Cyberraum vor neuen Bedrohungen zu schützen. So haben sich im Zuge des technischen Fortschritts ab den 80er- und 90er Jahren[1] vermehrt Produkte und Dienstleistungen zum Schutz von IT-Systemen

entwickelt und etabliert. Zugleich aber haben sich durch die Technik auch Sicherheitsdienstleitungen und -Produkte in vormals rein physisch geprägten Bereichen verändert. So sind einige Felder heute schlichtweg überholt, bereits obsolet geworden oder verschwinden nach und nach vom Markt.

Andere Dienstleistungen bestehen weiter, haben sich aber in ihrer Form mehr oder minder stark verändert. Dazu gehören beispielsweise die Gepäck- und Fluggastkontrollen. Früher wurden Haupt- und Handgepäck meist stichprobenartig geöffnet und einer optischen und haptischen Kontrolle unterzogen – und ggf. auch einer olfaktorischen, mit Hilfe von Spürhunden. Die Passagiere wurden stichprobenartig einer Leibesvisitation unterzogen, ab den 1970er-Jahren kamen Metalldetektoren hinzu.

Heute dagegen sieht die Kontrolle an Flughäfen anders aus: Jedes Gepäckstück und jeder Passagier wird kontrolliert, allerdings jetzt mit elektronsicher Hilfe. Metalldetektoren, Röntgen- oder Terrahertz-Scanner und Analysesoftware zur Unterstützung der Kontrolleure gestalten den Prozess effizienter und effektiver. Stichprobenartig kommen zusätzlich Ionen-Mobilitäts-Spektrometer zum Einsatz, diese erschnüffeln Spreng-

---

[1] Die erste bekannte hacking-Attacke wurde bereits 1903 durchgeführt, als der Londoner Zauberkünstler Nevil Maskelyne eine Morse-Vorführung von Guglielmo Marconi störte und eigene, beleidigende Nachrichten einschleuste. Der Begriff wurde jedoch erst Mitte der 50er am Massachusetts Institute of Technology geprägt, und an Bedeutung gewannen hacker erst ab den späten 80er Jahren.

und Kampfstoffe sowie andere unerlaubte Substanzen wie illegale Drogen. Der Spürhund kommt jetzt erst beim Auftreten eines Verdachtsmoments zum Einsatz.

Die Elektronisierung und Digitalisierung hat hier also die Natur der Schutzleistung – eine eingehende Suche nach potenziell gefährlichen Gegenständen und Substanzen – nicht verändert, wohl aber ihre Effizienz – insbesondere die Geschwindigkeit – und ihre Effektivität – insbesondere die Genauigkeit und Unempfindlichkeit gegenüber Ermüdung und Manipulation – erhöht. Gleichzeitig empfinden viele der einer solchen Kontrolle unterzogenen Fluggäste die Kontrollen im Vergleich zu den früheren Verfahren als weniger invasiv, belästigend und willkürlich.

Ein weiteres Beispiel für veränderte Tätigkeiten ist der Betrieb von Videoüberwachungs-Leitstellen. Intelligente Videoanalyse erkennt automatisiert verdächtiges und überprüfungswürdiges Verhalten und besondere Vorkommnisse, wie weiter oben bereits am Parkhaus-Beispiel kurz angerissen wurde. Die entsprechenden, im Algorithmus hinterlegten Kriterien können beliebig programmiert werden: Plötzliche Gruppenbildung oder Aufteilung von Menschen kommt genauso in Frage wie Stürze, Schlägereien, Rennen, oder die Übergabe von Gegenständen. Hin- und Hergehen in bestimmten Bereichen bei konstanter Blickrichtung, räumliches Trennen von Personen von ihren Gepäckstücken über bestimmte Entfernungen oder Zeiträume hinaus, Kleidungswechsel bei identischem Gangmuster, Vermummung, „unrunde" Gangmuster (die Hinweis auf verdecktes Tragen einer Waffe oder eines Sprengstoffgürtels sein könnten), sichtbare Feuerwaffen etc. können ebenfalls von Interesse sein.

Weitere Felder gab es früher zumindest in der heutigen Form gar nicht, sie sind im Zuge der Digitalisierung neu hinzugekommen bzw. haben ihren Charakter so stark verändert, dass es sich um neue Tätigkeiten handelt. Hier wäre beispielsweise die Absicherung von Gelände, Veranstaltungen oder seltener Einzelpersonen gegenüber Bedrohungen durch unbemannte Fluggeräte anzuführen. Früher war es schlicht nicht möglich, einen wirksamen Schutz gegenüber Bedrohung durch beispielsweise ferngesteuerten Modellflugzeugen mit Sprengstoff zu gewährleisten. Allerdings war dies auch ein weniger relevantes Thema als heute (obwohl es beispielsweise schon 1977 Pläne der Roten Armee Fraktion gab, auf den damaligen bayerischen Ministerpräsident, Franz Josef Strauß ein entsprechendes Attentat zu verüben[2]). Heute sind

---

[2] WELT (2008) „RAF wollte Strauß mit einem Modellflugzeug töten." https://www.welt.de/politik/article2480440/RAF-wollte-Strauss-mit-einem-Modellflugzeug-toeten.html Veröffentlicht am 23.09.2008, letzter Abruf 05.10.2018.

Abbildung 1: Neue Möglichkeiten und Herausforderungen durch Technologie. Nicht das Produkt von Boston Dynamics, aber ein möglicher Ersatz für einen Sicherheitsdienstmitarbeiter auf Streifengang.

die entsprechenden Fluggeräte unvergleichlich manövrierfähiger und dabei leichter zu bedienen, billiger, und können höhere Nutzlasten transportieren. Die Programmierbarkeit der Flugbahnen in Kombination mit Global Positioning Systems (GPS) eröffnet neue Bedrohungsszenarien beispielsweise für den zivilen Luftverkehr. Auch die Miniaturisierung der Kameratechnik hat hier neue Missbrauchsmöglichkeiten eröffnet.

Gab es nun bis vor wenigen Jahren nur eingeschränkte Detektions- und vor allem physische Abwehrmöglichkeiten (etwa Flintenschützen auf Tagungsgebäuden, auf die Beizjagd auf Fluggeräte dressierte Raubvögel, Drohnen mit Fangnetzen), so hat sich hier ein ganz neues Geschäftsfeld eröffnet. Kombinierte Sensorik nutzt heute Radartechnik, Mikrofone und Audioanalyse, Videokameras, Infrarot- und Frequenzscanner. Sie ermöglicht Früherkennung von Fluggeräten bereits beim Kopplungsvorgang der Fernbedienung mit dem Fluggerät (pairing) beziehungsweise – falls dies außerhalb der Überwachungsreichweite vollzogen wird – ihrer Annäherung über größere Entfernungen.

Störsender – mittlerweile auch in portablen Versionen als sogenannte Drohnengewehre - erlauben die Lähmung oder sogar die Übernahme der Steuerung mittels Funk, oder eine Störung oder Verfälschung (spoofing) des GPS-Signals und damit eine Manipulation der Navigationsfähigkeit der

Drohne. Sogar sogenannte Netz-
werfer, Laser oder elektromagne-
tischer Puls können als Wirkmittel
zum Einsatz gebracht werden, allerdings besteht hier die Gefahr eines unkontrollierten Absturzes. Bei
einer Störung des Steuerungssig-
nals oder der Navigation verhalten
sich Drohnen entsprechend ihrer
Programmierung und Einstellung –
vom Rückkehren zum Ausgangsort
über Verharren am Platz oder kon-
trolliertem senkrechten Landen bis
hin zu Fortsetzen der letzten Aktion
– unterschiedlich, stürzen aber im
Gegensatz zu den ersten am Markt
erhältlichen Modellen mittlerweile
nicht mehr ab.

Ein weiteres Beispiel für ein neu
hinzukommendes, brandaktuel-
les Thema – mit potenziell erheb-
lichem Regulierungs- und Tech-
nikfolgeabschätzungsbedarf – ist
die annähernd erreichte Marktreife
von geländegängigen und weitgehend autonom agierenden Maschinen. So wäre es etwa denkbar, bislang übliche Personenstreifen im
Wachschutz teilweise durch „Ro-
boterhunde" zu ersetzen, wie sie
etwa die Firma Boston Dynamics
im Juni 2018 auf der Technikmesse
Cebit in Hannover vorstellte und ab
kommendem Jahr unter dem Pro-
duktnamen „SpotMini" (siehe Abbildung 1) für jedermann zu verkaufen plant. Diese könnten dann etwa
ermüdungsfrei Treppenhäuser oder
bei Wind und Wetter weitläufige Fir-
mengelände ablaufen und mit Kameratechnik überwachen.

Datenschatz braucht Datenschutz

Der technische Wandel innerhalb
der Sicherheitswirtschaft führt
letztlich auch zu einem stärkeren
anfallen digitaler Daten in diesen
Unternehmen. Auch in der Vergangenheit gab es Kundendaten oder
Einträge (auch mit personenbe-
zogenen Daten) in Wachbüchern,
die es galt „gut weg zu schließen".
Heute fallen diese Daten digital an
und können einen Mehrwert für
das Unternehmen und seine Kunden bringen. Sie können dem Unternehmen aber auch, wenn sie in
die falschen Hände fallen, erheblichen Schaden zufügen. Es gilt,
gegenüber (potenziellen) Kunden
sowie Politik, Verwaltung, Presse
und Bürgern glaubhaft zu machen,
dass mit diesen sensiblen Daten
sorgsam und den rechtlichen Vor-
schriften entsprechend umgegan-
gen wird. Die Daten dürfen also
nur für die vorgesehenen und vereinbarten Zwecke verwendet werden, und müssen gegen kriminellen Missbrauch hinreichend abgesichert werden.

Verschärfend wirkt hier der Umstand, dass einerseits sich entwickelnde Analysemöglichkeiten großer Mengen unstrukturierter Daten
– Stichworte big data und Metada-
ten-Analyse – manche Unternehmen in der öffentlichen Wahrnehmung in die Lage versetzen, Zusammenhänge und Verbindungen
möglicherweise effektiver erken-

nen zu können, als manche Sicherheitsbehörden. Diese Wahrnehmung, die durchaus in Misstrauen der Öffentlichkeit umschlagen kann, betrifft derzeit vor allem Unternehmen aus dem Bereich der Telekommunikation, Soziale Netzwerke, Email-Anbieter, Handelsplattformen usw., aber auch Krankenversicherungen, Banken, und zukünftig möglicherweise eben auch Sicherheitsunternehmen. Hier ist also insbesondere in Bezug auf personenbezogene Daten ein solides und auch nach außen kommuniziertes Datenschutzmanagement von elementarer Bedeutung.

Fachkräftemangel, Personalwerbung und Anreizstrukturen

Der vermehrte Technikeinsatz und die Digitalisierung in der Sicherheitswirtschaft führen dazu, dass die Anforderungen an die Fähigkeiten und Ausbildung des Personals in dieser Branche ansteigen. Diese verstärkte Nachfrage nach mehr Humankapital trifft am Arbeitsmarkt auf den langfristigen demographischen Trend immer kleiner werdender Geburtenjahrgänge und auf eine lang anhaltende konjunkturelle Wachstumsphase der deutschen Volkswirtschaft. Insbesondere beim Angebot von Menschen mit besonderen IT-Kenntnissen besteht schon heute ein erheblicher Fachkräftemangel. Die Folge ist ein sich zusehendes verschär-

fender Wettbewerb nicht nur um die besten Talente, sondern um alle verfügbaren Fachkräfte. Besonders zu spüren bekommen diese neuen Rahmenbedingungen die einschlägigen Sicherheitsbehörden im Bereich Informationstechnik. Dies gilt umso mehr, da sie eingeschnürt im Korsett der Tarifverträge des öffentlichen Diensts sind und mit beschränkten Anreizmöglichkeiten um dieselben Fachkräfte werben müssen wie die Privatwirtschaft.

„Das Wams des Beamten ist eng, aber es wärmt", soll Friedrich II. gesagt haben. In näherer Zukunft wird er in diesem Arbeitsfeld vergleichsweise wohl von vielen als vor allem eng empfunden, was eine handfeste Herausforderung für die behördliche Personalwerbung darstellt. Hier eröffnet sich allerdings auch ein neues oder zumindest stark erweitertes Geschäftsfeld für die Sicherheitswirtschaft. Als Berater und Auftragnehmer werden zusehends Unternehmen im Bereich Informationstechnik von Behörden in die Sicherheitsarchitektur eingebunden.

Struktur der Sicherheitswirtschaft mit engerem Digitalisierungsbezug

Neben der Unterscheidung zwischen digitalisierten Sicherheitsunternehmen einerseits und klassischen Sicherheitsunternehmen andererseits ist auch eine Differenzierung zwischen Produktherstellern und Dienstleistern von Aussagekraft für die Veränderungen auf dem Markt der Sicherheitswirtschaft. Das BIGS führt seit dem Jahr 2012 regelmäßig Befragungen der Sicherheitswirtschaft durch, die empirisch ausgewertet werden. Hieraus lassen sich über die Zeit aufschlussreiche Entwicklungen und strukturelle Verschiebungen ableiten. Nachfolgend sollen insbesondere solche Veränderungen näher betrachtet werden, die einen Bezug zur Digitalisierung in der Sicherheitswirtschaft aufweisen.

Kaum überraschend ist, dass knapp 80 Prozent der 2014 erfassten IT-Sicherheitsunternehmen erst nach 1990 gegründet wurden – 2017 waren es sogar 86 Prozent. Dies korreliert vermutlich auch mit der starken Zunahme von Computern in privaten Haushalten sowie in den Unternehmen, die ab Mitte der 90er Jahre Computer in den Betriebsalltag integriert haben. Aufmerken lässt, dass fünf Unternehmen, die vor 1949 gegründet wurden in der Umfrage angeben, hinsichtlich ihres Produktportfolios reine IT-Sicherheitsunternehmen zu sein. Dies lässt sich wohl nur so interpretieren, dass es einigen traditionellen Unternehmen gelungen ist, sich erfolgreich an den technischen Wandel anzupassen. Zudem zeigt die detailliertere Betrachtung dieser fünf Datensätze, dass fast alle Unternehmen Sicherheitsberatungen und -dienstleistungen

zur IT-Sicherheit anbieten. Zudem sind diese Unternehmen über ihren eigenen Standort hinaus und teilweise deutschlandweit tätig.

Die Größe der Unternehmen nach Umsatz und Mitarbeiter variiert je nach Marktsegment erheblich. Bei der Analyse der IT-Sicherheitsunternehmen konnte festgestellt werden, dass es sich bei diesen insgesamt um eher kleinere Unternehmen mit einem verhältnismäßig geringen Umsatz handelt. In den Marktsegmenten Sicherheitsdienstleistungen und –technologie sind hingegen überwiegend größere Unternehmen tätig.

Das Produktsegment IT-Sicherheit wurde 2014 von ca. 21 Prozent der nicht nur ausschließlich im zivilen, sondern auch im militärischen Sektor aktiven Unternehmen angeboten. Interessant ist zudem, dass die Hälfte dieser Unternehmen auf dem internationalen Markt aktiv ist – 2017 waren es sogar alle der entsprechenden in der Umfrage erfassten Unternehmen. Dieser Anteil liegt erheblich über dem Durchschnitt.

Die Verteilung der Produktportfolios der Sicherheitsunternehmen variiert teilweise beträchtlich über die Bundesländer. In Bayern sind laut Angaben der Teilnehmer der Befragung insbesondere IT-Sicherheitsunternehmen dominierend, während in Nordrhein-Westfalen vor allem Anbieter von Sicherheitsprodukten und -techniken ihren Hauptstandort haben. Mit Standorten in Baden-Württemberg sind IT-Sicherheitsunternehmen fast so häufig vertreten, wie Unternehmen von Sicherheitsprodukten und -techniken. Interessant ist zudem, dass in Berlin vor allem traditionelle Sicherheitsdienstleister am häufigsten angesiedelt sind. Bei den meisten Bundesländern hingegen war zumindest bis 2015 eine Dominanz der IT-Sicherheitsunternehmen oder der Unternehmen, die Sicherheitsprodukte und -techniken anbieten, zu erkennen. Die traditionelle Unterteilung einer Volkswirtschaft in die drei Sektoren Landwirtschaft, Industrie und Dienstleistungen spielt zunehmend eine geringe Rolle. Neben der immer geringeren Bedeutung der Landwirtschaft führt besonders die Digitalisierung von Wirtschaftsprozessen vermehrt dazu, dass die Grenzen zwischen den einzelnen Sektoren undeutlicher werden. Dieser Prozess ist auch bei den Unternehmen der Sicherheitswirtschaft zu beobachten, deren Produktmix sich verändert. Wo neue Unternehmen in den Markt eintreten, ist deren Angebot häufig nicht mehr eindeutig als Technikprodukt oder als Dienstleistung zu klassifizieren.

Interessant ist die Entwicklung der Tätigkeitsfelder von Unternehmen der Sicherheitsbranche, in denen es in den letzten Jahren auch unabhängig von der Digitalisierung zu erheblichen Verschiebungen ge-

kommen ist, und vermutlich auch in den kommenden Jahren Änderungen geben wird. Diese bewegen sich dabei durchaus nicht nur in eine Richtung, sondern unterliegen teilweise äußeren Einflüssen – in erster Linie gewissermaßen der innen- und sicherheitspolitischen „Großwetterlage" sowie technischen Einflüssen.

Waren in den ersten Befragungsjahren keine signifikanten Verschiebungen zwischen den Gruppen über die Zeit zu beobachten, so zeichnete sich danach ein dynamischeres Bild. Während sich 2012 mehr als die Hälfte der befragten Unternehmen noch vorrangig als Produkthersteller bezeichnete, waren es 2015 nicht einmal mehr 30 Prozent der Unternehmen, welche sich in erster Linie als solche sahen. Diese Entwicklung war nur zum Teil auf Veränderungen in der Befragungsgesamtheit zurückzuführen.

Insbesondere nahm der Angebotsmix mit maßgeblichem Bezug zu IT-Technik sowohl bei den Produkten als auch den Dienstleistungen stark zu, hier spielten also eine Ergänzung und auch qualitative Änderung bestehender Angebote durch die Digitalisierung eine Rolle. Diese Verflechtung muss Berücksichtigung finden, wenn man sich die Wachstumswerte der Teilbereiche ansieht. Nach 2015 und in engem Zusammenhang mit der Flüchtlingskrise allerdings ist der relative Anteil der non-IT-Dienstleistungsunternehmen an der Gesamtzahl der deutschen Sicherheitsunternehmen stark angestiegen. Wir beobachten hier mithin eine zeitlich begrenzte Trendumkehr, die in deutlichem Gegensatz zur Entwicklung im Produktbereich steht.

In den Jahren 2013 und 2014 zeigte ein genauerer Blick auf die Tätigkeitsfelder der Unternehmen, dass knapp die Hälfte klassische Sicherheitsprodukte und -techniken entwickelten, produzierten oder vermarkteten. Je rund ein Drittel war im Bereich der klassischen Sicherheitsdienstleistungen, der IT-Sicherheitsprodukte und IT-Sicherheitsdienstleistungen tätig. Eine durchaus große Zahl an Unternehmen war dabei auch in mehreren Bereichen aktiv – boten also beispielsweise sowohl Sicherheitsprodukte und -dienstleistungen an („Klassiker") oder waren gleichermaßen in den Bereichen IT-Sicherheit und klassischer Sicherheitsangebote tätig (allrounder). Wie die Struktur der befragten Sicherheitsunternehmen zeigte, waren die Verknüpfung von Sicherheitsprodukten und -dienstleistungen bei Unternehmen, die ausschließlich im Bereich klassischer Sicherheitsprodukte und -techniken tätig sind, allerdings geringer ausgeprägt.

Unter den IT-Sicherheitsprodukten nimmt seit fünf Jahren Software wenig überraschend eine herausragende Rolle ein, u. a. Anti-Viren-Programme, firewalls, tracking- und Wiederherstellungs-programme. Unter Zubehör fallen Server-Schränke, Schlösser für Computer sowie Systemlösungen für Hardware-Sicherheit. Verschlüsselung und Kryptographie umfassen die Herstellung und den Vertrieb von Software und Hardware und wurden ebenfalls von vielen der befragten Unternehmen als Geschäftsfeld genannt. Die IT-Technologie wird heute immer mehr ein Bestandteil von Anwendungen im klassischen Bereich der Sicherheitsprodukte und -dienstleistungen, die entsprechend von immer mehr Unternehmen angeboten wird. Die Bereiche Software, IT-Zubehör und Kryptographie nehmen ähnlich starke Positionen ein. IT-Sicherheit muss aufgrund ihrer zunehmenden Bedeutung als sektorübergreifende Transformationstechnologie aufgefasst werden.

Es gibt zahlreiche Beispiele für Sicherheitsprodukte mit integraler digitaler Informationstechnik. Bereits vor fünf Jahren zeichnete sich die zunehmende Bedeutung von Kontrollsystemen in der Sicherheitswirtschaft ab. Zutrittskontrollsysteme spielen hierbei eine Schlüsselrolle. Sie umfassen den Zugang zu Gebäuden und Geländen sowie die Verkehrsinfrastruktur und elektronische Ausweisesysteme sowie Schloss- und Schließanlagen, und wurden in den Befragungswellen häufig genannt. Mit einer geringeren Anzahl von Nennungen folgten Authentifizierungssysteme durch Biometrie und die Kategorie Videosysteme sowie Einbruchmelde- und Alarmanlagen, sodann Brand- und Explosionsschutzsysteme.

Letztere umfassen Produkte wie Rauchmelder, Feuerlöscher, Feuerschutztüren sowie Gaswarneinrichtungen. In der Kategorie mechanische Zutrittskontrolle sind Schlösser, Schließanlagen, Beschläge und Schranken vertreten, während Identifikationssysteme RFID und Funketiketten ebenfalls ein zahlenmäßig bedeutsames Feld bilden. Weiterhin werden Leitzentralen und Lagezentren bereitgestellt, bisweilen auch vollständige Kommunikationssysteme. Nur für einzelne Unternehmen spielen bildgebende Verfahren (inklusive Röntgengeräten und Computertomographie), Aufgaben der Gefahrenstofferkennung im Bereich CBRN (also bezogen auf chemische, biologische, radioaktive und nukleare Gefahren) oder die entsprechende Aus- oder Umrüstung von Fahrzeugen und Schutzbekleidung für Polizei, Feuerwehr, Technisches Hilfswerk und andere Sicherheitsdienstleister eine größere Rolle.

Entsprechend der Umfrage-Ergebnisse bedeutsame IT-Sicherheitsdienstleistungen umfassen Datensicherung, Netzwerksicherheit, Betriebssystemsicherheit, Datenwiederherstellung sowie IT-Sicherheitsmanagementprogramme. Es folgt IT-Sicherheitsberatung, dies umfasst die Erstellung von Sicherheitsmodellen und -konzepten, Risikoanalysen sowie Sicherheitsschulungen. IT-Sicherheits-Audit beinhaltet die Überprüfung von bestehenden Sicherheitssystemen und -prozessen, während Digitale Forensik die Untersuchung von verdächtigen Vorfällen im Zusammenhang mit IT-Systemen, die Feststellung des Tatbestandes und der Täter durch Erfassung, Auswertung und Analyse digitaler Spuren beinhaltet. Unternehmen, die Zertifizierungen im Bereich IT-Sicherheit sowohl nach Standards der International Organization for Standardization (ISO) als auch anderen Normen anbieten, bilden die kleinste Kategorie in dieser Gruppe.

Ein genauerer Blick auf die Beschäftigungssituation nach Produktportfolio zeigt, dass mehr als ein Drittel der Mitarbeiter bei Sicherheitsprodukt- und Sicherheitstechnikunternehmen beschäftigt sind. Fast 30 Prozent der Beschäftigten waren vor 2014 Jahren nach unserer Hochrechnung im traditionellen Sicherheitsdienstleistungsbereich angestellt, 2015 und 2016 waren es deutlich mehr. 2017 näherte sich die Struktur wieder den vorherigen Relationen an. Die wenigsten Mitarbeiter waren mit einem Anteil von unter 20 Prozent im reinen IT-Sicherheitsbereich tätig. Die gesonderte Betrachtung der Beschäftigtenstruktur in der IT-Sicherheitsbranche zeigte, dass fast 60 Prozent der spezialisierten IT-Sicherheitsunternehmen maximal neun Mitarbeiter beschäftigen.

Umsatzentwicklung und Wachstum

Von den zahlenmäßigen Anteilen der Unternehmen an der Branche sowie von Belegschaftsgrößen gesondert zu betrachten sind Zahlen und Trends zur Umsatzentwicklung, die aussagekräftige Hinweise auf das Wachstum der Branche in den vergangenen und kommenden Jahren geben.

Auffällig war noch vor einigen Jahren, dass insbesondere die IT-Sicherheitsunternehmen – für das Jahr 2011 – das geringste Umsatzwachstum angaben. Mittelfristig gesehen erwarteten diese damals jedoch im Vergleich zu den anderen Branchen für die nächsten drei bis fünf Jahre für ihr eigenes Unternehmen ein Umsatzwachstum von 5,1 Prozent. Diese Kennzahl lag somit etwas höher als die durchschnittliche Einschätzung der eigenen Umsatzentwicklung aller Unternehmen, die für die kommenden 3 bis 5 Jahre auf ca. 4,7 Prozent geschätzt wurde. Insbesondere die IT-Sicherheitsunternehmen prognostizierten ein hohes Umsatzwachstum für die Sicherheitswirtschaft in Deutschland.

Darauf deutete auch der unterdurchschnittliche Umsatz je Mitarbeiter der 2012 befragten IT-Sicherheitsunternehmen hin. Die steigende Nachfrage nach IT-Sicherheitsprodukten zeigte damals, dass es hier – womöglich auch in Folge einer Sensibilisierung durch prominente Fälle von Cyberkriminalität –zu einer neuen Dynamik kam. 2013 zeigte dann eine separate Analyse der IT-Sicherheitswirtschaft, dass sich dieses Teilsegment der Sicherheitswirtschaft durch überdurchschnittlich hohe Wachstumskennzahlen auszeichnete. Die befragten Unternehmen der IT-Sicherheitswirtschaft rechneten mit einem Umsatzwachstum von durchschnittlich 6,3 Prozent, für die Folgejahre sogar von 6,9 Prozent.

Eine detailliertere Aufschlüsselung der Wachstumsentwicklungen in der IT-Sicherheitswirtschaft – im Vergleich zu den Erwartungen der traditionellen Sicherheitsunternehmen – ergab, dass der Umsatz im Jahr 2012 bei knapp 35 Prozent der IT-Unternehmen sogar um mindestens zehn Prozent gestiegen war. Selbst in einem vergleichsweise wachstumsschwachen Jahr lag der Anteil besonders wachstumsstarker Unternehmen in der IT-Wirtschaft damit deutlich über dem gesamtwirtschaftlichen Durchschnitt. Für die Folgejahre erwarteten stolze 38 Prozent der IT-Sicherheitsunternehmen ein Umsatzplus von mehr als 10 Prozent und in mittelfristiger Perspektive betrug der Anteil der Optimisten sogar 40 Prozent.

Im Hinblick auf die Umsatzentwicklung wurde 2014 bereits bei der ersten Auswertung deut-

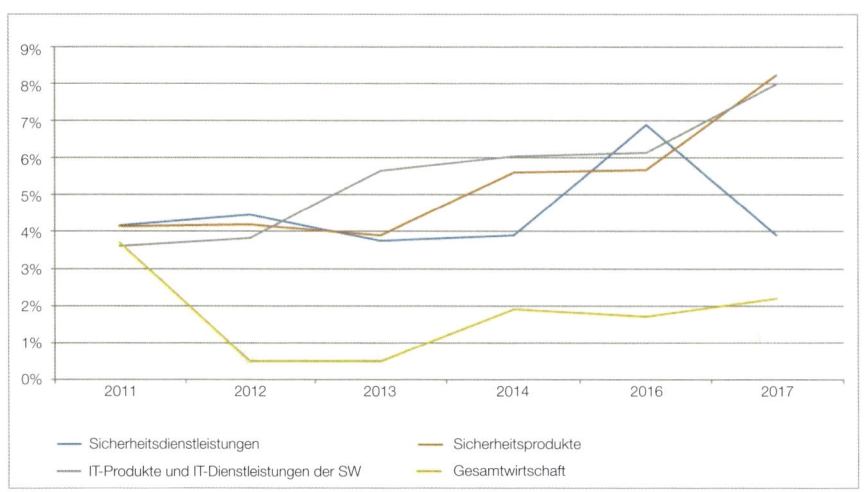

Abbildung 2: Angaben zu Wachstums-Entwicklung bis und -Erwartung für 2017, nach Angebotsportfolio, im Vergleich zur Gesamtwirtschaft

Wie aus der Zeitreihe ersichtlich ist, wächst der Umsatz der Sicherheitswirtschaft mit Bezug zu IT und Digitalisierung seit Jahren ungebrochen und deutlich stärker als das reale Bruttoinlandsprodukt. Der starke Anstieg im Bereich der Sicherheitsdienstleistungen ab 2015 ist ein Sondereffekt, der auf die Flüchtlingskrise zurückzuführen ist. Hier zeichnet sich bereits wieder eine deutliche Normalisierung ab. Ausreißer bei Angaben zu Wachstumserwartungen konservativ bei 10% gekappt. Quelle: BIGS 2011-2017, Statista 2018.

lich, dass die Unternehmen das Wachstum auf dem gesamten Sicherheitsmarkt in Deutschland für 2013 höher einstuften als das eigene Wachstum, sich selbst also als unterdurchschnittlich prosperierend empfanden. Bei der differenzierten Betrachtung nach den jeweiligen Produktportfolios bestätigte sich dieses Selbstbild.

Für das Jahr 2014 erwarteten IT-Sicherheitsunternehmen 2013 einen Wachstumsschub von 5,4 Prozent. Im Jahr 2014 erwarteten sie für den gleichen Zeitraum ein Wachstum von 5,9 Prozent. Das realisierte Umsatzwachstum lag nach

den Befragungswerten von 2015 bei Unternehmen mit IT-Bezug bei 6,1 Prozent. Auch Unternehmen ohne IT-Bezug konnten wiederum mit hohem Wachstum aufwarten. Hier lag der durchschnittliche Umsatzanstieg 2014 bei 4,8 Prozent. 2014 waren insbesondere Unternehmen höherer Umsatzklassen – solcher von mehr als fünf Millionen Euro im Jahr - Hersteller von Sicherheitsprodukten und –techniken. Dieses Bild hatte auch 2017 noch Bestand, wenngleich sich hier je nach Verbandszugehörigkeit der Unternehmen auch eine „Verschiebung" in den Dienstleistungsbereich ergab. Das Produktsortiment

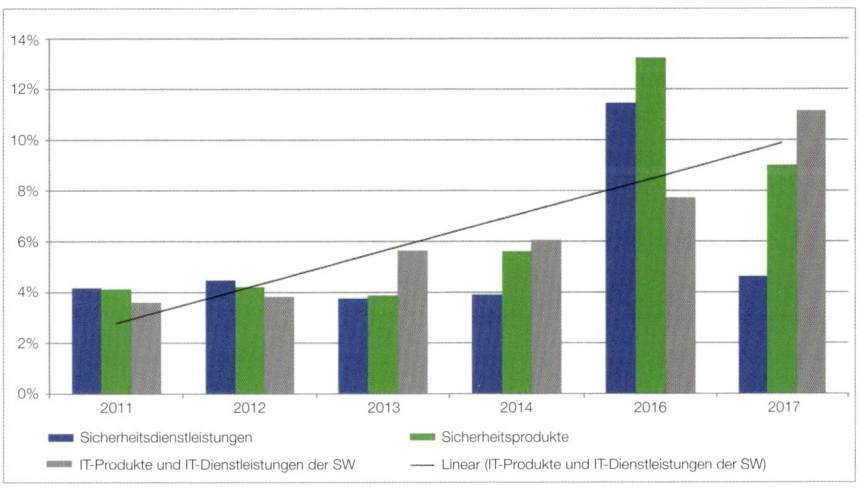

Abbildung 3: Wachstumstreiber Digitalisierung

IT-Produkte und –Dienstleistungen der Sicherheitswirtschaft erweisen sich seit 2011 als Wachstumstreiber. Besonders opti-mistische (pessimistische) Erwartungs-Angaben für das während der Befragung noch laufende Geschäftsjahr 2017 wurden im Gegensatz zur vorhergehenden Abbildung nicht bei 10% gekappt, sondern immer noch konservativ mit 16 (Antwort: „Über 15 %") bzw. 26 („Über 25%") Prozent inkludiert. Quelle: Eigene Darstellung, Datengrundlage BIGS 2011-2017.

der Unternehmen wurde vor allem durch elektronische Zutrittskont-rollsysteme, Videosysteme sowie Einbruchmelde- und Alarmanlagen dominiert. IT-Sicherheitsunterneh-men waren die drittgrößte Portfo-liogruppe in der 2014er-Marktstu-die und setzten insgesamt ungefähr fünf Milliarden Euro um.

Die Umsatzstruktur der IT-Sicher-heitsunternehmen zeigte 2014, dass fast die Hälfte dieser Unter-nehmen überwiegend kleinere Be-triebe waren, da sie sich selbst in der ersten Umsatzkategorie (we-niger als 250.000 Euro) verorte-ten. Reine IT-Sicherheitsunterneh-men waren mehrheitlich als Kleinst-

unternehmen einzustufen und vor allem in der Sparte IT-Sicherheits-produkte gab es viele „Zwerge" und einige wenige „Riesen" – aber nur wenige Unternehmen mittlerer Größe.

Mit der Befragungswelle 2015 wur-den zugleich die Umsatzentwick-lungen von 2014 im Vergleich zum Vorjahr erfragt. Aus vorherigen Analysen ging beispielsweise im-mer deutlich hervor, dass der Be-reich der IT-Sicherheit nochmals dynamischer wuchs als die ins-gesamt schon recht wachstums-starke Branche der Sicherheits-wirtschaft. Die positiven Erwartungen der Vorjahresbefragung haben sich weitestgehend als treffend erwiesen.

Das Umsatzwachstum von 2015 auf 2016 bewerteten die IT-Sicherheitsunternehmen dann unterschiedlich – von „unverändert" bis „mehr als 15 Prozent gestiegen" war alles ähnlich häufig vertreten, wohingegen niemand von schrumpfender Umsatzentwicklung berichtete. Im Bereich der Sicherheitsprodukte – inklusive elektronischer Produkte – wurden von einer Mehrheit der Probanden sogar mehr 25 Prozent Umsatzwachstum vermeldet. Für 2017 erwarteten die meisten teilnehmenden IT-Sicherheitsunternehmen ein Umsatzplus von 15 Prozent oder mehr, die meisten Hersteller von Produkten etwas moderater auf immer noch hohem Niveau bei 10 Prozent. Abbildung 2 zeigt, wie sich die Umsatzzuwächse der verschiedenen Zweige der Sicherheitswirtschaft in den vergangenen Jahren bei konservativer Interpretation der Daten durchschnittlich – also basierend auf den Angaben aller Umfrageteilnehmer –entwickelt haben.

Betrachtet man dezidiert IT-Sicherheitsunternehmen in jüngerer Vergangenheit, erkennt man, dass die Unternehmen höherer Umsatzklassen jetzt auch hier die Mehrheit bilden. Hier verläuft die Grenze je nach Verbandszugehörigkeit bei über einer bzw. häufiger ebenfalls bei mehr als fünf Millionen

Euro Jahresumsatz. 2017 war das Bild deutlich gemischter als 2014, wobei die umsatzstärkste Gruppe (mehr als 25 Millionen Euro) sogar leicht überrepräsentiert war. Vorsichtig könnte man darauf schließen, dass die großen Firmen sich dem Thema IT-Sicherheit im Angebotsportfolio vermehrt zuwenden.

Die Trendentwicklung im Bereich des Wachstums der IT-Produkte und Sicherheitsdienstleistungen wird in Abbildung 3 durch eine Gerade noch etwas deutlicher dargestellt. Im Gegensatz zur vorhergehenden Abbildungen wurde hier zudem ein etwas weniger vorsichtiger Ansatz gewählt: Auch besonders optimistische und pessimistische Angaben von mehr (weniger) als 15 bzw. 25 Prozent Wachstum fanden Eingang in die Berechnungen. Hier kristallisiert sich ein noch deutlicheres Bild der Digitalisierung als Wachstumstreiber heraus.

Insgesamt ist es um die Entwicklung der Sicherheitsbranche und ihr Gesamtwachstum – sowie das in allen Teilbereichen – gut bestellt: Eine genauere Aufschlüsselung der Wachstumszahlen von Anbietern von IT- und non-IT-Produkten und -Dienstleistungen sowie ihre Beobachtung über die letzten Jahre zeigt, dass beide Bereiche an sich höhere Wachstumszahlen als die Gesamtwirtschaft generieren. Die Sicherheitswirtschaft insgesamt stellte sich nach mittlerweile fünf Beobachtungsjahren –

also nach Abschluss der jüngsten Durchgangs der bisherigen Befragungen der Sicherheitswirtschaft durch das BIGS Ende des Jahres 2017 – als ein überdurchschnittlich wachsender und personalintensiver Bereich heraus.

Das Wachstum der IT-Sicherheitswirtschaft ist seit Jahren ungebrochen besonders ausgeprägt. Digitalisierung (auch im Produktbereich) und IT-Sicherheit haben sich – abseits von Sondereffekten ab 2015 – als Wachstumstreiber der Branche erwiesen. Die hohen Wachstumsraten der IT-Sicherheitswirtschaft sind auch Ausdruck einer nachholenden Entwicklung. Wie die Erhebung noch 2012 gezeigt hatte, wurde die IT-Sicherheitswirtschaft in Deutschland bis dahin überwiegend von Kleinst- und Kleinunternehmen dominiert, die vornehmlich im Bereich der Dienstleistungen oder des Vertriebs von IT-Sicherheitsprodukten tätig waren.

Ausgehend von der Annahme, dass die Kleinstunternehmen – mit Ausnahme womöglich weniger Start-ups – überwiegend sich keine eigene Forschung und Produktentwicklung leisten können, deutete das Bild noch 2014 darauf hin, dass sich mit Ausnahme einiger etablierter Großunternehmen in Deutschland bisher keine größere Zahl innovativer und wettbewerbsfähiger IT-Sicherheitsunternehmen etablieren konnte. Eine entwickelte, vielfältige IT-Sicherheitswirtschaft mit umfassenden Entwicklungs- und Produktionskapazitäten existierte – anders als im Bereich zum Beispiel herkömmlicher Sicherheitsprodukte – offenbar bislang erst in Teilen. „Luft nach oben", Entwicklungs- und Wachstumspotenzial war deutlich erkennbar. Dieses Potenzial scheint seitdem vermehrt umgesetzt zu werden.

Ob allerdings diese Entwicklung tatsächlich dazu führt, dass sich Deutschland zu einem global wettbewerbsfähigen Standort für IT-Sicherheit entwickelt, um beispielsweise auch die strategischen Erfordernisse der Bundeswehr und das Ziel der digitalen Agenda zur Stärkung der „technischen Souveränität" Deutschlands zu erreichen, ist derzeit noch offen. In Anbetracht der anhaltenden Dynamik ist eine solche Entwicklung jedoch vorstellbar und lohnt die weitere und vertiefte Beobachtung und Analyse.

Insbesondere jener Teil der Sicherheitswirtschaft, der sich mit IT-Sicherheitsprodukten und IT-Dienstleistungen beschäftigt, zeigt seit Jahren einen dynamischen Wachstumsprozess, den es bestmöglich für die deutsche Volkswirtschaft zu nutzen gilt. Das allgemeine Wirtschaftswachstum und die Beschäftigung können von der Dynamik der Sicherheitswirtschaft profitieren.

Trends

Bereits 2013 stellten technologische Faktoren die bei weitem am häufigsten genannten Trends. Daten- und IT-Sicherheit bildete hierbei das größte cluster und umfasst Angaben über den generellen Anstieg von IT-Sicherheitsanforderungen, Datenschutzanforderungen sowie Daten- und Netzwerksicherung als wichtige Wachstumstreiber. Insgesamt 44 Prozent der Antworten im diesem Feld bezeichneten IT-Sicherheit generell als einen wichtigen Trend, während 36 Prozent Datenschutz und 20 Prozent Daten- und Netzwerksicherung als wichtige Zukunftsthemen sahen.

Die nächstwichtigste Gruppe bildeten sogenannte Sicherheitssysteme, als wichtige Wachstumsfelder der Zukunft wurden damit von den befragten Unternehmern elektronische Überwachungssysteme, Zutrittskontrollen und Systemlösungen für Kritische Infrastrukturen bezeichnet. In dieser Gruppe sah eine große Mehrheit – 69 Prozent aller Antworten – Überwachungssysteme als einen bedeutenden Trend an, 22 Prozent erachteten elektronische Zutrittskontrollen und neun Prozent der Antworten Systemlösungen für Kritische Infrastrukturen als wichtig für die Zukunft.

Mit nur geringem Abstand folgte das Thema Technologisierung und Vernetzung - darunter fällt u. a. die Digitalisierung von Lebensbereichen mit Sicherheitsbezug. Hier wurde bereits damals angenommen, dass elektronische Datenverarbeitungssysteme (EDV) und Informations- und Kommunikationssysteme (IuK) Geschäftsprozesse und Gesellschaftsbeziehungen noch vermehrt durchdringen würden, so dass daraus neue Verwundbarkeiten und erhöhte Sicherheitsanforderungen entstünden. Dies sahen die Probanden sowohl für Behörden, Unternehmen wie auch Privathaushalte.

Bei den Trends registrieren viele Sicherheitsunternehmen, dass technologische Themen wie IT-Sicherheit, elektronische Sicherheitssysteme und Sicherheitslösungen aufgrund der zunehmenden Technologisierung in allen Lebensbereichen die Märkte in Zukunft prägen werden. Folgerichtig werden Datenschutz und Datensicherung sowie der Schutz von geistigen Eigentumsrechten (intellectual property, IP) zunehmend wichtig.

Innerhalb der erhobenen Trends ließ sich insgesamt feststellen, dass der IT-Sicherheit mit Abstand die größte Aufmerksamkeit beigemessen wurde. Auf Trends der IT-Sicherheit entfiel, bei insgesamt fünf möglichen Antwortoptionen, 545 Mal die Wertung „besonders wichtig" bzw. „wichtig".

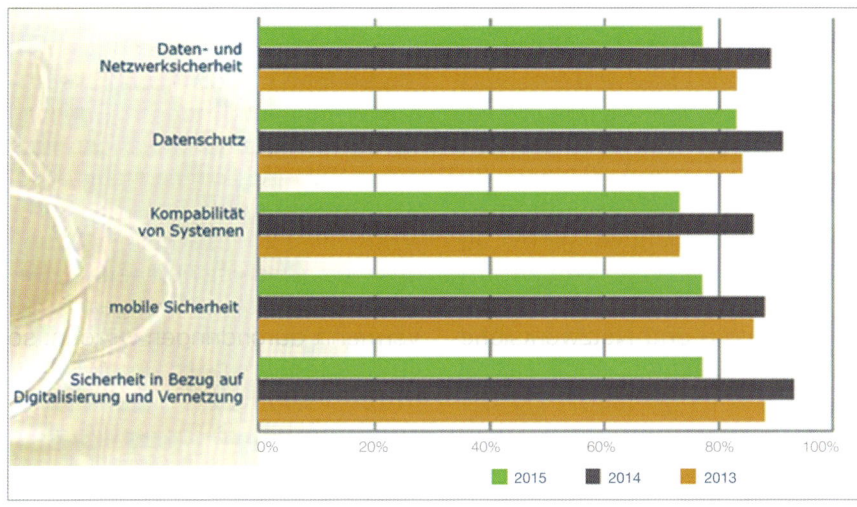

Abbildung 4: Trends in der IT – wichtigste Themen 2013 – 2015

Das Thema Datenschutz gewann bereits im Jahre 2014 an Bedeutung, und gehörte zu den am häufigsten genannten wichtigen Zukunftsthemen Spätestens seit Ablauf der zweijährigen Übergangsfrist und dem ausnahmslosen Inkrafttreten der Europäischen Datenschutz-Grundverordnung am 25. Mai 2018 sollte sich auch in Unternehmen der Sicherheitswirtschaft die Geschäftsführungsebene damit befassen, um Risiken zu begrenzen. Quelle: Gruchmann, Stuchtey (2016) Die Sicherheitswirtschaft in Deutschland 2015 - Auswirkungen der Digitalisierung und der Flüchtlingskrise auf die Sicherheitswirtschaft. BIGS Essenz, S. 7.

Nicht nur die Entwicklungen in der Flüchtlingspolitik in den vergangenen drei Jahren haben ihre Spuren hinterlassen, sondern vor allem auch die Digitalisierung der Gesellschaft. Auch 2015 zeigte sich die besondere Rolle der Digitalisierung, jetzt auch im Zusammenhang mit Industrie 4.0: Bei der Frage nach den treibenden Trends der Branche zeigt sich, dass all jene Trend, die im Zusammenhang mit Digitalisierung und IT-Sicherheit stehen, deutlich häufiger genannt wurden als „analoge" Trends.

Im Folgenden benannte Punkte wurden bereits in den letzten Jahren innerhalb der Sicherheitswirtschaft als wichtige Nachfrage- und Wachstumsfaktoren für die Zukunft angesehen. Insbesondere der Themenbereich IT-Sicherheit fand in der Befragung außerordentliche Beachtung. Abbildung 4 zeigt eine detaillierte Auflistung innerhalb des gesamten Beurteilungsspielraums.

Kein Urteil zu den einzelnen Bereichen trauten sich im Schnitt zehn Prozent der befragten Unternehmen zu. Die Daten- und Netzwerksicherung innerhalb dieses Bereichs wurde von fast 60 Prozent der Unternehmen als besonders wichtig eingestuft. Weitere 30 Prozent hielten die Entwicklung in diesem Bereich für wichtig. Auch die Themen Digitalisierung und Vernetzung, Datenschutzanforderungen und Mobilität wurden als wichtige Zukunftstrends bewertet. Es lassen sich in diesem Bereich besonders wichtige Wachstumstreiber vermuten. Lediglich die Kompatibilität von Systemen sahen nur knapp 30 Prozent der Unternehmen als besonders wichtig an. Allerdings schätzten weitere 44 Prozent die Kompatibilität als ein wichtiges Thema ein; und dieser Trend wurde somit immer noch als bedeutsamer eingeschätzt als beispielsweise die Trendentwicklung im Bereich der Sicherheitsdienstleistungen. Der Bereich der offenen Beantwortung lieferte folgende Begriffe wiederholt: business continuity management (BCM), Verschlüsselung, Weiterbildung und mobiler Hochwasserschutz.

Den Trends im Bereich der Sicherheitsprodukte wurde 2013 erkennbar weniger Bedeutung beigemessen, die Antworthäufigkeiten ging hier im Vergleich zu den Erhebungen der Vorjahre deutlich zurück. Hier wurden vor allem Integrierte Systeme als Trendprodukte der Sicherheit als besonders wichtig eingeschätzt. Auch elektronische Überwachungssysteme, Zutrittskontrollen und Systemlösungen für Kritische Infrastrukturen wurden als weitere Wachstumspotentiale gesehen, jedoch als weniger ausgeprägt betrachtet. Auffällig war, dass in dem Bereich der Sicherheitsprodukte durchgängig die Priorität „wichtig" gegenüber der Einstufung „besonders wichtig" favorisiert

wird. Der Rückschluss einer bereits damals grundsätzlich geringeren Bedeutung von Sicherheitsprodukten außerhalb des IT-Bereichs für zukünftige Marktchancen liegt hier nahe. Individuelle Nennungen von Trends bei den Sicherheitsprodukten waren zusätzlich: Abhörsicherheit, Analysewerkzeuge, Besuchermanagement, Brandschutz, Kryptologie, sichere elektronische Identitäten, privater Bereich, Zutrittssteuerungssysteme, Brandmeldeanlagen (BMA) und Sprachalarmanlagen (SAA). Zum Teil lassen sich die genannten Produkte hier auch dem IT-Bereich zuordnen.

Konsistent zeichnet sich dieses Bild auch in den Folgejahren in den Befragungsergebnissen ab. Insgesamt dominieren bei den – als „besonders wichtig" und „wichtig" bzw. als „besonders wahrscheinlich" und „wahrscheinlich" – gesehenen Trends und Herausforderungen IT-nahe Bereiche. Nicht nur die Analysen zum Wachstum der Sicherheitswirtschaft zeigten auch 2015 die besondere Rolle der IT-Sicherheitswirtschaft. Schaut man auf die Perspektiven und wahrgenommenen Herausforderungen der Branche, bestätigte sich dies, wenn man auf die Umfrageergebnisse zu den qualitativen Trends schaute.

In der jüngsten Befragungswelle wurden als Trends im Bereich der IT-Sicherheitsdienstleistungen unter anderem Bedrohungs- und Risikoanalysen, der Betrieb von security operations centers, Beratung im Bereich der Schatten-IT, Kosten-Nutzen-Analysen von Sicherheitsinvestitionen, und Künstliche Intelligenz (KI) genannt. Der gerade nach zweijähriger Übergangsfrist in Kraft getretene Europäischen Datenschutzgrundverordnung wird ebenfalls ein bedeutender Einfluss zugetraut.

Im Bereich der IT-Sicherheitsprodukte wurden advanced persitent threats (APTs) ebenso genannt wie Kryptographie im anbrechenden Zeitalter der Quantencomputer, Zertifizierung, Cloud-Produkte, KI, kostengünstigere Lösungen für kleinere und mittlere Unternehmen, hardware security-Module sowie Bedrohungsanalyse-Systeme.
Aber auch im Bereich klassischer Sicherheitsprodukte und Sicherheitsdienstleistungen wurden Trends mit Bezügen zur Digitalisierung genannt. Neben KI und big data-Analyse wurden hier beispielsweise Alarmaufschaltungen, Brandmeldesysteme und E-Zylinder von Schließsystemen als Beispiele künftig relevanter werdender Bereiche geäußert.

Ein weiterer Trend ist die zunehmende Diversifizierung im Produktportfolio der Sicherheitsunternehmen. Hierbei steigt nicht nur die Verflechtung klassischer Anbieter von Sicherheitsprodukten und klassischer Anbieter von Sicherheitsdienstleistungen. Auch die Zahl

der reinen IT-Unternehmen und die Zahl der allrounder, die Produkte und Dienstleistungen im Rahmen der IT-Sicherheit anbieten, wächst von Jahr zu Jahr. Letztlich werden also verstärkt Sicherheitslösungen angeboten, die aus einer Kombination aus Ingenieursleistung, digitaler Informationsverarbeitung und Humankapital bestehen.

Sowohl das hierfür benötigte höher qualifizierte Personal als auch die Internationalisierung dürften ursächlich dafür sein, dass zunehmend Fachkräftemangel von den befragten Unternehmen als eine Herausforderung genannt wird. Die Einführung des Mindestlohns Anfang dieses Jahres kann an dieser Stelle ein zusätzlicher Treiber in Richtung besser qualifizierter Mitarbeiter sein. Da die Sicherheitswirtschaft – sowohl bei kleineren und mittelgroßen Unternehmen als auch bei Großunternehmen – sich bislang als eine relativ personalintensive Branche darstellt, kann dieser Personalmangel ein Hemmnis für das weitere Wachstum der Branche darstellen.

Die rasante Entwicklung im Bereich der IT-Sicherheitswirtschaft ist nur eine der Ursachen für einen permanenten Bedarf an gut ausgebildeten Fachkräften. Fachkräftemängel besteht allerdings auch darüber hinaus, wie die jährliche Befragung der Sicherheitswirtschaft bereits 2012 bis 2014 zeigte. Innerhalb der gesamten Sicherheitswirtschaft gaben bereits 2013 65 Prozent der Unternehmen an, es bestünden Schwierigkeiten geeignetes Personal zu finden. Hierunter fallen auch sehr viele Kleinstunternehmen, die nicht auf einen großen Personalpool zur Deckung von Engpässen zurück greifen können und damit schnell in eine Existenz bedrohende Lage geraten können, sollte die Humankapitalqualifikation mittel- und langfristig hinter der Nachfrage nach gut ausgebildeten Arbeitskräften liegen.

Dass dies auf mittlere Frist gesehen bereits der Fall ist, legen die konstant hohen Zahlen über die Erhebungswellen hinweg nahe. Bereits im Jahr 2012 bemängelten 64 Prozent der Unternehmen, dass sie Probleme hätten, geeignetes Personal zu finden. Die reinen IT-Sicherheitsunternehmen sind hier erstaunlicherweise weniger stark betroffen. Von den klassischen Anbietern von Sicherheitsprodukten und -dienstleistungen gaben dagegen 72 Prozent an, bei der Besetzung ihrer Stellen mit geeignetem Personal Problemen gegenüber zu stehen. Ursachen für diese überproportional starke Betroffenheit bei non-IT-Sicherheitsunternehmen sind im Fachkräftemangel der Ingenieursberufe oder aber in gehobenen Ansprüchen der in der Branche bislang üblichen Berufsbildern zu vermuten, beispielsweise ist eine starke Internationalisierung bei den Absatzmärkten und Exportzahlen aller Sicherheitsun-

ternehmen zu beobachten.

Bezüglich der Absatzmärkte ließ sich für IT-Sicherheitsunternehmen bereits 2014 erkennen, dass der Exportmarkt eine ausgesprochen bedeutende Rolle spielte. Etwa 25 der in der Befragung der Sicherheitswirtschaft erfassten exportorientierten Unternehmen waren IT-Sicherheitsunternehmen. Diese Entwicklung fügt sich ins Bild einer Marktraumvergrößerung über die letzten Jahre. Ausschließlich regional waren 2014 entsprechend weniger Unternehmen aktiv als noch im Jahr 2012. Während in 2012 noch regional tätige Unternehmen den Markt dominierten, war im Jahr 2014 der nationale Absatzmarkt die am häufigsten angegebene Absatzregion. Im Jahr 2017 zeigte sich die Fortsetzung des Trends – etwa zwei Drittel der befragten Unternehmen gaben eine überregionale Marktorientierung an.

Bei den Produktherstellern wie auch bei den IT-Dienstleistern stand der internationale Absatzmarkt im Vordergrund – wenig überraschend im deutlichen Gegensatz zu Anbietern klassischer Dienstleistungen, die laut Befragungsergebnis meist einen regionalen, zumindest aber allenfalls nationalen Absatzmarkt im Blick haben. Die Tendenz der Marktraumvergrößerung erscheint gleichläufig zur steigenden Diversifizierung von Produkt- und Dienstleistungsanbietern, insbesondere in dem Bereich, in denen IT-Sicherheitsprodukte und –dienstleistungen eine Rolle spielen.

Allrounder, die sowohl im IT- als auch im non-IT-Bereich Sicherheitsprodukte und Dienstleistungen anbieten, sind oft international tätig. Klassische Sicherheitsunternehmen hingegen bieten zumeist regionale Güter und Dienstleistungen an. Die reinen IT-Sicherheitsunternehmen haben dagegen am häufigsten einen nationalen Vertriebsfokus.

Schlussbetrachtungen

Bereits im Jahr 2012 konnte das BIGS eine relativ zu anderen Wirtschaftsbereichen hohe Umsatz- und Beschäftigungszahl für die Branche ermitteln, und insgesamt eine unerwartet hohe Bedeutung für Volkswirtschaft und Gesellschaft ermitteln. In den folgenden zweieinhalb Jahren stieg der Umsatz kontinuierlich an. Umsatztreiber der Sicherheitswirtschaft war in den letzten Jahren bis zur Flüchtlingskrise insbesondere die IT-Sicherheitswirtschaft, während die Sicherheitsdienstleistungen gerade im Wach- und Schutzgewerbe kaum stärker wuchsen als die Gesamtwirtschaft. (Einen besonders niedrigen Umsatz je Mitarbeiter hatten dabei vor allem viele der Kleinst- und Kleinunternehmen – auch im Bereich der IT-Sicherheit – sowie die zumeist kleinen Mischunternehmen.)
Die Wachstumsentwicklung des Wach- und Schutzgewerbes hat sich im Jahr 2015 deutlich geändert. Die Gründe hierfür sind offensichtlich: Mit der Flüchtlingskrise war der Bedarf an Sicherheitspersonal sprunghaft angestiegen. 2017 lässt sich jedoch bereits wieder ein Normalisierungseffekt beobachten, der sich auch mit den Erwartungen der weit überwiegenden Mehrheit der Unternehmer der Branche für 2018 deckt.

Die oben beschriebene Trendumkehr im Zusammenhang mit der Flüchtlingskrise – ein steiler Anstieg des relativen Anteils der non-IT-Dienstleistungsunternehmen an der Gesamtzahl der deutschen Sicherheitsunternehmen – ist aller Voraussicht nach zeitlich begrenzt. Sowohl der relative Anteil der im Produktbereich als auch im IT-bezogenen Bereich tätigen Sicherheitsunternehmen überholt nach unseren Umfrage-Ergebnissen die klassischen Dienstleister bereits wieder.
Besonders ausgeprägt war die private und öffentliche Nachfrage nach Sicherheitsprodukten und -dienstleistungen in den letzten Jahren vor Beginn der Flücht-

lingskrise im Bereich der digitalen Sicherheit. Damit setzte sich das auch im Vergleich zur übrigen Branche weit überdurchschnittliche Wachstum dieses Sektors verstärkt fort. Bereits ab dem Jahr 2014 war eine verstärkte Dynamik zu beobachten, mutmaßlich auch in Folge des „Snowden-Effekts": Unter dem Eindruck der Enthüllungen über die Fähigkeiten und Aktivitäten der National Security Agency (NSA) im Bereich signal intelligence und Überwachung des Internet-Datenverkehrs ab Mai 2013, sowie von Presseberichten zu Aktivitäten weiterer Auslandsnachrichtendienste und prominenter Fälle von Datendiebstahl und anderer Fälle von Cyberkriminalität gaben im Jahr 2014 48 Prozent der befragten Unternehmen an, dass IT-Sicherheit zu einem entscheidenden Meta-Trend der Sicherheitswirtschaft geworden war. Im Vorjahr waren hingegen lediglich 16 Prozent dieser Auffassung.

Aus heutiger Sicht wäre es allerdings viel zu kurz gegriffen, die wachsende Bedeutung des Bereichs der digitalen Sicherheit als alleinige Folge der NSA-Affäre zu verstehen. Auch die zu verzeichnenden Zunahme und Professionalisierung von Cyberkriminalität mit arbeitsteiligem und spezialisierten Vorgehen sowie Angriffen mit baukastenartig zusammengestellter Schadsoftware tragen ihren Teil bei. Neu ist auch die Breite des „Beuteschemas". Mit „Geschäfts-

modellen" wie der Erpressung mit verschlüsselnden Trojanern – man denke beispielsweise an die ransomware „Locky" – werden heute auch Krankenhäuser, kommunale Behörden, kleine Unternehmen und sogar Privatpersonen angegriffen. Andere Nachrichtendienste oder ihre privatwirtschaftlichen Helfer versuchen Einfluss auf den Ausgang von Parlaments- und Präsidentschaftswahlen über die maßgeschneiderte Verbreitung von Falschmeldungen und den Einsatz von bots und sog. Trollfabriken in sozialen Netzwerken zu nehmen. Die gesellschaftliche Diskussion hierüber hat auch die Entscheider in Unternehmen dafür sensibilisiert, dass vergleichbare Kampagnen auch gegen ihr Unternehmen geführt werden können. Die erhöhte Sensibilität führt letztlich auch zur Suche nach möglichen Lösungen auf dem Markt der Sicherheitswirtschaft.

Nicht nur das Tatmittel Internet als Werkzeug von kriminellen, organisierten Verbrechen, Terroristen und Industriespionen hat an Bedeutung gewonnen. Auch ist der Angriffsvektor exponentiell am wachsen. Die fortschreitende Vernetzung im Zeitalter der Digitalisierung (Stichwort Industrie 4.0) aber auch beispielsweise die rasante Verbreitung von Sensoren (proliferation of sensors), das Aufkommen des Internet of Things mit einer zunehmenden Vernetzung von Alltagsgegenständen, der Verbraucherwunsch nach

Smart Homes und die sich andeutende Marktreife autonomer Fahrzeuge stellen unsere Gesellschaft und damit auch die Sicherheitswirtschaft vor neue Herausforderungen.

Das bestätigen auch die Aussagen der Unternehmen der Sicherheitswirtschaft, die hier für sich selbst eine der wesentlichen Herausforderungen der Zukunft sehen. Der Anteil der Unternehmen, die ihr Geschäftsfeld um Aufgaben im Bereich der IT-Sicherheit verbreitern, nimmt gegenwärtig deutlich zu. Und gleichzeitig führt diese Entwicklung – in Verbindung mit einem nach Einschätzung der Unternehmen offenbar schärfer werdenden Wettbewerb – offenbar derzeit in vielen Unternehmen zu vermehrten Anstrengungen in Forschung und Entwicklung. Dies gilt auch im Bereich der „klassischen" Sicherheitsprodukte und -techniken, die z.B. durch die Vernetzung von Überwachungssystemen oder intelligente Videoanalyse und maschinelles Lernen in ihrer Arbeit neue Möglichkeiten erhalten, aber gleichzeitig auch vor neue Herausforderungen gestellt werden. Dies gilt aber auch für Sicherheitsdienstleistungen die durch eine intelligente Analyse großer Datenmengen zusätzliche Werte für ihre Kunden schaffen können.

Diese verstärkte Rolle von Forschung und Entwicklung zeigt einen Wandel: Die Sicherheitswirtschaft in Deutschland ist – seit ihren Anfängen – von intensivem Personalbedarf und traditionsreichen Praktiken geprägt, in denen Forschung und Entwicklung (F&E) eine geringe Bedeutung besaß. Auf der anderen Seite wächst der in den letzten Jahren hinzugekommene Bereich der IT-Sicherheit sehr stark und lässt sowohl im Produkt- als auch im Dienstleistungsspektrum eine F&E-unterstützte Dynamik vermuten. Die Befragungsergebnisse zeigten schon im Jahr 2013, dass in diesem Sektor rund 32 Prozent aller Unternehmen F&E betreiben. Im Jahr 2017 betrieb die Mehrzahl der sich an der Umfrage beteiligenden Hersteller von Sicherheitsprodukten wie auch die Mehrheit der IT-Dienstleister nach eigener Auskunft F&E, wohingegen dies nur bei einem kleinen Teil der Anbieter klassischer Dienstleistungen der Fall war – und sich auch bei diesen vermutlich mehrheitlich auf andere, nebenher verfolgte Geschäftszweige bezog.

Insgesamt zeigt sich, dass die Unterscheidung zwischen Sicherheitsdienstleistern, IT Sicherheit und Anbietern von Sicherheitstechnologie immer schwieriger wird und die Grenzen verschwimmen. Die gesamte Sicherheitswirtschaft steht vor Herausforderungen bei der Rekrutierung von geeignetem Personal. Die demographische Entwicklung und der schon über mehrere Jahre andauernde konjunkturelle Aufschwung haben das relative Angebot an geeignetem Personal in allen Qualifikationsstufen reduziert. An der demographischen Entwicklung wird sich in absehbarer Zeit nichts ändern. Sollte sich auch das Wirtschaftswachstum weiter fortsetzen, ist im Sicherheitsgewerbe mit einem Anstieg der Arbeitskosten zu rechnen. Dies wird den Trend zu einem Einsatz von mehr Technik und Digitalisierung weiter verstärken.

Das gestiegene Bedürfnis der Bevölkerung nach einem höheren Sicherheitsniveau führt dazu, dass vom Staat mehr Stellen für die Polizei geschaffen werden. Auch die Polizeien haben Schwierigkeiten, geeignete Bewerber für diese neuen Stellen zu finden. Folgerichtig wird der Einsatz der Polizei bei jenen Schutzleistungen priorisiert, die von der Politik als besonders essenziell angesehen werden. In anderen Bereichen wird mehr als in der Vergangenheit der Einsatz auch von privaten Sicherheitsanbietern in Erwägung gezogen.

Während in der Vergangenheit vermeintliche Kostenersparnisse insbesondere im Bereich des Personals ein wesentlicher Grund für die von Schutzleistungen an private Anbieter waren, ist heute die Verfügbarkeit ein wichtiger Wettbewerbsfaktor. Gerade in jenen Bereichen, in denen besonders gefragte Qualifikationen des Personals erforderlich sind, ist häufig das starre Tarifgefüge des öffentlichen Dienstes ein Hindernis. Geeignete und zu rekrutierende Personen können von der Privatwirtschaft oft ein besseres Angebot erwarten als von der öffentlichen Hand. Um sich die Arbeitsleistung solcher Personen zu sichern, hilft dem Staat dann letztlich nur die Vergabe von Aufträgen an private Dienstleister oder Berater. Nur diese sind rechtlich in der Lage, den Talenten ein marktadäquates Gehalt zu zahlen.

Die hier beschriebenen Trends und Effekte werden dazu führen, dass sich das Angebot bei den Sicherheitsdienstleistungen in zwei Gruppen teilen wird. Die einen konkurrieren über den Preis und versuchen möglichst billig niedrigqualifiziertes Personal für einfache Dienstleistungsaufgaben anzubieten. Die anderen schaffen aus einem intelligenten Mix von Humankapital, Datenanalyse und dem Einsatz neuester technischer Möglichkeiten ein Dienstleistungsangebot, das sich über den Mehrwert an Sicherheit und nicht über den Preis verkauft.

Volker Wagner

Vorstandsvorsitzender
ASW Bundesverband

Volker Wagner *ist seit 2018 Vice President Security bei der BASF SE. In den letzten Jahren lag sein beruflicher Schwerpunkt auf der Entwicklung und Umsetzung von Sicherheitsstrategien für den Wirtschaftsschutz in Deutschland. Er ist seit 2012 Vorstandsvorsitzender des ASW Bundesverbandes (Allianz für Sicherheit in der Wirtschaft) und war auch mehrere Jahre Vorstandsmitglied des ASW Landesverbandes Nordrhein-Westfalen. Zudem gehörte er 2011 bis 2016 dem Vorstand des Unterausschuss Wirtschaftsschutz des BDI (Bundesverband der Deutschen Industrie e. V.) an. International engagiert er sich in der ASIS International. Dort ist er Mitglied des European Advisory Council, des CSO Center und Kommissionsmitglied der ASIS-Strategieinitiative ESRM (Enterprise Security Risk Management). Er absolvierte sicherheitspolitische Seminare an der Bundesakademie für Sicherheitspolitik und schloss sein Betriebswirtschaftsstudium als Diplomkaufmann ab. Er verfügt über mehr als 20 Jahre Führungserfahrung in unterschiedlichen Bereichen.*

Bundesverband

ASW Bundesverband
Allianz für Sicherheit in der Wirtschaft e.V.

Neue Schönhauser Straße 20
D-10178 Berlin

Telefon +49 (0)30 200 77 200
Telefax +49 (0)30 200 77 056

E-Mail: info@asw-projekt.de

Handlungsfelder Cybersicherheit

1. Die Ausgangslage

Die deutsche Wirtschaft befindet sich mitten im Prozess der digitalen Transformation. Für den deutschen Mittelstand stellt dies teilweise eine enorme Herausforderung dar. Aber auch große Unternehmen stehen vor zum Teil beträchtlichen Anpassungsschwierigkeiten. Die Bedrohungslage hat sich trotz großer Anstrengungen seitens der Wirtschaft, der Wissenschaft und des Staates verschärft. Abwehrmaßnahmen und die Sicherheitsinformationstechnologie haben nicht Schritt gehalten mit Cyberangriffen.

Dies liegt unter anderem daran, dass neue Technologien bei Angreifern wesentlich schneller zum Einsatz kommen, als dass sie zur Abwehr von Gefahren in der Breite Anwendung finden. Eine identifizierte Lücke wird schnell publik, entsprechende Schadprogramme sind im Nu entwickelt. Das Schließen einer Sicherheitslücke dauert ungleich länger. Die Angreifer arbeiten im hohen Maße arbeitsteilig und sind hochspezialisiert.

Während hier Profis sitzen, finden sich auf der anderen Seite vielfach keine Fachleute. In kleinen und mittelständischen Betrieben kümmert sich kein Cyber-Security-Spezialist um die IT-Sicherheit – erst recht kein ganzes Team. Da macht oftmals der IT-Mann die Sicherheit mit. Selbst größere Unternehmen sind selten richtig gut aufgestellt. Zudem ist das Spiel hochgradig unfair. Während die eine Seite sämtliche Angriffe erfolgreich abwehren muss, um zu gewinnen, reicht der anderen Seite ein einziger Treffer. Und die Ressourcen auf der Seite der Angreifer können beliebig hoch sein.

Für Kriminelle wie für fremde Nachrichtendienste sind Cyberangriffe über das Internet hochattraktiv, da eine Vielzahl von Schwachstellen in Softwareprodukten permanent neue Ansatzpunkte für die Entwicklung von Schadprogrammen liefern. Eine Trendwende ist hier nicht abzusehen.

Es werden nicht nur immer neue Schwachstellen in bestehenden Systemen entdeckt. Durch die zunehmende Vernetzung entstehen auch immer weitere Angriffsflächen. Quasi jedes neue elektronische Gerät erhält heute eine IP-Adresse und wird ans Netz angeschlossen. Doch Sicherheit spielt hier oftmals eine kleine oder äußerst untergeordnete Rolle. Updates sind meist gar nicht vorgesehen. Damit steigt die Angriffsfläche rasant an.

Besonders erschreckend ist, dass auch im Produktionsbereich die Bedeutung von Cyber-Security weiterhin insgesamt unterschätzt wird. Dass eine Industrie 4.0 ohne entsprechenden Schutz enormen Gefahren ausgesetzt wird, wird vielerorts immer noch verkannt. Produktionsanlagen, die über das Internet gesteuert werden können, können über diese Zugänge eben auch sabotiert werden.

Cybersicherheit ist daher ein entscheidender Erfolgsfaktor, da nur ein notwendiges Maß an Sicherheit für Anwender und Kunden Vertrauen in die Digitalisierung schafft. Wenn sich Babyphones und Kühlschränke in Bot-Netzen zusammenschließen und Unternehmen angreifen, wenn Router nicht mehr auf ihre Eigentümer hören und regelmäßig neue Datenlecks auftauchen, werden sich die Bürger kaum auf neue digitale Anwendungen einlassen. Damit entgehen der Wirtschaft neue Geschäftsmodelle und auch die Gesellschaft kann von möglichen Fortschritten nicht profitieren.

So hat sich auch das Rollenverständnis von Staat und Wirtschaft gewandelt und es ist erforderlich, dass der Staat angesichts der Bedeutung von Cybersicherheit stärkere Verantwortung in der Abwehr übernimmt, und dass gleichzeitig die Fähigkeiten der Anwender zur Selbstverteidigung durch Hilfe durch Selbsthilfe verbessert werden.

Vor diesem Hintergrund hat der ASW Bundesverband Handlungsfelder für Staat und Wirtschaft identifiziert, die hier näher vorgestellt werden sollen.

2. Handlungsfelder für den Staat

Meldepflicht für kritische Schwachstellen in Software und Verpflichtung für Software-Updates sowie Haftung bei Nicht-Behebung

Derzeit gibt es keine Haftung für fehlerhafte Software. Ein Umstand, der den Bürgern eigentlich nicht erklärt werden kann. Bevor ein Auto auf deutsche Straßen darf, muss umfangreiche Tests über sich ergehen lassen, die seine Verkehrsfähigkeit belegen. Dazu zählen Crashtests. Fehler, wie nicht oder falsch funktionierende Airbags, führen zu Haftungsansprüchen gegenüber dem Autobauer. Entsprechend sollte es auch einen Haftungsanspruch geben, wenn vor allem bekannte Schwachstellen und Fehler nicht behoben werden. Wenn eine Behörde oder ein Unternehmen eine Schwachstelle erkennt, über die man in ein IT-System einbrechen könnte, sollte dies meldepflichtig sein. Aus unserer Sicht bietet sich das BSI als Meldestelle an.

Darüber hinaus sollte noch in dieser Legislaturperiode eine Novelle des Produkthaftungsrechts erfolgen, durch die Soft- und Hardwarehersteller gesetzlich verpflichtet werden, für sicherheitskritische Schwachstellen tatsächlich auch zeitnah Sicherheits-Updates bereitzustellen und bei Unterlassung in Haftung genommen werden können.

Ebenso müssen Hersteller verpflichtet werden, Transparenz über den jeweiligen Lebenszyklus von Software basierten Produkten zu schaffen. Produkte, deren bekannte Schwachstellen nicht vom Hersteller bereinigt wurden, müssen kenntlich gemacht werden. Ebenso sind Verfahren zu definieren, wie mit Software, die ihren End-of-Life Zeitpunkt erreicht hat, umzugehen ist. Veraltete Software, die nicht mehr unterstützt wird, bietet eine große Angriffsfläche.

Sicherlich kann den Herstellern nicht die gesamte Verantwortung aufgebürdet werden. Schließlich sind auch Autobesitzer verpflichtet, regelmäßig ihr Auto checken zu lassen und Rückrufaktionen Folge zu leisten. Die Haftung könnte also nach dem folgenden Leitgedanken geregelt werden: Hersteller und Betreiber haften für unterlassene Software Updates, Verbraucher haften für nicht eingespielte Patches, Restrisiken werden über Risikogemeinschaften in Cyberversicherungen abgedeckt.

Höhere staatliche Anforderungen und weitere Verpflichtungen

Aufgrund des volkswirtschaftlichen Schadens von geschätzten 50 Milliarden Euro pro Jahr bedarf es weiterer gesetzlicher Verpflichtungen, die über den KRITIS Sektor hinausgehen. Neben den im IT-Sicherheitsgesetz definierten Sektoren muss der Schutzbedarf in Breite und Tiefe ausgedehnt werden.

So hat das Thema IT-Sicherheit eine überragende Bedeutung für die Volkswirtschaft und der alleinige Fokus auf die Kritischen Infrastrukturen, wie es das IT-Sicherheitsgesetz vorsieht, reicht nicht mehr aus. Die bestehende Interpretation zu Existenz und Betrieb eines Risikomanagementsystems im KonTraG ist hier noch zu unkonkret, um diese Anforderungen angemessen zu erfüllen.

Darüber hinaus muss der zunehmenden Fremdgefährdung entgegengewirkt werden (z. B. durch Botnet-Attacken mittels ungeschützter Computersysteme). Mit der wachsenden Vernetzung von Geräten im Internet der Dinge verschwimmen die Grenzen klassischer IT-Umgebungen. Es müssen Regeln entwickelt werden, die für hohe Standards bei IT-Sicherheit sorgen und die gesamte digitale Wertschöpfungskette zur Einhaltung dieser Standards verpflichtet. Dazu gehört auch, dass Hard- und Softwarehersteller Sicherheit für den gesamten Produktlebenszyklus vorwegdenken („Security by Design") und ein entsprechend hohes Schutzniveau dauerhaft garantieren müssen.

Setzen klarer Leitplanken zur staatlichen Nutzung von Schwachstellen

Der Aufbau der Zentralen Stelle für Informationstechnik im Sicherheitsbereich (ZITiS) als zentraler technischer Unterstützer der Polizei und Nachrichtendienste ist grundsätzlich zu begrüßen. Generell sollte gelten, dass staatliche Stellen entsprechend angewiesen werden, bekanntgewordene Sicherheitslücken unverzüglich zu melden. Natürlich ist es verständlich, dass Sicherheitsbehörden ein Bedürfnis haben, IT-Schwachstellen zu nutzen, um Terrorismus und Kriminalität effektiv bekämpfen zu können. Daher muss dies in begrenztem Umfang – unter Anwendung von klaren Regeln und Transparenz – ermöglicht werden. Wie dies genau ausgestaltet werden kann, ist zu diskutieren. Beispielhaft könnte für die Nutzung von Lücken eine zeitliche Begrenzung oder könnten Schwellwerte bezüglich der Anzahl bzw. der Kritikalität der betroffenen Systeme festgelegt werden.

Stärkung internationaler politischer Zusammenarbeit zur Bekämpfung der Cyber-Kriminalität

Im Rahmen der Cyberaußenpolitik muss sich die Bundesregierung dafür einsetzen, dass jeder Staat seine Bemühungen zur Erhöhung der Cybersicherheit intensiviert. Aufgrund der weltweiten wirtschaftlichen Verflechtungen ist Deutschland auch von der Funktionsfähigkeit anderer Volkswirtschaften abhängig. Von daher liegt es auch in unserem Interesse, dass kritische IT-Infrastrukturen besser gegen Attacken geschützt werden. Ebenso wie die Wirtschaft ist auch die Kriminalität global. Daher muss sich die Bundesregierung auch für eine globale Intensivierung des Kampfes gegen Cyberkriminalität stark machen. Mittelfristiges Ziel muss die Verabschiedung eines verbindlichen Abkommens für verantwortliches Handeln im Cyberraum sein. Darüber hinaus bedarf es eines intensiveren Ressourcen- und Kapazitätsaufbaus im Verantwortungsbereich der Staaten, um Cyberkriminalität wirksam zu bekämpfen. Hier muss auf internationaler Ebene, über die Multi-Stakeholder-Ansätze hinaus, noch intensiver zusammengearbeitet werden.

Transparenz zu Kompetenzen und Ansprechpartnern/ bessere Koordination

Nicht wenigen Unternehmen bleibt weiterhin unklar, welche Sicherheitsbehörde mit welchen Kompetenzen ausgestattet ist, und wie die Aufgaben zwischen Bundes- und Landesämtern abgegrenzt sind. Soll sich ein Unternehmen im Falle einer Cyber-Attacke an das LKA, das BKA, das BfV, das LfV oder doch lieber an das BSI wenden? Oder kommen andere Stellen infrage? Exemplarisch für die Unklarheit bei den Zuständigkeiten sind die Doppelmeldungen an BSI und Bundesnetzagentur zu nennen, die in den verteilten Zuständigkeiten vom BMWi und BMI liegen. Da alle Behörden mit engen Ressourcen arbeiten müssen, ist eine effiziente Organisation umso wichtiger.

Im konkreten Angriffsfall wird es gerade für KMU zunehmend von Bedeutung sein, dass auch die örtliche Polizeibehörde im Sinne eines Ersthelfers in die Lage versetzt wird, die richtigen Stellen in eine Strafverfolgung einzubeziehen. Ebenso wichtig wie eine Verstärkung der Ressourcen für die Polizeiarbeit ist die Transparenz über die Verantwortungsstrukturen bei der Bekämpfung von Cyber-kriminalität.

Notwendig ist nicht nur eine bessere Koordinierung, sondern auch eine stärkere gemeinsame Cyberabwehr der Sicherheitsbehörden im konkreten Angriffsfall auf europäischer Ebene. Schließlich treffen Cyberangriffe meist IT-Systeme in mehreren Staaten.

Forschungsgelder wirksamer machen

Die Forschungsförderung im Bereich der Cyberabwehr führte bisher nicht zu konkreten Produktentwicklungen, die eine entsprechende Marktverbreitung in Deutschland erreichen konnten. Hier könnte sich Deutschland an Israel orientieren, wo die staatliche Förderung von Start-ups zentraler Bestandteil des Regierungsprogramms ist.

Das BMI könnte sich wiederum an den Aktivitäten des BMVg zur zivilen Sicherheitsforschung orientieren.
Positiv und weiter ausbaufähig sind die Entwicklungen der Cybersicherheitshubs in Berlin, München, Bonn und Darmstadt.

3. Handlungsfelder für die Wirtschaft

Einführung von Grundsätzen und Standards für sichere IT-Systeme, die als Leitfaden für KMU dienen können.

Auch wenn die Sicht auf das Gesamtsystem bei der IT-Sicherheit für den Anwender Vorrang hat, bieten die folgenden Grundsätze eine Möglichkeit, IT-Systeme sicherer zu machen:

1. *Sicherheitsaspekte müssen bereits in der Designphase berücksichtigt werden. So sollte Sicherheit integraler Bestandteil eines jeden IT-Produktes sein.*
2. *Regelmäßig sind Sicherheits-Updates durchzuführen und ein aktives Schwachstellenmanagement ist zu betreiben. Auch wenn die Sicherheit in der Designphase enthalten ist, können Schwachstellen in Produkten nach ihrer Bereitstellung entdeckt werden. Diese Fehler können durch Patching, Sicherheitsupdates und Strategien für die Anfälligkeitsverwaltung gemildert werden.*
3. *Bewährte Sicherheitspraktiken sind weiterzuentwickeln. Viele getestete Praktiken, die in der traditionellen IT- und Netzwerksicherheit verwendet werden, können als Ausgangspunkt für die IT-Sicherheit genutzt werden. Diese Ansätze können dazu beitragen, Schwachstellen oder Unregelmäßigkeiten zu erkennen, auf mögliche Zwischenfälle zu reagieren und um bei Schäden oder Störungen schnell wieder in den Betrieb zu kommen.*
4. *Sicherheitsmaßnahmen sind nach potenziellen Auswirkungen zu priorisieren. Risikomodelle unterscheiden sich in IT-Ökosystemen erheblich, ebenso die Konsequenzen von Sicherheitsvorfällen. Die Fokussierung auf die potenziellen Konsequenzen von Störungen, Verletzungen oder bösartigen Aktivitäten ist entscheidend für die Bestimmung, wo besondere Sicherheitsmaßnahmen aufgesetzt werden sollten.*
5. *Transparenz über IT ist besser zu fördern. Entwickler und Hersteller müssen ihre Supply Chain möglichst gut kennen – konkret, ob Schwachstellen bei Software- und Hardwarekomponenten von Anbietern außerhalb ihrer Organisation bestehen. Erhöhte Sensibilisierung*

kann ferner dazu beitragen, dass Hersteller und industrielle Anwender identifizieren, wo und wie man Sicherheitsmaßnahmen anwendet oder Redundanzen aufbaut.

6. *Eine Netzanbindung muss bewusst erfolgen. IT-Anwender, vor allem im industriellen Kontext, sollten bewusst darüber nachdenken, ob bei der Verwendung eines IT-Geräts und den damit verbundenen Risiken eine kontinuierliche Konnektivität erforderlich ist, bzw. in welcher Form eigene Kommunikations- und IT-Infrastrukturen aufzubauen sind. IT- und Kommunikationssysteme sind dabei ganzheitlich zu betrachten.*

Klare Trennung von Cyber Security Governance und IT-Sicherheits-Umsetzungsverantwortlichkeit

Es bedarf einer klaren Trennung und eines Vieraugenprinzips zwischen den strategischen, risikobasierten Vorgaben zur Cybersicherheit und der operativen Umsetzung. Darüber hinaus ermöglicht eine funktionale Trennung des IT-Sicherheitsbeauftragten weg vom CIO mehr Transparenz.

Eine Zusammenführung der IT-Sicherheit mit der Konzernsicherheit könnte eine 360°-Betrachtung von Sicherheitsrisiken ermöglichen. Sie hilft sicherlich, ein potenziell schädliches Silodenken zu verhindern und besser auf kombinierte Angriffe zu reagieren.

Investitionen in die digitale Souveränität von Nationen

Mit der zunehmenden Digitalisierung unserer Gesellschaft und Wirtschaft gewinnt die digitale Souveränität von Nationen an Relevanz. Diese Souveränität ermöglicht es uns, eigene Produkte zu entwickeln und eigenständig Entscheidungen bezüglich der Einführung von Produkten vom globalen Markt zu treffen. Um dies zu ermöglichen, ist es notwendig, dass Konzerne in die Forschung und Entwicklung von Cybersicherheitslösungen in Deutschland investieren. In diesem Prozess könnte das BSI als Gutachter auftreten, und Startups bekämen Vorteile bei nationalen Ausschreibungen.

Für international agierende DAX-Unternehmen ist es wichtig, auch international zu investieren. Eine stärkere Finanzierung in Deutschland würde jedoch einen Markt für innovative Cybersicherheits-lösungen schaffen. Die Förderung von Venture Capital Fonds, die mit privaten Finanzmitteln ausgestattet sind und zusätzlich von einer Unterstützung durch Wissenschaft und Staat profitieren, ist hier ein Lösungsansatz.

4. Gemeinsame Handlungsfelder für Staat und Wirtschaft

Mehr Informationen teilen

Der öffentliche Sektor und die private Wirtschaft sollten mehr Informationen über Cyberbedrohungen, Verwundbarkeit und Konsequenzen teilen. Durch zentral deutlich leichter zur Verfügung stehende Expertise kann nicht nur die Geschwindigkeit, sondern auch die Qualität einer angemessenen Reaktion erhöht werden. Dazu gehört auch, Ängste abzulegen und zuzugeben, dass man angegriffen wurde.

Ohne Zweifel müssen hier mögliche Auswirkungen auf Aktienkurse oder die Reputation ganz allgemein berücksichtigt werden. Gleichsam gilt es zu bedenken, dass Vorfälle oftmals ohnehin ans Tageslicht kommen, und proaktives Handeln vorteilhafter ist.

Kritische Infrastrukturen schützen

Mit dem IT-Sicherheitsgesetz und der Implementierung der Anforderungen aus der NIS-Richtlinie wurde ein erster Rahmen zur Festlegung von Sicherheitsstandards im Bereich der Kritischen Infrastrukturen geschaffen. Im Zuge der fortschreitenden Digitalisierung unserer Gesellschaft und Wirtschaft reicht dieser Rahmen nicht aus und ist entsprechend zu erweitern.

Perspektivisch müssen alle Wertschöpfungspartner entlang der Cybersicherheitswertschöpfungskette entsprechend ihrer Verantwortung für die Gewährleistung von IT-Sicherheit verpflichtet werden – dies betrifft im besonderen Maße Hard- und Softwarehersteller. IT spielt eine zentrale Rolle beim Betrieb jeder Kritischen Infrastruktur. Es ist kaum darstellbar, dass sich Betreiber Kritischer Infrastrukturen auf IT-Komponenten – gewissermaßen blind – verlassen müssen und schließlich selbst in Haftung genommen werden, wenn diese versagen – ohne, dass sie die Hersteller der Soft- oder Hardware entsprechend selbst in Regress nehmen können.

Durch erweiterte Befugnisse für Internet Service Provider (ISP) können Angriffe auch in der Infrastruktur besser bekämpft werden. Insbesondere in Bezug auf DDoS Angriffe können separate Service Anbieter ein überlagertes, sichereres Netzwerk erzeugen. Security sollte damit im ISP-Bereich als Standard gelten und nicht als optionaler Zusatzservice.

Engere Verzahnung der Initiative Wirtschaftsschutz mit der Allianz für Cybersicherheit

Wir sehen eine Konvergenz von realen und Cyberangriffen. Die Angriffe gehen vielfach von ungestörten Rückzugsräumen aus dem Ausland aus – häufig auch mit einem korrespondierenden Innentäter innerhalb des Unternehmens. Reine IT-Sicherheit, die sich auf die Technik fokussiert, reicht daher nicht aus. Es muss stets der Faktor Mensch mitberücksichtigt werden. Logische Konsequenz wäre daher auch eine engere Verzahnung der Initiative Wirtschaftsschutz mit der Allianz für Cybersicherheit. Die Angleichung der Anmeldeprozeduren der beiden Initiativen für deren Informationsportale könnte ein erster Schritt sein.

Bekanntheit der Initiativen zur Cybersicherheit erhöhen

Der Allianz für Cybersicherheit, der Initiative IT-Sicherheit in der Wirtschaft und insbesondere der Initiative Wirtschaftsschutz fehlen es an Bekanntheit und Reichweite. Gerade bei KMU muss die Wahrnehmung weiter gestärkt werden. Eine bundesweite Awareness Kampagne könnte hier die nötige Aufmerksamkeit erzielen. Für die Bundesregierung wäre es eine lohnende Investition.

Wenn durch die Aufklärungsarbeit Unternehmen mehr in ihre Sicherheit investieren und dadurch besser geschützt sind, sinkt der volkswirtschaftliche Schaden durch Angriffe. Damit steigen auch die Steuereinnahmen. Wenn nur ein Mittelständler sich dank der Aufklärungskampagne besser schützt, so dass er nicht infolge einer Spionageattacke oder eines Cyberangriffs Pleite geht oder schwere Verluste hinnehmen muss – was immer wieder vorkommt –, hätte sich die Investition bereits gelohnt.

Gemeinsamer Radar und gemeinsame Abwehr

Die Computer Emergency Response Teams (CERT) sind ein entscheidendes Element zur konkreten Gefahrenabwehr. Das BSI hat hier schon erfolgreich den CERT Verbund aufgebaut. Weitere CERTs müssen in der Wirtschaft noch zusätzlich eingerichtet werden, insbesondere bei KMU. Bei diesen sind mangelnde Ressourcen jedoch oftmals ein Hinderungsgrund. Eine mögliche Lösung wäre, dass lizensierte IT-Dienstleister diese Aufgaben übernehmen. Erfolgreiche Public-Private-Partnership-Modelle aus anderen Ländern könnten entsprechend adaptiert werden. Beispielhaft sei hier auf das südkoreanische Modell verwiesen, bei dem eine Kooperation im Bereich Incident Response zwischen staatlichen Ressourcen und professionellen CERTs aus der Wirtschaft erfolgt. Zur Erstellung des notwendigen Vertrauens wäre eine Akkreditierungs- und Zertifizierungslösung durch den Staat (siehe z.B. Finnland) ein denkbarer Ansatz.

Es sollte daher über ein Rahmenwerk zur Ergänzung bzw. Erweiterung der mobilen Eingreiftruppen durch Public-Private-Partnerships nachgedacht werden. Dazu gehört dann auch die Einbindung der Wirtschaft in das Nationale Cyber-Abwehrzentrum und ein Konzept zur gemeinsamen Incident Response von Staat und Wirtschaft. Als weiteres Beispiel kann die US National Cyber-Forensics & Training Alliance genannt werden, wo staatliche und privatwirtschaftliche Akteure gemeinsam an der Aufklärung von Cyberattacken und an der Analyse von Tatwerkzeugen arbeiten.

Bei der Aufklärung von Cyberangriffen sind die Parameter „Information" und „Zeit" kritische Faktoren: Um die Effizienz des Cyberrisikomanagements in den Wirtschaftssektoren zu verbessern, ist ein über den nationalen Fokus hinausgehendes, global-interoperables Lagebild anzustreben. Ein solches „Informationsaustauschkonzept" kann und sollte unter der Federführung von beispielsweise der OECD und mit einem klaren Wirtschaftsfokus aufgebaut werden.

Internationale Standards und Gütesiegel

Regierungsstellen, Sicherheitsbehörden und Wirtschaft müssen mit internationalen Partnern kooperieren, um die Entwicklung internationaler Standards zu unterstützen und sicherzustellen. Auch wenn global eine Standardisierung schwer umsetzbar scheint, sind freiwillige nationale Möglichkeiten analog zum „Blauen Umweltengel" überprüfenswert.

Der ASW Bundesverband begrüßt das Vorhaben der Bundesregierung (Federführung BMI, unter der Beteiligung von BMWi und BMJV), im Pilotprojekt IT-Sicherheitskennzeichnung von Routern an der Einführung eines Gütesiegels für IT-Sicherheit zu arbeiten.

Der Verband sieht aber auch die Notwendigkeit, dass auf EU-Ebene Rahmenbedingungen für verbindliche IT-Sicherheitseigenschaften von internetfähigen Produkten geschaffen werden. Die EU Kommission plant Cyber- und Datensicherheitsmaßnahmen, um mit der europäischen Industrie bessere Lösungen zur Abwehr von Cybergefahren zu entwickeln. Ziel ist ein einheitlicher europäischer Markt für Cybersicherheit. Aus dem EU-Haushalt soll dies mit 450 Millionen Euro gefördert werden. Auch hier sind Investitionen der Wirtschaft notwendig. Deshalb soll es im Fall eines Cyberangriffs künftig einen Notfall-Fonds geben, der betroffenen EU-Staaten unbürokratisch hilft.

5. Konsequenzen für Sicherheitsdienstleister

Die aufgeführten Punkte zeigen, dass IT-/Cyber-Security und klassische Unternehmenssicherheit zusammengedacht werden müssen. Das bedeutet für Sicherheitsdienstleister, ihren Beratungsansatz entsprechend auszugestalten. Sicherlich muss nicht jeder Dienstleister alles anbieten. Wer stark im Bereich Objektschutz ist und dort seine Kernkompetenz hat, braucht nicht zwingend zusätzlich IT-Forensik anzubieten. Wichtig ist jedoch, dass mögliche IT-Aspekte mitgedacht werden. Wer für die Zutrittskontrolle verantwortlich ist, muss sich darüber Gedanken machen, welche technischen Geräte mit hereingenommen werden dürfen. Welche IT-Schnittstellen gibt es an der Wache? Schon bei diesen Punkten erkennt man leicht die Auswirkungen, die sich auf die IT-Sicherheit ergeben können.

Sicherheitsdienstleister, die im IT-/Cyber-Bereich tätig sein möchten, müssen die oben genannten Punkte mitdenken und -verfolgen. Sie sollten sich auch politisch für entsprechende Rahmenbedingungen stark machen – im Sinne ihrer Kunden. Und sie müssen auch ihre Kunden ein Stück weit antreiben, selbst entsprechende Maßnahmen zu ergreifen. Nicht alles lässt sich auf externe Dienstleister abwälzen.

Gut aufgestellte Dienstleister machen sich beim Kunden insbesondere für den oben aufgeführten Punkt stark, Sicherheit von Beginn an mitzudenken und zu planen. Sie sollten unter dem Schlagwort Security by Design auch tatsächlich frühzeitig eingebunden werden. Je früher Sicherheit mitgedacht und mitgeplant wird, desto wirkungsvoller und kostengünstiger wird Sicherheit.

Jan Wolter
Geschäftsführer
ASW Bundesverband

Jan Wolter ist seit Januar 2014 Geschäftsführer des ASW Bundesverbandes. In dieser Funktion befasst er sich mit den unterschiedlichsten Facetten des Themas Wirtschaftsschutz. Er ist Initiator und einer von drei Autoren der Studie #Desinformation, die im November 2017 auf dem Deutschen Sicherheitstag veröffentlicht wurde. Der Diplompolitologe ist seit über 12 Jahren im Verbandsgeschäft tätig. In seinem Studium befasste sich Wolter vor allem mit den Themen Staatszerfall und Bürgerkriegsökonomien.

Bundesverband

ASW Bundesverband
Allianz für Sicherheit in der Wirtschaft e.V.

Neue Schönhauser Straße 20
D-10178 Berlin

Telefon +49 (0)30 200 77 200
Telefax +49 (0)30 200 77 056

E-Mail: info@asw-projekt.de

Desinformation – eine der größten Bedrohungen für deutsche Unternehmen

1. Sicherheitsstudie von ASW Bundesverband, complexium und Deloitte schafft Klarheit

Desinformation wird im politischen Umfeld bereits umfangreich als Werkzeug eingesetzt. Gegner werden diskreditiert, Meinungen manipuliert. So soll der eigene Einfluss verstärkt oder einfach Geld verdient werden.
Das Internet bietet dabei die ideale Plattform für den Einsatz von Desinformationsmaßnahmen. Falsche und computergenerierte Identitäten finden sich in einem gefährlichen Werkzeugkasten. Dieses Arsenal bleibt nicht auf die Politik beschränkt.

Wie die Sicherheitsstudie #Desinformation – Lage, Prognose und Abwehr von ASW Bundesverband, complexium und Deloitte zeigt, liegen erste Desinformationsangriffe auf Unternehmen bereits hinter uns.
Schließlich macht die Digitalisierung solche Angriffsszenarien erschwinglich und damit auch für und gegen Unternehmen einsetzbar. Folglich ist die Verbreitung von Desinformation im aggressiven Unternehmenswettbewerb logische Konsequenz.
Die Studie lässt auch den Schluss zu, dass Umfang, Intensität und Steuerungsintelligenz der Angriffe dramatisch zunehmen werden. Entscheidender Treiber ist dabei der technologische Fortschritt. Bots, Algorithmen und künstliche Intelligenz sind hier die Stichwörter. Die Digitalisierung liefert aber auch den Verteidigern neue Werkzeuge in einer gleichwohl asymmetrischen Auseinandersetzung.
Die folgenden Ausführungen entspringen der oben genannten Sicherheitsstudie #Desinformation – Lage, Prognose und Abwehr, deren Autoren Jan Wolter, Prof. Dr. Martin Grothe und Uwe Heim sind. Die vollständige Studie mit weiteren Zahlen, Fallbeispielen und Analysen kann kostenfrei auf www. asw-bundesverband.de heruntergeladen werden.

2. Technologie als Treiber der Entwicklung

Desinformation gab es in Form von übler Nachrede, dem Streuen von Gerüchten oder gezielter Propaganda schon immer. Doch mit dem zunehmenden Gewicht von Social Media ergeben sich hier ganz andere Möglichkeiten.

Während in Zeiten von Desinformation 2.0 Menschen dafür bezahlt wurden, im Internet böse Kommentare zu schreiben, um Gegner niederzumachen – die Trolle – , oder positive Bewertungen abzugeben, um Produkte oder Meinungen zu loben – die Influencer –, ist die Technik inzwischen deutlich weiter. In Zeiten von Desinformation 3.0 lassen sich diese Prozesse automatisieren. Damit wird teure menschliche Arbeitskraft mehr und mehr überflüssig – und Manipulation somit immer günstiger. Falsche Meldungen werden automatisiert erstellt. Entsprechende Autorenprofile werden generiert und agieren vollautomatisch. Sie springen auf bestimmte Hashtags an und produzieren Content – genügend, um gegenteilige Meinungen zu verdrängen. Social Bots sind hier das Stichwort.

Auf der nächsten Stufe Desinformation 4.0 werden diese Angriffe noch ausgefeilter: Personalisierung und Machine Learning kommen hinzu. Über automatisierte Analysen von Profilen (Facebook, XING, Instagram etc.) mittels Algorithmen mit künstlicher Intelligenz können Persönlichkeitsprofile mit extrem hoher Genauigkeit erstellt werden. Heute sind Szenarien denkbar, in denen personalisierte Bot-Schwärme gezielt Menschen oder Menschengruppen beeinflussen. Bereits 300 Likes auf Facebook reichen aus, damit ein Algorithmus ein genaueres Bild von einem Menschen erhält, als es der Ehepartner oder beste Freund zeichnen könnte (Quelle: Computer-based personality judgments are more accurate than those made by humans; by W. Youyou, M. Kosinski, D. Stillwell, Proceedings of the National Academy of Sciences [PNAS], 2015).

Der Automatisierungsgrad ist inzwischen so hoch, dass Menschen nur noch für das Schreiben eines Gesamtkonzepts und Drehbuchs gebraucht werden – beispielsweise für besonders zugespitzte Dialogsequenzen, die der Algorithmus an einen Menschen zurückübergibt – sowie für bestimmte High-End-Lösungen, wie der Entwicklung ganzer Homepages mit komplett falschen Nachrichten. So werden etwa vermeintliche Nachrichtenmagazine aus der Taufe gehoben, die ihre frei erfundenen Meldungen in die sogenannten sozialen Medien streuen. Mit Desinformation wird nicht nur manipuliert, sondern auch viel Geld verdient. Je zugespitzter ein gefälschter Artikel ist, desto eher wird er geklickt und damit wirtschaftlicher Gewinn über Werbung erzielt.

Der wachsende Automatisierungsgrad macht Desinformationskampagnen künftig immer billiger. Der technische Fortschritt macht sie auch einfacher anwendbar. Desinformation wird mit vergleichsweise geringem technischem Sachverstand und geringem Mitteleinsatz möglich.

Um Desinformation zu verbreiten, muss man keine Systeme hacken, benötigt kaum IT-Kenntnisse oder sonstiges Fachwissen. Man braucht nicht einzubrechen oder etwas zu stehlen. Es bedarf mitunter überhaupt keines Kontaktes mit dem Ziel. Die Hemmschwelle ist extrem gering, da viele sich nicht einmal einer Straftat bewusst sind und das Entdeckungsrisiko (noch) sehr niedrig ist.

3. Unternehmen im Fokus von Desinformation

Das Thema Desinformation wurde bislang meist nur im Kontext von Politik und Wahlen als Herausforderung gesehen. Die Sicherheitsstudie #Desinformation macht deutlich, dass auch Unternehmen einer Bedrohung durch Desinformation gegenüberstehen. Das zeigen nicht zuletzt die im Rahmen genannter Studie durchgeführten Interviews.
In diesen Interviews wurde au-

ßerdem deutlich, dass Unternehmen zwar Opfer von Desinformation(skampagnen) wurden, dabei mitunter aber gar nicht das eigentliche Ziel waren – sondern vielmehr Mittel zum Zweck.

Hier ist auch ein kritischer Blick auf die Medien und Nichtregierungsorganisationen (NGO) notwendig. So geraten Unternehmen schnell in den Fokus der Berichterstattung mit einer skandalisierenden oder zumindest dramatisierenden Note. Handfeste Fakten werden dabei schnell zur Nebensache. Auch Aktivistengruppen oder NGOs haben ein Interesse daran, Sachverhalte in ihrem Sinne darzustellen. Sie sind nicht objektiv und verfolgen oftmals selbst wirtschaftliche Interessen. Um Spendengelder zu generieren, helfen dramatisierte Zahlen oder Bilder mehr als die manchmal vielleicht recht nüchterne Wahrheit.

In diesem Kontext bietet jeder große, bekannte Konzern mehr Reibungsfläche und garantiert größere Aufmerksamkeit als ein kleinerer Zulieferer oder Abnehmer, der vielleicht der eigentliche Schuldige an einem Vorfall ist. So werden Geschichten geschrieben, die zwar sehr nah der Wahrheit sein mögen, aber am Kern der Sache dann doch vorbeigehen – zum Schaden schuldloser Unternehmen. Für eine höhere Auflage oder mehr Spendengelder werden Konzerne etwa zu Lieferanten des IS oder zu Verantwortlichen für Umweltverschmutzungen oder Unfälle, bei denen zwar ihre Produkte im Spiel waren, die Verantwortung jedoch bei jemand anderem lag.

Gerade große NGOs sind sehr medienaffin, bestens in den sozialen Medien vernetzt und genießen dort eine hohe Reputation. Die Auswirkungen solcher „scripted reality" bekommen damit eine größere Dramatik als noch vor wenigen Jahren. Mit der Vielzahl unterschiedlicher Meinungen und vermeintlicher Fakten entsteht auch eine gewisse „Faktenbeliebigkeit". Gerade für Anbieter, die sich beispielsweise durch hohe Umwelt- oder Arbeitsstandards abheben möchten und dafür auch höhere Preise verlangen, entsteht eine besondere Gefahr. Werden entsprechende Zweifel gesät, kann beim Kunden schnell ein Gefühl entstehen, dass „die" sowieso alle wahlweise „betrügen", „ausbeuten", „die Umwelt vergiften" etc. – womit dann der Preis das einzige Kriterium bleibt, was für den Kunden real messbar und glaubhaft und damit auch die einzige Richtschnur ist.

Aktivisten, NGOs oder Medien, deren eigentliches Ziel es sein mag, für eine „bessere Welt" zu kämpfen, befeuern dieses Misstrauen durch eine ungenaue Berichterstattung und erreichen damit das genaue Gegenteil. Verunsicherte oder desillusionierte Verbraucher wenden sich von denen ab, die eigentlich hohe Umwelt- oder Ethikstandards verfolgen.

Unternehmen können aber auch ganz gezielt mit einer auf sie ausgerichteten Desinformationskampagne angegriffen werden. Es existieren praktische Beispiele, die belegen, dass damit Unternehmensentscheidungen direkt beeinflussbar sind und sich Auswirkungen auf die Geschäftsentwicklung ergeben. Größere Desinformationskampagnen sind im Rahmen der Studie von Unternehmensseite kaum genannt worden. Gleichwohl sind solche Szenarien auch in größerem Umfang denkbar. Nicht nur der US-Wahlkampf hat gezeigt, wie leistungsfähig die Waffe Desinformation sein kann. Es wäre töricht anzunehmen, sie würde nicht auch gegen Unternehmen in voller Stärke eingesetzt.

Ob von Konkurrenten, ehemaligen oder frustrierten Mitarbeitern, Kriminellen, die beispielsweise auf fallende Aktienkurse setzen, oder von fremden Mächten – die Zahl möglicher Angreifer ist groß. Und die Technik entwickelt sich weiter.

Die im Rahmen der Sicherheitsstudie durchgeführten Interviews, Expertengespräche und die Onlinebefragung zur Studie zeigen, dass Unternehmen dem Schutz vor Desinformationsangriffen eine deutlich höhere Priorität als bislang beimessen wollen.

Desinformation – so eine der wesentlichen Erkenntnisse der Studie – wird zu einer der zentralen Bedrohungen des 21. Jahrhunderts für deutsche Unternehmen.

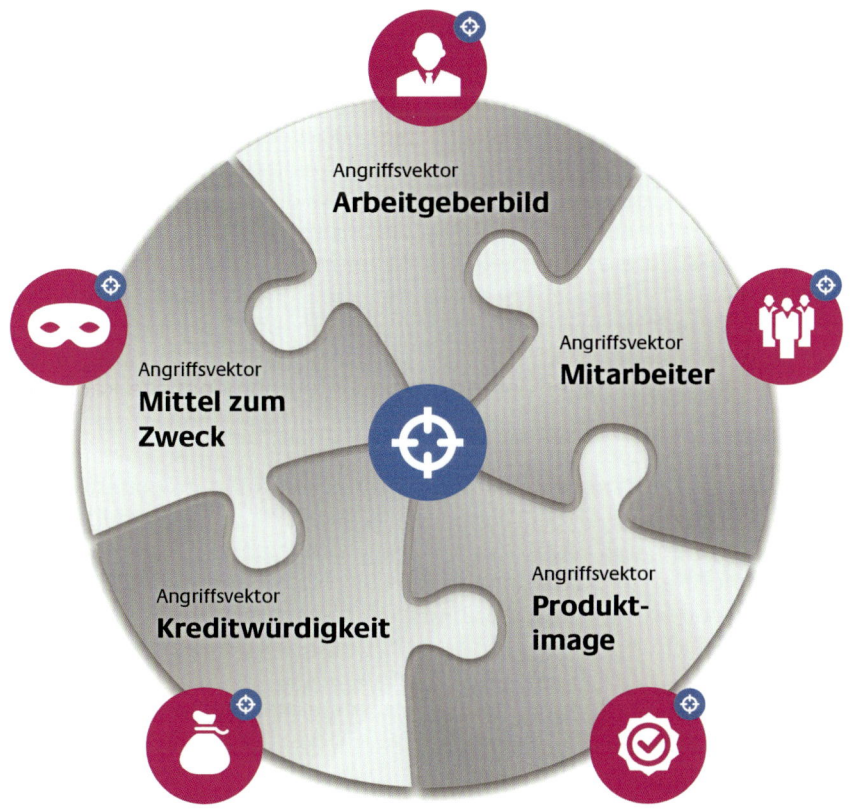

3.1 Angriffsziele

Desinformationsangriffe können die Aufmerksamkeit und Handlungsfähigkeit von Unternehmen deutlich einschränken und dem Unternehmen in verschiedenen Dimensionen Einbußen zufügen. Folglich kann sich ein Wettbewerber durch solche Machenschaften Vorteile verschaffen, etwa den Markteintritt des angegriffenen Unternehmens verzögern oder beeinträchtigen. Die Plausibilität dieser Szenarien konnte in den im Rahmen der Studie durchgeführten Interviews be-

stätigt werden. Insgesamt wurden fünf mögliche Angriffsvektoren herausgearbeitet.

3.1.1 Angriffsvektor 1: Arbeitgeberbild

In der heutigen Zeit sind Talente online auf Informationssuche zu potenziellen Arbeitgebern. Die Karriereseite eines Arbeitgebers ist dabei nur eine Quelle unter vielen – nur bei sehr wenigen Unternehmen wird sie direkt angesteuert. Wichtigste digitale Tummelplätze für Talent-Zielgruppen sind Foren und Netzwerke. Auch Aussagen von anonymen Gleichgesinnten können auf diesen Plattformen hohes Gewicht erhalten. Jede authentische Teilnahme kann nachhaltige digitale Eindrücke zu einem Arbeitgeber hinterlassen. Die Vielzahl dieser Beiträge fließt ein in das Arbeitgeberbild.

Ein Angreifer kann damit die Recruiting-Pipeline eines Arbeitgebers gezielt treffen. Ein solcher Angriff kann auf Engpasszielgruppen abgestimmt werden.

Die im Rahmen der Sicherheitsstudie geführten Interviews und die Onlinebefragung stützen dieses Bild: Über 80 Prozent der befragten Unternehmen haben realisiert, dass eine Bedrohungssituation existiert und Handlungsbedarf besteht.

Gleichwohl hat nur jedes vierte Unternehmen bisher konkrete Maßnahmen eingeleitet, um bei möglichen Desinformationsangriffen reaktionsfähig zu sein.

3.1.2 Angriffsvektor 2: Mitarbeiter/Mitarbeiterloyalität

Mitarbeiter, Meinungsführer, exponiertes Schlüssel- und Führungspersonal sowie Mandatsträger und Eigentümer hinterlassen durch eigenes Handeln oder Referenzierung durch Dritte Spuren im digitalen Raum.

Angreifer können daraus facettenreiche Profile rekonstruieren und für sicherheitsrelevante Zwecke nutzen: Desinformationsangriffe können auf eine größere Gruppe zielen oder gezielt einzelne Personen ins Visier nehmen. Eine mögliche Annäherung an Schutzpersonen oder die präzise Ausgestaltung von Social Engineering oder auch nur Ablenkung können Ausprägungen sein.

Auch die im Rahmen der Studie durchgeführten Interviews und die Onlinebefragung zeichnen dieses Bild. Fast alle befragten Unternehmen sind sich der Bedrohung bewusst. Trotz des hohen Problembewusstseins hat nur jedes fünfte befragte Unternehmen eine Infrastruktur zur Bewältigung von Desinformationsangriffen integriert.

3.1.3 Angriffsvektor 3: Produktimage

Für einen großen Anteil der relevanten B2C-Kaufprozesse werden Online-Informationen – Nutzererfahrungen, Bewertungen, Empfehlungen – zu Rate gezogen. Zumeist unerreicht durch das klassische Marketing tauschen sich Interessierte und Nutzer aus. Diese Dialoge sind nachhaltig und beeinflussen Entscheidungen.

Ein Angreifer, etwa ein aggressiver Wettbewerber, kann durch Desinformation direkte Kaufentscheidungen potenzieller Kunden negativ beeinflussen. Durch etablierte (Fake-) Profile und automatische Verbreitung können negative Einschätzungen erstellt und verstärkt werden.

Über 80 Prozent der im Rahmen der Studie befragten Unternehmen sehen sich der Bedrohung ausgesetzt. Jedoch nur jedes zehnte der befragten Unternehmen hat über den Einzelfall hinausgehende Maßnahmen zur Abwendung dieser Bedrohungen eingeleitet.

3.1.4 Angriffsvektor 4: Finanzielle Reputation/ Kreditwürdigkeit

In den Bereichen M&A, Lieferantenauswahl sowie Kreditoren- und Debitorenmanagement spielt die Einschätzung der Unternehmensbonität und Zahlungsfähigkeit eine große Rolle. Zunehmend werden Daten aus dem Internet in diese Analysen aufgenommen. Hierbei werden auch unstrukturierte Informationen abseits der bekannten Datenauskünfte herangezogen.

Ein Angreifer kann hier das entsprechende Bild bewusst mit Falschinformationen anreichern.
Daher sehen auch drei Viertel aller befragten Unternehmen hier Handlungsbedarf. Aber nur etwa ein Drittel hat konkrete Maßnahmen zur Abwendung der Bedrohung eingeleitet.

3.1.5 Angriffsvektor 5: „Mittel zum Zweck"/Mitverantwortung

Informationen über Unternehmen stehen in vielfältigsten Netzwerken, die nur unvollständig erfasst oder gar gesteuert werden können. Die erstellten Produkte werden von den Kunden zu eigenen Zwecken verwendet. In der Lieferkette befinden sich Unternehmen, deren Aktivitäten nicht vollständig überblickt werden. Die eigenen Mitarbeiter haben auch ein Leben abseits des Arbeitnehmertums.
„Störfälle" in diesen Ausläufern des eigenen Eco-Systems können von Dritten aufgenommen, verstärkt und unmittelbar auf das Zielunternehmen projiziert werden. Die potenziell größere Öffentlichkeitswirkung wird für das originäre Vorhaben genutzt, das Unternehmen selbst ist nur das Mittel zum Zweck.

3.2 Die Verteidigung

Unternehmen müssen auf Angriffe reagieren – auch und gerade bei neuartigen Angriffsvektoren. Dies setzt zunächst voraus, dass Unternehmen in der Lage sind, Angriffe zu bemerken (Detektion). Eine Reaktion auf einen Angriff ist geboten, wenn sie Aussicht auf Erfolg hat oder zumindest die Situation verbessert (Erfolgsgewissheit).

Angesichts der neuen Bedrohungslage durch Desinformationsangriffe sind hingegen mangelnde Detektion und Erfolgsungewissheit gewichtige Risikofaktoren. Sicherheitsbereiche von Unternehmen müssen daher bestrebt sein, diese beiden Risikofaktoren zu reduzieren. Die entsprechenden Präventionsmaßnahmen sollten dabei so weit wie möglich getroffen werden, bevor ein Störfall eintritt. Es gilt folglich, einen systematischen Verteidigungprozess zu planen und zur Einsatzfähigkeit zu bringen.

Für den Bereich der Desinformation schlägt die Studie ein fünfstufiges Modell vor. In konzeptioneller Arbeit und befruchtet durch zahlreiche Tiefeninterviews haben sich dabei Schwerpunkte herauskristallisiert, die in den jeweiligen Phasen des Verteidigungsprozesses besonderer Aufmerksamkeit bedürfen.
Wie die Studie zeigt, lässt sich eine zentrale Bedeutung der Detektion und Bewertung der Angriffe im digitalen Raum erkennen. Nur wenn hier großer Zeitverlust vermieden werden kann, ist eine erfolgreiche Reaktion überhaupt noch möglich. Da viele Sicherheitsbereiche jedoch keinen Zugriff auf geeignete Instrumente oder Services haben – darunter fallen auch die Standard-Tools der Kommunikationsbereiche – deutet sich hier bereits der größte Hebel zur Verbesserung der Reaktions- bzw. Schutzfähigkeit an.
Insgesamt wird der Verteidigungsprozess hier in 5 Phasen gegliedert. Jede Phase trägt einen wichtigen Baustein zum erfolgreichen Umgang mit dieser neuen Bedrohung bei und orientiert sich an einer parametrisierbaren Leitfrage.

3.2.1 Phase 1:
1. Vorbereitung/Prävention

Um der neuartigen Bedrohung professionell zu begegnen, sind definierte Abläufe und Governance-Strukturen unabdingbar. Mit fünf Punkten wird die Prävention wirkungsvoll aufgebaut:
1) *Mit einem initialen Stresstest konfrontieren Sie die Organisation mit möglichen Desinformationsszenarien gegen Ihr Unternehmen. Gerade mehrschichtige Angriffe können Unternehmen vor große Herausforderungen stellen.*

Phase 1
**Vorbereitung/
Prävention**

Phase 5
**Vorfall-Nach-
behandlung**

Phase 2
Detektion

Phase 4
**Eindämmung/
Lösung/Wieder-
herstellung**

Phase 3
Bewertung

2) *Die neue Bedrohung erfordert die Formulierung einer umfassenden Security Policy zur Vorbereitung auf entsprechende Angriffe. In der Policy werden Verantwortlichkeiten, Verhaltensleitlinien und insbesondere die notwendige Informationsintegration zwischen verschiedenen Fachbereichen strukturiert.*

3) *Die kontinuierliche Sensibilisierung und Schulung verschiedener Mitarbeitergruppen ist eine wesentliche Grundlage der*

Prävention. Wie auch im Bereich Social Engineering sind hier keineswegs nur obere Hierarchiestufen zu berücksichtigen. Ein geeignetes Format für Schulungen ist insbesondere E-Learning, um den Mitarbeitern die Komplexität der Bedrohung anschaulich und nachhaltig zu vermitteln.

4) *In der Anpassung der Aufbau- und Ablaufstruktur des Incident- und Krisenmanagements sollte das spezifische Mengen-*

gerüst künftiger Angriffe seinen Niederschlag finden: Es sind deutlich weniger Störfälle als im Bereich der Cyber Security zu erwarten, aber es wird aller Voraussicht nach kontinuierlich Angriffe unterschiedlicher Intensität geben. Das Incident-Management muss in der Lage sein, laufend eine größere Anzahl von Detektionen zu evaluieren und zu verfolgen.

5) Der Umgang mit Desinformationsangriffen erfordert ein kontinuierliches Lernen. Hierbei kommt dem regelmäßigen Austausch mit Sicherheitsbehörden, Pressevertretern, Forschern und anderen Corporate Security-Professionals eine große Bedeutung zu.

3.2.2 Phase 2: Detektion

Jedes Unternehmen muss entscheiden, mit welchem Nachlauf Desinformationsangriffe identifiziert werden sollten und entsprechende Vorkehrungen treffen. Fünf Punkte sind für die Gewährleistung einer umfassenden Detektionsfähigkeit wichtig:

1) Es ist überaus förderlich, wenn Corporate Security über einen Zugriff auf eine „artgerechte Systemunterstützung" verfügt. Instrumente, die Daten für andere Zielsetzungen, etwa zur Ermittlung der Reichweite der eigenen Kommunikation, lediglich sammeln und zählen, sind

nur im Zufallsfall hilfreich für Sicherheitsfragen.

2) Sicherheitsrelevant wertvolle Informationen sind zumeist a priori nicht exakt beschreib- oder geschlossen aufzählbar. Besonders relevant ist die Überraschung, der neue Angriffsmodus, der nicht in einem vordefinierten Suchmuster abgebildet sein kann. Security benötigt Ansätze, die frühzeitig hypothesenfrei Ungewöhnliches finden. Das Finden von solchen „unknown Unknowns" ist zentraler Erfolgsfaktor dieser Anforderung.

3) Die Erfahrung zeigt weiterhin, dass Sicherheitsbereiche gut durch qualifizierte Alerts und fundierte Lageberichte unterstützt werden. Für die teilautomatisierte Durchsicht großer Treffermengen aus diversen Kanälen ist eine ressourcenseitige Ausstattung einzuplanen.

4) Es ist intern abzustimmen, welche Indikatoren aus anderen Fachbereichen in welchen Frequenzen zu einem integrativen Bild zugeliefert werden. Ein ganzheitliches Indikatorenmodell ist eine gute Zielvorstellung. Dies erfordert, dass die betroffenen Fachbereiche ein Digital Listening zu ihrem digitalen Relevanzbereich installiert haben: Wenn etwa der HR-Bereich die digitalen Hotspots seiner Engpasszielgruppen noch nicht im Blick hat, dann werden mögliche Desinformationsan-

sätze (oder andere Bedrohungen) auch nicht erkannt. Über eine gemeinsame Perspektive ist funktionales Einvernehmen, in dem die Sicherheitsbelange nicht zu kurz kommen sollten, zu erzielen.

5) Weiterhin bietet der digitale Raum eine grundsätzlich einfache Möglichkeit, nicht nur den Status der eigenen Kontexte aufzunehmen und zu analysieren, sondern auch die Situation vergleichbarer oder besonders gefährdeter Unternehmen zu erschließen. Ein solcher „Blick über den Tellerrand" ist sehr geeignet, um die eigene Frühwarnfähigkeit weiter zu verbessern: potenziell „herüberschwappende" Bedrohungen werden erkannt.

3.2.3 Phase 3: Bewertung

Da viele Sicherheitsbereiche jedoch keinen Zugriff auf geeignete Instrumente oder Services haben – darunter fallen auch die Standard-Tools der Kommunikationsbereiche – deutet sich hier bereits der größte Hebel zur Verbesserung der Reaktions- bzw. Schutzfähigkeit an.

1) Die Erfassung und Bewertung von Bedrohungen und Angriffen muss ein systematischer Prozess sein. Nach der Detektion sind das Filtern und Kategorisieren wesentliche Herausforderungen.

2) In der Bewertung werden sowohl die jeweiligen Inhalte und ihr Kontext, als auch die jeweiligen Quellen und ihr Netzwerk berücksichtigt.

3) Es ist sinnvoll, ein entsprechendes Daten-Verzeichnis einzusetzen. Hier kann auch das Indikatorenmodell einfließen. Quantitative Maßstäbe und Vergleichswerte erleichtern die Lageeinschätzung.

4) Für die Bewertung etwa von auftauchenden Vorwürfen ist ein schneller und eingespielter Austausch mit verschiedenen Fachseiten und Unternehmensbereichen, auch aus der Lieferkette, essenziell. Nur so können potenzielle Desinformationen von korrekten Tatsachen getrennt werden.

5) Aus den Bewertungen wird ein Lagebild gespeist, das auch unabhängig von der Cyber-Lage bestehen sollte. Aus diesem Lagebild sind die Prioritäten der Eindämmung ersichtlich.

3.2.4 Phase 4: Eindämmung/ Lösung/Wiederherstellung

Die Eindämmung eines Desinformationsangriffs oder sogar direkte Gegenmaßnahmen können durch fünf Punkte abgesichert werden:

1) Grundlage der Eindämmung ist eine strukturierte Fallbeschreibung mit spezifischer Bewertung. Wesentlich ist die Iden-

tifikation des Ursprungs einer Desinformation.

2) Stets sollen rechtliche Schritte geprüft werden.

3) Für die Wirksamkeit einer Reaktion ist Geschwindigkeit ein wichtiger Faktor. Zudem sollte die Kommunikation dort ansetzen, wo der Angriff seinen Niederschlag gefunden hat. Entsprechend müssen Unternehmen grundsätzlich in den relevanten Echokammern präsent werden.

4) Fallbezogen kann es die Eindämmung deutlich unterstützen, breite Medien einzubeziehen, um Reichweite zu erzielen. Der Beziehungsaufbau zu diesen Medien sollte bereits in der Prävention angelegt sein.

5) Sämtliche Maßnahmen zur Eindämmung eines Desinformationsangriffs sollten im Einklang mit den betroffenen internen Funktionsbereichen konzipiert und umgesetzt werden.

briefing des Vorfall- bzw. Krisenmanagements.

2) Mit dieser Reflektion lassen sich innengerichtet Strukturen anpassen und ggf. Suchparameter nachschärfen: Prävention, Detektion und Bewertung werden verbessert.

3) Das Unternehmen muss auch bestrebt sein, nicht nur einen eingetretenen Schaden zu begrenzen, sondern den Angreifer zu ermitteln und nachhaltig abzuwehren. Hierzu kann ein Strategieprozess notwendig sein.

4) Weiterhin gilt es zu analysieren, welche weiteren Akteure artverwandte Szenarien einsetzen könnten. Dies gilt es, proaktiv abzuwehren oder zumindest prohibitiv zu erschweren.

5) Mit Information gegen Desinformation: Das Unternehmen steht nicht alleine; es gilt, relevante Information mit dem Netzwerk zu teilen.

3.2.5 Phase 5: Vorfall-Nachbehandlung

Mit der Vorfall-Nachbehandlung beginnt die Prävention. Es gilt aus jedem Vorfall von Desinformation zu lernen. Ein Konzept für weiterreichende Folgemaßnahmen leitet dies ein. So kann diese wichtige Aufgabe durch fünf Punkte abgesichert werden:

1) Aufsetzpunkt für weiterführende Maßnahmen ist ein klares De-

4. 11-Punkte-Plan für den Desinformationsschutz

Die Sicherheitsstudie #Desinformation hat dargestellt, mit welchen Methoden und in welchen Kontexten Angriffe durch Desinformation ausgeführt werden können. Durch die Digitalisierung kann ein Bedrohungsniveau erreicht werden, auf das weder Unternehmen noch Staat bisher vorbereitet sind.

So fehlt es an vielen einzelnen Stellen an einer hinreichend leistungsfähigen Detektion, zumeist auch an einer Integration und Zusammenführung einzelner Erkenntnisse. Sicherlich fehlt es aber nicht an den grundlegenden Prozessen und Vorgehensweisen.

Im Folgenden wird ausgeführt, welche Bausteine und Abläufe Unternehmen aufsetzen und verbinden sollten, um diesen neuen Bedrohungen möglichst angemessen zu begegnen.

1) *Seien Sie sich der Bedrohung durch Desinformation bewusst!*

2) *Schulen Sie Ihre Mitarbeiter im Umgang mit Social Media und mit Blick auf Social Engineering!*

3) *Setzen Sie ein umfassendes Krisenmanagement für Desinformations-/Reputationskrisen auf!*

4) *Binden Sie möglichst erfahrene Dienstleister im Bereich der Krisenkommunikation schon in der Vorbereitungsphase ein!*

5) *Machen Sie einen Desinformations-Stresstest!*

6) *Setzen Sie eine umfassende Früherkennung auf! Diese muss alle für Sie relevanten Länder/Märkte abdecken!*

7) *Suchen Sie bei der Früherkennung nicht nur nach festen Begrifflichkeiten!*

8) *Bauen Sie Strukturen auf, die sicherstellen, dass alle Informationen über (mögliche) Desinformation an einer Stelle zusammenlaufen!*

9) *Reagieren Sie auf (mögliche) Fälle von Desinformation schnell, umfassend und zielgerichtet!*

10) *Überprüfen Sie bei allen Fällen von Desinformation die Herkunft und auch mögliche rechtliche Schritte! Setzen Sie dort an, wo der Ursprung liegt, ohne dabei die breiten Medien zu vernachlässigen!*

11) *Kommen Sie wieder vor die Lage und lernen Sie aus Erfahrungen!*

5. Hintergrund zur Studie

Die 9. Sicherheitstagung des ASW Bundesverbandes und des Bundesamtes für Verfassungsschutz stand 2016 unter dem Titel „Neue Gefahren für Informationssicherheit und Informationshoheit". Die Diskussionen und Ergebnisse der Tagung haben gezeigt: Desinformation stellt eine ernst zu nehmende Bedrohung auch für Unternehmen dar. Daher hat der ASW Bundesverband gemeinsam mit der Wirtschaftsprüfungsgesellschaft Deloitte GmbH und der Unternehmensberatung complexium GmbH die Sicherheitsstudie zu Desinformationsangriffen auf Unternehmen initiiert. Ziel dieser Studie ist es, die aktuelle Bedrohungslage genauer zu analysieren.

Die Studie zeigt auf, welchen Bedrohungen Unternehmen bereits heute im Bereich der Desinformation konkret gegenüberstehen. Es wird untersucht, ob und, wenn ja, welche Angriffe schon erfolgen. Zudem werden mögliche Szenarien vorgestellt, was an Gefahren noch bevorsteht. Die Studie formuliert aber auch Antworten, wie Unternehmen auf diese Herausforderungen reagieren können oder bereits reagieren. So macht diese Untersuchung vor allem eines deutlich: Die Corporate Security muss auf die neue Herausforderung reagieren. Die Ergebnisse der Studie basieren auf systematischen Digital-Listening-Analysen, Expertendiskussionen, Interviews mit Vertretern aus Unternehmen und Behörden sowie einer Onlinebefragung.

Philip A. Caspari

Chief Operation Officer

p.caspari@wis-sicherheit.de

Stephan Grinat

Head of Business Intelligence

s.grinat@wis-sicherheit.de

Herr Dipl.-Kfm. (FH) Philip A. Caspari M.A.
*ist Chief Operation Officer der W.I.S. Group.
Herr Caspari blickt auf über 15 Jahre als Füh-
rungskraft in Militär und Sicherheitswirtschaft.
U.a. war er in verschiedenen Verwendungen
der Fallschirmjägertruppe in mehreren Aus-
landseinsätzen in Afghanistan und als Head
of Security in einem international aufgestellten
Großkonzern tätig.*

Herr Dipl.-Staatswis. Stephan Grinat *ist
Head of Business Intelligence der W.I.S. Group.
Herr Grinat blickt auf über 15 Jahre als Führungs-
kraft in Militär, Beratung und Sicherheitswirtschaft.
U.a. war er im Spezialkräfteeinsatz in Afghanistan
und als Senior Berater für Business Intelligence
tätig. Des Weiteren hat er als Senior Security
Manager mit seinem Team den Schutz Kritischer
Infrastrukturen für einen international aufgestellten
Großkonzern verantwortet.*

W.I.S. Sicherheit + Service GmbH & Co. KG
*Industriestraße 171
50999 Köln*

Predictive Analytics und künstliche Intelligenz in der Sicherheitswirtschaft

Abstract:

Der vorliegende Fachbeitrag wirft ein Schlaglicht auf aktuelle und zukünftige Anwendungen von Predictive Analytics (PA) und künstlicher Intelligenz (KI) in der Sicherheitswirtschaft. Des Weiteren analysiert er, wie PA und KI in tragfähige Sicherheitsarchitekturen integriert werden können und welche Auswirkungen sich für die Sicherheitswirtschaft ergeben.

Predictive Analytics und künstliche Intelligenz sind aktuelle Megatrends, die einen tiefgreifenden Wandel in Wirtschaft, Staat und Gesellschaft bewirken. Corporate Security ist als Querschnittsfunktion von diesen Entwicklungen in besonderem Maße betroffen und so ist es nicht verwunderlich, dass PA und KI sehr intensiv und erfolgreich eingesetzt werden. Eine genauere Analyse der Anwendungsszenarien sowie der eingesetzten Methoden, Konzepte und Technologien zeigt allerdings, dass der Einsatz weitestgehend auf den Bereich Cyber Security beschränkt ist. In der physischen Sicherheit kommen diese kaum zur Anwendung. Es stellt sich nun die Frage, warum PA und KI nicht für ganzheitliche Sicherheitsarchitekturen genutzt werden und ob das derzeit vorherrschende Verständnis von Sicherheit den Anforderungen der Zukunft gewachsen sein wird.

Insbesondere das aufziehende Internet der Dinge[1] lässt die virtuelle und reale Welt verschmelzen und es lohnt sich, einen ganzheitlichen Blick auf mögliche Einsatzszenarien von PA und KI zu werfen. Diese Einsatzszenarien offenbaren die disruptive Kraft von PA und KI und lassen erahnen, wie sie die Sicherheitswirtschaft von Grund auf ändern werden.

---

[1] Das Internet der Dinge bezeichnet die Vernetzung von Gegenständen mit dem Internet, damit diese Gegenstände selbstständig über das Internet kommunizieren und so verschiedene Aufgaben für den Besitzer erledigen können. Der Anwendungsbereich erstreckt sich dabei von einer allg. Informationsversorgung über automatische Bestellungen bis hin zu Warn- und Notfallfunktionen. Quelle: https://wirtschaftslexikon.gabler.de/definition/internet-der-dinge-53187/version-276282 Abgerufen: 21.06.2018

Inhaltsverzeichnis:

---

[2] http://www.deutschlandfunkkultur.de/prognosen-sind-schwierig-besonders-wenn-sie-die-zukunft.976.de.html?dram:article_id=150892 Abgerufen: 21.06.2018, [3] https://www.bertelsmann-stiftung.de/fileadmin/files/BSt/Publikationen/Infomaterialien/IN_changeMagazin_01_2015_RB.pdf Abgerufen: 21.06.2018

Die Gesellschaft im Wandel

Es gehört zu den quälenden Fragen der Menschheit: „Was bringt die Zukunft?". Diese Frage ist höchst emotional und die Menschen waren schon immer kreativ darin, sich ihr zu nähern. Sie befragten und befragen noch heute Orakel, Gurus, Wahrsager, Hellseher und – wie in diesem Aufsatz noch ausgeführt wird – sogar Computer. Auch wenn „Prognosen immer schwierig sind, besonders wenn Sie die Zukunft betreffen"[2] zeichnen sich Megatrends ab, die unser Leben schon heute stark beeinflussen und absehbar in den nächsten Jahrzehnten prägend sein werden. Zu diesen Megatrends gehören unter anderem Globalisierung, demografischer Wandel und Digitalisierung. Dabei bedingen und beeinflussen sich diese Trends gegenseitig und die entstehende Dynamik ist aus heutiger Sicht kaum abschätzbar[3].

Digitalisierung hat viele Facetten. Unfassbare Leistungssteigerungen der Hardware sowie beeindruckende Fortschritte in Mathematik, Physik und Informatik haben leistungsfähige Systeme hervorgebracht, die undenkbar erschienen als der Mensch bereits zum Mond geflogen ist. Heute sind Begriffe wie Industrie 4.0, Shared Economy, Augmented bzw. Virtual Reality, Cloud-Computing, Virtualisierung, Internet der Dinge sowie Robotik längst Mainstream und bewusst oder unbewusst im Alltag angekommen. Auch die Entwicklungen im Bereich Predictive Analytics und künstlicher Intelligenz nehmen aktuell einen breiten Raum in der öffentlichen Diskussion ein.

Im Mai 2018 titelt SPIEGEL ONLINE[4] „Das Verschwinden der Mittelklasse" und stellt bereits im ersten Satz unmissverständlich klar: „Roboter und künstliche Intelligenz werden die Arbeitswelt ändern, das ist sicher." Und tatsächlich scheint es allgemein keinen Zweifel an dieser These zu geben. Wenige Tage vorher publizierte heise online[5] den Artikel „Autonome Waffen mit KI: Auf dem Weg zur ‚Schlachtfeld-Singularität'", der herausarbeitet, wie künstliche Intelligenz und das heraufziehende Internet der Dinge die Außen-, Sicherheits- und Rüstungspolitik vor enorme Herausforderungen stellen. Es geht um nichts weniger als einen Paradigmenwechsel. Auch die deutschen Sicherheitsbehörden nutzen die Möglichkeiten der Digitalisierung. So berechnet die bayerische Polizei in München und Mittelfranken mit Hilfe von Predictive Analytics, mit

---

[4] http://www.spiegel.de/netzwelt/netzpolitik/digitalisierung-das-verschwinden-der-mittelklasse-kolumne-a-1205746.html Abgerufen: 21.06.2018, [5] https://www.heise.de/newsticker/meldung/Autonome-Waffen-mit-KI-Auf-dem-Weg-zur-Schlacht-feld-Singularitaet-4027249.html Abgerufen: 21.06.2018

welcher Wahrscheinlichkeit Wohnungseinbrecher wann und wo zuschlagen könnten[6]. Diese plakativen Beispiele lassen sich beliebig fortsetzen und auf nahezu jeden Bereich ausweiten. Predictive Analytics (PA) und künstliche Intelligenz (KI) sind selbst Megatrends, die einen tiefgreifenden Wandel in Wirtschaft, Staat und Gesellschaft bewirken.

Corporate Security ist als Querschnittsfunktion in besonderem Maße von diesen Entwicklungen betroffen und deshalb soll in diesem Fachbeitrag ein Schlaglicht auf aktuelle und zukünftige Anwendungen von Predictive Analytics und künstlicher Intelligenz in der Sicherheitswirtschaft geworfen werden. Des Weiteren soll analysiert werden, wie PA und KI in tragfähige Sicherheitsarchitekturen integriert werden können und welche Auswirkungen sich für die Sicherheitswirtschaft ergeben.

Predictive Analytics und künstliche Intelligenz in der Sicherheitswirtschaft

Predictive Analytics: Der Blick in die Zukunft

Der Branchenverband Bitkom versteht unter Predictive Analytics „(...) ein Gebiet des Data Mining, mit dem aus einem Datensatz Trends und Verhaltensmuster abgeleitet und vorhergesagt werden können. Hierbei kommen je nach Anwendungsszenario verschiedene statistische Algorithmen und Modellierungstechniken zum Einsatz, die darauf abzielen, Muster in aktuellen oder historischen Daten zu erkennen und ein System richtig zu beschreiben und daraus Ableitungen für das zukünftige Verhalten dieses Systems treffen zu können."[7] Ein plakatives Beispiel für Predictive Analytics ist die uns allen bekannte Wettervorhersage. Wetter ist das Resultat eines komplexen

---

[6] https://www.heise.de/newsticker/meldung/Kuenstliche-Intelligenz-auf-der-Jagd-nach-Versicherungsbetruegern-und-Verbrechern-4029324.html Abgerufen: 21.06.2018 [7] https://www.bitkom.org/noindex/Publikationen/2014/Leitfaden/Big-Data-Technologien-Wissen-fuer-Entscheider/140228-Big-Data-Technologien-Wissen-fuer-Entscheider.pdf Abgerufen: 21.06.2018

Systems und mit Hilfe von Daten, die u.a. über Wetterstationen bezogen werden, Modellen, Rechenpower, Algorithmen und statistischen Methoden versuchen Meteorologen mehr oder weniger erfolgreich, das System zu verstehen, zu beschreiben und schließlich das Wetter vorherzusagen. Dieses Beispiel verdeutlicht auch die hohe Bedeutung von Predictive Analytics, denn der Nutzen ist enorm und Predictive Analytics ist etwas sehr natürliches. Schon lange bevor es Computer gab haben Menschen das Wetter vorhergesagt und sich dabei nicht zuletzt auf ihr Bauchgefühl verlassen. Diese Art von „Predictive Analytics" genügt den heutigen Anforderungen bei Weitem nicht mehr. Sicherlich wäre der Flugverkehr nicht so leistungsfähig, wenn die Wettervorhersagen auf dem Bauchgefühl des Fluglotsens beruhen würden.

Predictive Analytics kann seine Stärken spätestens dann ausspielen, wenn das System so komplex oder dynamisch geworden ist, dass es intuitiv nicht mehr fassbar ist. Das ist neben den Fortschritten in Technologie und Algorithmen ein wesentlicher Grund für die Verbreitung von Predictive Analytics. Denn egal ob ein mittelständisches Unternehmen, das Risikomanagement einer Großbank oder die individuelle Kundenansprache eines Online-Versandhauses: Die Komplexität und Dynamik der Systeme nimmt rasant zu.

Künstliche Intelligenz: Errare humanum est

Unter künstlicher Intelligenz versteht der Branchenverband Bitkom die Automation des Entscheidens: „In den 1970er Jahren begann die Digitalisierung industrieller Fertigungsprozesse. Beginnend bei Teilschritten und einzelnen Maschinen innerhalb der Produktion wurden manuelles Steuern und Regeln durch Rechenanlagen ersetzt. Etwa zur gleichen Zeit begannen Wissenschaftler zu diskutieren, wie eine Maschine „Künstliche Intelligenz" zeigen könne. Der Anspruch lag hoch: Maschinen sollten mit Hilfe einer großen Menge von Daten eigenständig Entscheidungen treffen können.

Sie sollten selbstständig Erfahrungen machen und aus Versuch und Irrtum lernen."[8] Damit sollen Maschinen in die Lage versetzt werden, Aufgaben zu übernehmen, die bisher Menschen vorbehalten waren. Einprägende Beispiele hierfür sind autonome Fahrzeuge oder das japanische Versicherungsunterneh-

---

[8] https://www.bitkom.org/noindex/Publikationen/2017/Leitfaden/Bitkom-Leitfaden-KI-verstehen-als-Automation-des-Entscheidens-2-Mai-2017.pdf Abgerufen: 21.06.2018

men Fukoku Mutual Life Insurance, das fast 30 Prozent seiner Mitarbeiter in der Abteilung Schadensbemessung durch eine Künstliche Intelligenz ersetzen will.[9]

Es ist keine Utopie, dass Maschinen schneller und zuverlässiger Entscheidungen treffen als Menschen.

Status quo in der Sicherheitswirtschaft

Das Sicherheitsgeschäft ist ein klassisches People Business. Am Ende des Tages steht und fällt die Dienstleitung mit der Person, die vor Ort die Entscheidung trifft, umsetzt und verantwortet. Damit geht einher, dass hochwertige Ausbildung, Erfahrung und das Selbstbewusstsein, auf sein Bauchgefühl zu hören, über Erfolg und Misserfolg entscheiden. Gleichzeitig wird das System Sicherheit immer komplexer und dynamischer. Seien es juristische Anforderungen, individuelle Kundenwünsche oder technische Neuerungen: Erfolgreiche Sicherheitsdienstleister erbringen zu jeder Zeit und unter allen Umständen hochwertige Dienstleistungen für ihre Kunden.

Diese Überlegungen und Beobachtungen legen die These nahe, dass es für Predictive Analytics und künstliche Intelligenz äußerst sinnvolle Anwendungen in der Sicherheitswirtschaft gibt.

Ein Blick in die Welt der Sicherheitsdienstleister bestätigt diese These. Dabei fallen allerdings zwei Beobachtungen auf:

1. *Der Bereich Cyber Security ist überrepräsentiert*

2. *Die Anwendungen im Bereich Corporate Security sind selten implementiert*

In der Cyber Security werden PA und KI genutzt, um IT-Schwachstellen zu beheben und Systeme vor Cyberangriffen zu sichern. Die Cybersicherheit bewegt sich dazu an der Schnittstelle zwischen Mensch und IT und es besteht schon fast eine natürliche Nähe zwischen Cyber Security, künstlicher Intelligenz und Predictive Analytics. Dazu kommt, dass Profis im Bereich der Cyber Security über ein erstklassiges IT-Verständnis verfügen und damit auch gedanklich einen sehr guten Zugang zu PA und KI haben. Es ist gut, dass PA und KI Einzug in die Cyberabwehr halten. Es stellt sich allerdings die Frage, warum Corporate Security Innovationen nicht in diesem Maße annimmt.

Es gibt eingängige Anwendungen für PA und KI in Corporate Security:

---

[9] https://www.heise.de/newsticker/meldung/IBMs-Watson-Japanische-Versicherung-ersetzt-Mitarbeiter-durch-KI-3586963.html Abgerufen: 21.06.2018

1. *Der autonome Einsatz von Drohnen (KI)*
2. *Video Analytics (KI)*
3. *Hotspot Analysen (PA)*
4. *Biometrie (KI)*

Alle vier Anwendungen sind praxistauglich und werden angewendet. Allerdings sind diese Anwendungen im Unternehmensumfeld nicht flächendeckend implementiert. Besonders deutlich wird das Delta zwischen technischer Machbarkeit und tatsächlicher Umsetzung bei der Authentifizierung durch Biometrie. Während es völlig normal ist, ein Handy biometrisch zu entsperren, dominiert beruflich häufig noch die vierstellige PIN.

Video Analytics ist ebenfalls sehr ausgereift und bietet ohne großen Aufwand einen deutlichen Mehrwert durch Qualitätsverbesserung und Kostenersparnis. Trotzdem ist es selbst in DAX-Unternehmen Alltag, dass Security Guards nachts auf Monitore starren und von Kamera zu Kamera zappen, um sogenannte virtuelle Nachtrundgänge durchzuführen.

An dieser Stelle sollen diese beiden Beispiele reichen, um die sperrige Nutzung von PA und KI zu verdeutlichen. Die Ursachen sind zweifellos vielschichtig und hier sollen lediglich zwei Aspekte genauer betrachtet werden.

Der erste Aspekt betrifft das IT-Know-how. Häufig gibt es in Unternehmen zwei Bereiche: Den Bereich Corporate Security und den Bereich Cyber Security. Leider sind diese Bereiche in der Regel disziplinar, fachlich und räumlich strikt voneinander getrennt. Dadurch ist es schwer, ein Verständnis für die Möglichkeiten der Digitalisierung zu entwickeln und diese auch umzusetzen. Sicherheitsdienstleister können und müssen einen Beitrag leisten, um die künstliche Trennung der Sicherheitsabteilungen in Unternehmen aufzuweichen und die IT-Kompetenz zu stärken. Dies betrifft insbesondere die Fähigkeit, IT-Projekte umzusetzen.

Der zweite Aspekt betrifft den Zusammenhang zur digitalen Reife des gesamten Unternehmens.[10] Um eine Hotspot Analyse durchzuführen, muss Corporate Security auf eine leistungsfähige IT-Infrastruktur und Expertenwissen zugreifen können. Ist diese nicht vorhanden, hat eine Corporate Security Abteilung kaum eine Chance auf eine erfolgreiche Umsetzung, die das Stadium eines Prototyps überschreitet. Wird in einem Unternehmen Video Analytics als Insellösung für Corporate Security eingeführt, lohnt sich die Investition selten. Dann ist es betriebswirtschaftlich tatsächlich sinnvoller, einen Security Guard den virtu-

---

[10] https://www.baymevbm.de/Redaktion/Frei-zugaengliche-Medien/Abteilungen-GS/Regionen-und-Marketing/2017/Downloads/17-05-10-Studie-Organisationsformen-final-%C3%B6ffentlich.pdf Abgerufen: 21.06.2018

ellen Rundgang durchführen zu lassen. Fügt sich aber Video Analytics in eine Digitalstrategie ein, so vervielfacht sich der Return on Invest. Dann können Kameras ihr Potential ausschöpfen und mehr liefern als „nur" sicherheitsrelevante Informationen. Kameras werden selber zur Datenquelle und liefern den Rohstoff für eine Analytics-Driven Company.

Die Überlegungen führen uns zu den zentralen Thesen dieses Fachbeitrags:

1. *Die künstliche Trennung zwischen Cyber Security und Corporate Security muss aufgehoben werden.[11]*
2. *Corporate Security hat Zugang zu einer Fülle von Daten, die unternehmerisch relevant sind. Diese Daten müssen für das Unternehmen verfügbar gemacht werden und einen Nutzen erbringen, der über Sicherheitsaspekte hinausgeht.*

Im folgenden Abschnitt soll anhand ausgewählter Anwendungsszenarien gezeigt werden, wie Sicherheitsarchitekturen ausgestaltet werden können, um

1. *PA und KI sinnvoll in einem Security Kontext anwenden zu können*
2. *mit unterschiedlichen Unternehmensbereichen sinnvoll zu interagieren*
3. *Daten über den Security Kontext hinaus zu generieren und zur Verfügung zu stellen.*

---

[11] Die Bedeutung dieser These geht weit über den Kontext dieses Fachbeitrages hinaus. Durch die zunehmende Digitalisierung haben sich die Angriffsvektoren verschoben. So werden Cyber-Angriffe auf IT-Infrastrukturen, invasive Angriffe und Social Engineering zunehmend orchestriert eingesetzt. Die Trennung zwischen Cyber-Sicherheit und Corporate Security kann aufgrund der komplexen Bedrohungen getrost als überholt bezeichnet werden.

Corporate Security in einer digitalen Welt

Permanent Guarding

Ein typisches Anwendungsszenario ist der physische Schutz von Gebäuden und Anlagen. Betrachten wir beispielhaft eine Industrieanlage eines digital reifen Unternehmens. Selbst bei einer niedrigen Bedrohungslage wird die Sicherheitsarchitektur folgende Komponenten enthalten:

1. *Unterschiedliche Sicherheitszonen innerhalb der Anlage*
2. *Perimeterschutz*
3. *Zutrittskonzept und Zutrittskontrolle*

In allen drei Komponenten kann Video Analytics sinnvoll eingesetzt werden, um

- *das Sicherheitsniveau zu maximieren,*
- *den Personaleinsatz zu minimieren und*
- *das gewünschte Sicherheitsniveau diskret zu erreichen.*

Dabei bietet es sich bei weitläufigen Anlagen häufig an, Drohnen mit Kameras auszustatten und das Netz aus stationären Kameras zu ergänzen.
Allein diese drei Komponenten einer bewusst einfach gehaltenen Sicherheitsarchitektur verdeutlichen den Einsatz und das Zusammenspiel von PA und KI in der physischen Sicherheit. KI ermöglicht es, Videomaterial auszuwerten und die Drohnen eigenständig über das Gelände fliegen zu lassen. Die Ergebnisse der Videoanalyse beeinflussen die Route der Drohne und die Route der Drohne beeinflusst das Videomaterial. Mit PA sind Hotspot Analysen möglich, die einen hocheffizienten Einsatz der Drohnen und der Security Guards ermöglichen. Dieses System ist äußerst dynamisch, hochkomplex und verlangt die Fähigkeit, IT-Systeme zu gestalten, zu steuern und der menschlichen Interaktion zugänglich zu machen. Sowohl die Realisierbarkeit als auch der Mehrwert für das Sicherheitsniveau sind in Fachkreisen unumstritten. Das sind „State of the Art" Anwendungen.
Wie kann es nun gelingen, einen Nutzen aus diesen Möglichkeiten zu ziehen, der über eine reine Sicherheitsperspektive hinausgeht? Dies gelingt, wenn Sicherheit ein Teil der Digitalstrategie ist. So können Drohnen mit ihren intelligenten Kameras nicht nur sicherheitsrelevante Vorgänge erkennen, sondern auch physische Schäden an Anlagen oder am Perimeterschutz, die den Einsatz eines Technikers erfordern. Schäden können schneller erkannt und effizienter beseitigt werden. Die zusätzlichen Kosten

sind gering. Die Drohne ist bereits in Betrieb. Es gilt die Software entsprechend zu programmieren und die Schnittstellen zu designen und implementieren.

Verlassen wir die Welt der Videoanalyse und betrachten das Zutrittskonzept und die Zutrittskontrollen dieser Anlage. Zunächst ist es wichtig zu verstehen, inwieweit hier überhaupt künstliche Intelligenz zum Einsatz kommen kann. Smartphones können heute per Gesichtserkennung entsperrt werden. Dies gelingt auch dann sehr zuverlässig, wenn eine Person sich kurzfristig verändert, z.B. weil sie eine neue Frisur oder Brille hat, oder wenn sich eine Person lang- und mittelfristig verändert beispielsweise durch den natürlichen Alterungsprozess. Ermöglicht wird dies durch den Einsatz von künstlicher Intelligenz, die die Veränderungen erlernt. Biometrische Zutrittskontrollen erlauben es, mit hoher Präzision zu sagen, welches Individuum sich in welchem Teil der Anlage befindet. Für eine Sicherheitsarchitektur ist das natürlich fundamental wichtig, aber der Nutzen kann auch für den Bereich Safety enorm sein. Im Falle eines Unglücks können die Rettungskräfte mit Informationen versorgt werden, die den Einsatz effizienter gestalten, die Gefährdung für Einsatzkräfte minimieren und Menschenleben retten. Solche Systeme sind zunehmend verpflichtend. Ein pro-

minentes Beispiel ist eCall, ein automatisches Notrufsystem für Autos.[12]

Mobile Guarding

Ein weiteres typisches Anwendungsszenario ist das Mobile Guarding. Dabei fahren Security Guards routinemäßig verschiedene Objekte ab bzw. überprüfen Lokationen aufgrund von Alarmen. Bei den regelmäßigen Kontrollen werden Frequenz, Routen und Zeitpunkte der Kontrollen ständig variiert und angepasst, damit die Bewachung unvorhersehbar ist. Dadurch wird das System vor Manipulation geschützt, Angriffsvektoren verschlossen und die Effizienz gesteigert. Wie häufig ein Objekt bestreift wird und welche Tätigkeiten vor Ort durchgeführt werden, hängt von unterschiedlichen Kriterien ab. Maßgebliches Kriterium ist jedoch das vom Kunden gewünschte Sicherheitsniveau. Wie hoch das Sicherheitsniveau sein soll, beruht im Idealfall auf einer professionellen Sicherheitsanalyse und Risikobewertung. Aus dem gewünschten Sicherheitsniveau und betriebswirtschaftlichen Überlegungen leiten sich die erforderlichen Sicherheitsmaßnahmen ab. Der erfahrene Security Guard vor Ort kennt seine Lokationen sehr genau. Er kennt die Schwachstellen seiner Objekte sowie die Betriebsabläufe und die daraus resultierenden Angriffsvektoren. Er

---

[12] https://www.adac.de/rund-ums-fahrzeug/unfall/tipps/ecall/ Abgerufen: 21.06.2018

nimmt Veränderungen im Umfeld wahr und kann bewerten, welchen Einfluss beispielsweise eine Baustelle vor einem Gebäude hat und wie er seine Maßnahmen entsprechend anpassen muss. Auch an dieser Stelle zeigt sich der hohe Wert einer guten Ausbildung, langjähriger Erfahrung und hoher Identifikation.

Durch die fortschreitende Digitalisierung stehen Daten zur Verfügung, die sich zwar der Kenntnis des Security Guards entziehen, für seine Tätigkeit allerdings von hoher Relevanz sind. Ein plastisches Beispiel für solche Daten sind Sensordaten. Das Internet der Dinge in Kombination mit leistungsfähigen Sensoren hat das Potential, das Facility Management zu revolutionieren. Sensoren können Raumtemperatur, Luftfeuchtigkeit und Luftdruck exakt messen und über leistungsfähige Systeme kann das Raumklima ohne Eingriff des Menschen optimiert werden. Sensoren werden sich absehbar in Türen, Fenstern, Böden und sogar Toiletten befinden. Smart-Home-Konzepte erfreuen sich einer zunehmenden Beliebtheit und gelten als Wachstumsmarkt der Zukunft. Diese Systeme können für das beschauliche Einfamilienhaus bereits eine beachtliche Komplexität erreichen. Ein Bürokomplex mit 39 Stockwerken kann sich ohne Weiteres zu einem eigenen Ökosystem entwickeln.

Diese Sensordaten liefern intime Kenntnisse über das Objekt. Gleich-zeitig entziehen sie sich komplett den Sinnen des Security Guards. Selbst wenn der Security Guard Zugriff auf die Daten hat, handelt es sich um Datenströme Near Realtime von zigtausenden Sensoren. Kein Mensch ist in der Lage, diese Datenflut zu verarbeiten.

Predictive Analytics ermöglicht Hotspot Analysen, die diese Datenströme für Sicherheitszwecke auswerten und relevante Informationen liefern. Diese Auswertung der Datenströme und die Analyse der dahinterliegenden Muster erlauben eine Risikobewertung in „Echtzeit". So kann das auf Kipp gestellte Fenster im 1. OG um 20:00 Uhr die Tat eines Insiders sein, der einen Einbruch ermöglicht. Es kann aber auch sein, dass Frau Meier mit ihrem Fachbeitrag noch nicht fertig ist und gerade gegen das Arbeitszeitgesetz verstößt oder dass Herr Müller schlicht und ergreifend vergessen hat, das Fenster zu schließen. Diese Hotspot Analysen heben das Sicherheitsniveau, da mehr Informationen zur Verfügung stehen als jemals zuvor. Hotspot Analysen verändern wiederum die gesamte Dienstleistung Mobile Guarding. Durch eine verbesserte Risikoanalyse können die vorhandenen Ressourcen effizienter eingesetzt werden. Eine veränderte Risikobewertung führt zu einer Anpassung der Routen und zu einer Änderung der Tätigkeiten vor Ort. Leistungsfähige Systeme können dem Security Guard die optimale

Route zur Verfügung stellen und ihn mit wesentlichen und relevanten Informationen versorgen.

Ist der Security Guard am oder sogar im Objekt, kann dieser wiederum dem System Feedbackdaten zur Verfügung stellen. Stellt der Security Guard zum dritten Mal fest, dass Frau Meier bis tief in die Nacht arbeitet, kann diese Information berücksichtigt werden und ihren Niederschlag in der Risikobewertung finden. Die Möglichkeit, Feedbackdaten außerhalb der normalen Bürozeiten zu generieren, ist ein Wert, den Sicherheitsdienstleister einbringen können und müssen.

In diesem Szenario offenbart sich auch, wie wichtig Schnittstellen sind und dass Sicherheitsdienstleister einen Mehrwert generieren können, der über Sicherheitsaspekte hinausgeht. So ist es durchaus denkbar, dass ein Security Guard ein Büro überprüft, weil die Hotspot Analyse Anomalien festgestellt hat. Vor Ort kann der Security Guard keine sicherheitsrelevanten Vorkommnisse feststellen, dafür einen Wasserschaden, der das Verhalten der Sensoren verändert hat. Wenn der Security Guard über die entsprechenden Schnittstellen die Möglichkeit hat, das Facility Management zu informieren, erspart das dem Kunden aller Wahrscheinlichkeit nach einen wirtschaftlichen Schaden.

Security Operation Center

Professionell geführte Security Operation Center (SOC) sind rund um die Uhr besetzt, dienen als zentrale Schnittstelle und haben jederzeit alles im Blick. Sicherheitszentralen kontrollieren ständig jeden einzelnen Alarmmelder der aufgeschalteten Kunden. Sobald ein Alarm ausgelöst wird, erscheint auf den Monitoren eine Meldung und die Mitarbeiter reagieren sofort. Durch innovative Technik und intelligente Datenverarbeitungssysteme sind Leitstellen extrem zuverlässig und ausfallsicher. Im Alarmfall wird gemäß eines klar definierten Interventionsplanes unverzüglich reagiert. Unabhängig ob Auftraggeber, Polizei oder Feuerwehr alarmiert werden, es geschieht in wenigen Sekunden. So können oftmals kostspielige Schäden und Ausfälle minimiert oder sogar ganz verhindert werden.

Die Existenz von Interventionsplänen, die diszipliniert abgearbeitet werden, machen Sicherheitszentralen der Digitalisierung augenscheinlich leicht zugänglich. Tatsächlich ist die Abarbeitung von Interventionsplänen ein klassischer Anwendungsfall für Expertensysteme, die bereits in den 1970er Jahren erfolgreich implementiert wurden.[13] Problematisch wird es in der Kommunikation mit dem Kunden. Angenommen in einem Privathaushalt wird ein Alarm ausgelöst und das SOC nimmt gemäß Interventionsplan telefonisch Verbindung mit dem Auftraggeber auf. Der Auftraggeber versteckt sich, weil er befürchtet, dass sich fremde Personen im Gebäude befinden. Häufig ist in so einer Situation der Stresspegel bei der betroffenen Person so hoch, dass die Kommunikation sehr schwierig wird. Dazu ist in dieser Situation großes psychologisches Geschick des Operators gefordert. Er muss nicht nur die physische Sicherheit seines Schutzbefohlenen sicherstellen, sondern ihn auch psychisch und emotional durch diese schwierige Situation begleiten. Damit haben wir die Situation, dass sich das SOC der Digitalisierung geradezu anbietet und gleichzeitig höchste Anforderungen an das KI-System stellt. Eine KI, die in diesem Umfeld autonom arbeiten kann, besteht ohne Probleme den Turing-Test[14]. Auch wenn das zweifellos ein faszinierender Gedanke ist, soll er an dieser Stelle nicht weiter verfolgt werden.

Diese kritische Diskussion hat die entscheidende Frage bisher ausgeklammert: Wie lassen sich KI-Systeme in einem absehbar realistischen Szenario sinnvoll nutzen? Ein KI-System kann auch hier mehr Daten verarbeiten, relevante Informationen herausfiltern und in kürzester Zeit an die richtigen Stellen verteilen.

Kommen wir wieder auf das oben genannte Szenario zurück. Der Außenbereich des Hauses wird mit Videokameras überwacht. Der Operator im SOC alarmiert die Polizei, gibt die relevanten Informationen durch und schaltet sich auf die Kameras, um sich ein Bild von der Lage vor Ort zu machen. Hier kann eine KI wertvolle Dienste leisten, den schon während des Anrufs kann die KI innerhalb weniger Augenblicke die Kameraaufzeichnungen der letzten zwei Stunden auswerten, die Anzahl der Personen ermitteln, die das Grundstück betreten haben und zuordnen wie viele davon unbekannt sind. Das kann ohne Weiteres visualisiert und, falls es die entsprechenden Schnittstellen gibt, der Polizei zur Verfügung gestellt werden. Ist das Haus mit entsprechenden Sensoren und/oder Smart-Home-Konzepten ausgestattet auf die das KI-System Zugriff hat, kann das System vollautomatisiert präzise Informationen über die aktuelle Lage vor Ort in Sekunden bereitstellen. Das Besondere an einem KI-System ist in diesem Fall, dass es Anomalien erkennen, bewerten und darstellen kann. Einem Operator ist das in der Kürze der Zeit nicht möglich, denn die Fülle der Daten überfordert schlicht und ergreifend die menschlichen kognitiven Fähigkeiten. Das KI-System ermöglicht bessere Entscheidun-

---

[13] Z.B. das Expertensystem Mycin, das 1972 an der Stanford University entwickelt wurde. [14] http://www.spiegel.de/netzwelt/gadgets/kuenstliche-intelligenz-turing-test-chatbots-neuronale-netzwerke-a-1126718.html Abgerufen: 21.06.2018

gen, die in konsequenten und verhältnismäßigen Handlungen umgesetzt werden.

Eine Sicherheitsarchitektur, die ein SOC beinhaltet, ist im Normalfall professionell aufgestellt. In so einer Sicherheitsarchitektur ist die Zusammenarbeit mit Sicherheitsbehörden und Rettungskräften standardisiert und eingespielt. Das volle Potential kann eine KI erst dann ausspielen, wenn die Sicherheits- und Rettungskräfte die entsprechende digitale Reife besitzen, um die gelieferten Daten und Informationen aufzunehmen und zu verarbeiten. Insellösungen sind in diesem Bereich schwierig und die Investitionen lohnen häufig nicht, aber innerhalb eines digitalisierten Ökosystems, kann der Nutzen kaum überschätzt werden.

Zusammenfassung

So vielfältig die Welt der Sicherheitsdienstleistungen ist, so vielfältig sind die Beispiele, die verdeutlichen, dass PA und KI den Sicherheitsbereich in die Lage versetzen, einen Nutzen zu generieren, der über Security hinausgeht. Dies betrifft den Einsatz von PA und KI im Personenschutz, in der Reisesicherheit und der Sicherheitskonzeption.
Einige Aspekte ziehen sich dabei konsequent durch alle Beispiele:

1. *Security muss in eine Digitalstrategie eingebunden sein.*

2. *Die Komplexität und Dynamik der Systeme nimmt zu. Es gibt viele Schnittstellen und konkurrierende Ziele, die eine klare Priorisierung erforderlich machen.*
3. *Eine professionelle IT-Infrastruktur und der Zugriff auf Expertenwissen sind essentiell.*
4. *Das Anforderungsprofil des Sicherheitspersonals verändert sich. Das System Security wird durch die Digitalisierung erweitert.*

Dies hat Auswirkungen auf die Sicherheitswirtschaft, die im folgenden Abschnitt diskutiert werden.

Auswirkungen auf die Sicherheitswirtschaft

Wie bereits in der Einleitung erörtert, sind PA und KI gesellschaftliche Megatrends, die alle Bereiche erfassen. Die Sicherheitswirtschaft steht nicht alleine vor großen Herausforderungen und kann sich an anderen Branchen orientieren.

Geschäftsmodelle

Wie die allermeisten Branchen ist es auch für die Sicherheitswirtschaft notwendig, Geschäftsmodelle anzupassen und sogar neue Geschäftsmodelle zu entwickeln. Diese Transformation wird durch die Digitalisierung getrieben, sodass PA und KI prominente Teilaspekte dieser Entwicklung sind. Das Geschäftsmodell ist gleichsam die DNA eines Unternehmens. Im Idealfall ist die Identifikation der Beschäftigten mit dem hergestellten Produkt oder der erbrachten Dienstleistung sehr hoch. Deshalb können Änderungen oder Anpassungen des Geschäftsmodells objektiv sinnvoll und erstrebenswert sein, aber in der Umsetzung betriebsintern auf erhebliche Widerstände stoßen. Als Querschnittsdienstleister ist es die Sicherheitswirtschaft gewohnt, interdisziplinär zu arbeiten und zu denken. Das ist sicherlich ein Vorteil, um die kommende Transformation zu gestal-

ten. Allerdings tendieren Security Professionals zur Verschwiegenheit. Das Prinzip „Kenntnis nur wenn nötig" wird auch in Zukunft gültig bleiben. Aber die Umsetzung des Prinzips wird sich härteren Kriterien stellen müssen. Bei der Entwicklung neuer Geschäftsmodelle wird diese Verschwiegenheit absehbar das größte Hindernis sein. Aber warum und welche Änderungen ergeben sich für die Geschäftsmodelle der Sicherheitswirtschaft? Grundsätzlich stehen bei der Transformation Daten im Mittelpunkt. Daten sind längst kein Beiwerk oder notwendiges Übel mehr, sondern sie haben sich zu einem eigenen Unternehmenswert entwickelt und diese Entwicklung wird sich weiter verstärken. Zu den Vorteilen der Sicherheitsunternehmen gehört es, dass sie auf umfangreiche Datenbestände über alle Bereiche hinweg Zugriff haben. Sie haben Zugriff auf Daten über Kameras, Datenbanken, Sicherheitszentralen, Sensoren und – am allerwichtigsten – durch den Security Specialist vor Ort. Die Kunst wird es sein, diese Datenquellen zu erschließen sowie in Informationen und schließlich in Wissen umzuwandeln. Diese Informationen und dieses Wissen müssen Sicherheitsdienstleister für den Kunden nutzbar machen, um Prozesse zu unterstützen, Kosten zu minimieren und die Effizienz zu steigern. PA und KI leisten dabei einen herausragenden Beitrag, da sie mehr können als Daten in Informationen und Informationen in Wissen zu transformieren. KI automatisiert Entscheidungen und setzt sich damit bildlich gesprochen in das Nervensystem eines Unternehmens. PA liefert zuverlässige Prognosen und stellt damit wichtige Weichen für das Unternehmen. Daten als Rohstoff für KI- und PA-Anwendungen ermöglichen es Sicherheitsdienstleistern, ihren Beitrag in der Wertschöpfungskette auszuweiten und zu festigen.

Sicherheitsdienstleister, die Verantwortung, Innovation, Respekt, Partnerschaft und Professionalität tagtäglich leben, haben einen klaren Wettbewerbsvorteil, da sie sich vielfältige Bereiche erschließen können und für Ihre Kunden einen enormen Mehrwert generieren werden.

Organisation

Aus der Transformation der Geschäftsmodelle ergeben sich zwangsläufig Änderungen in der Organisation.
Eine Änderung wurde bereits oben diskutiert. Die künstliche Trennung zwischen Cyber Security und Corporate Security muss in der bisherigen Form aufgehoben werden. Natürlich handelt es sich um un-

terschiedliche Spezialisierungen, die unterschiedliches Know-how und ein unterschiedliches Mindset erfordern, aber es sind keine getrennten Bereiche. Die Sicherheitswirtschaft muss diesem organisatorischen Wandel Rechnung tragen, indem sie beratend und vermittelnd auftritt und sich selbst in solchen Organisationsformen bewegen kann.
Organisatorisch wird auch das fundamentale Vier-Augen-Prinzip ausgeweitet und angepasst werden. Es stellt sich die grundsätzliche Frage, wie automatisierte Entscheidungen überprüft werden und wie analytische Ergebnisse im richtigen Kontext verortet werden können. Effiziente und effektive Organisationsformen werden wesentlich mit darüber entscheiden, wie hoch die Akzeptanz der PA- und KI-Anwendungen sein wird. An dieser Stelle wirken sich auch juristische Fragestellungen aus. So ist zu klären, wer haftet, wenn KI-Systeme durch fehlerhafte Entscheidungen Schäden herbeiführen. Der Mensch muss in der Lage sein, das System zuverlässig zu kontrollieren. Dafür bedarf es neben technischer Mechanismen auch ausgeklügelter Organisationsformen.

Diese tiefgreifenden Änderungen werden sich innerhalb der Organisation an zahlreichen Stellen auswirken. So ist zu hinterfragen, welche Führungsstruktur geeignet ist, um das engmaschige Zusammenspiel zwischen physischen und virtuellen Systemen zu managen. Wie können Feedbackschleifen organisatorisch implementiert werden und wie wird permanentes Lernen organisatorisch hinterlegt?

Qualifikationsprofile

Die Transformation des Geschäftsmodells bedingt ebenfalls einen tiefgreifenden Wandel in den Qualifikationsprofilen der Security Guards. Das System Sicherheit wird durch PA und KI komplexer und dynamischer. Die Fähigkeit, IT zu verstehen und zu gestalten wird ein Schlüssel zum Erfolg sein. Sicherheitsdienstleister müssen auf allen Ebenen in der Lage sein, physische und virtuelle Systeme zu beherrschen und bei Eskalation zu dominieren. Die Fähigkeit Security Professionals zu rekrutieren, zu binden und weiterzuentwickeln wird ein Schlüsselfaktor sein. Drei Aspekte der digitalen Kompetenz sind für Sicherheitsdienstleister von besonderer Relevanz:

1. *Die Digitalstrategie des Kunden zu verstehen und Security in diese Strategie gestaltend einzubinden*
2. *Schnittstellen zu IT-Infrastrukturen zu designen und ggf. sogar zu implementieren*
3. *IT-Projektmanagement*

Die Änderungen der Qualifikationsprofile werden nicht nur durch PA und KI getrieben. Hier wird sich die Digitalisierung mit all ihren Aspekten auswirken. Die Einsatzmöglichkeiten des Security Guards werden dadurch überschritten und setzen das deutlich erhöhte Qualifikationsprofil eines Security Specialist voraus. Der Security Specialist zeichnet sich dadurch aus, dass er die Aufgaben eines Security Guards vollumfänglich wahrnehmen kann, aber darüber hinaus noch weitere Qualifikationen besitzt. Denkbar ist hier eine zusätzliche technische Qualifikation. So versetzt ein KI-System in Kombination mit Augemented Reality einen Security Specialist möglicherweise in die Lage, Reparaturen an sicherheitsrelevanter Infrastruktur vor Ort durchzuführen.

Fazit

Der Siegeszug von PA und KI in der Gesellschaft und damit auch in der Sicherheitswirtschaft ist absehbar. Sicherheitsdienstleister haben als Erbringer einer Querschnittsfunktion eine gute Basis, um die disruptive Kraft von PA und KI für sich zu nutzen und sich neue Geschäftsfelder zu erschließen. Der Fokus muss dabei auf einer absoluten Kundenorientierung liegen. Sicherheitsdienstleister haben Zugang zu einer Fülle von Daten, die unternehmerisch relevant sind. Diese Daten müssen für das Unternehmen verfügbar gemacht werden und einen

Nutzen erbringen, der über Sicherheitsaspekte hinausgeht. Dabei ist es wichtig, dass sich das System Sicherheit kompromisslos in die Digitalstrategie des Unternehmens einfügt und die gleiche digitale Reife wie das Unternehmen aufweist. Um das zu erreichen, wird sich die Sicherheitswirtschaft wandeln müssen. Wo früher einfache Security Guards saßen, werden in Zukunft Security Specialists ihren Dienst leisten, die durch den Einsatz von Technik und das Verständnis deren Möglichkeiten einen Mehrwert für den Kunden und das Unternehmen bringen. Des Weiteren ist die künstliche Trennung zwischen Cyber Security und physischer Sicherheit obsolet. Diese Veränderungen werden sich bis in die Führungsebenen der Sicherheitsdienstleistungsunternehmen auswirken. Sicherheitsdienstleister müssen ihre Digitalkompetenz auf allen Ebenen erhöhen und in der Lage sein, physische und virtuelle Systeme zu gestalten.

Marian Meier-Andrae

CEO
MULTIROTOR GmbH, Berlin

Marian Meier-Andrae *ist seit Anfang 2017 Geschäftsführer des 2011 gegründeten Unternehmens Multirotor, einem führenden Hersteller von Industriedrohnen. Zuvor war er in diversen Führungsposi-tionen in der Automobilindustrie tätig. Er hat sich der Ausrichtung der Brandenburgischen Firma als UAV- Komplettanbieter für die Bereiche Sicherheit und Vermessung verschrieben. Diese Strategie setzt er gemeinsam mit einem zehnköpfigen Team bestehend aus Luftfahrttechnikern, Programmierern und Wissenschaftlern um.*

MULTIROTOR GmbH

Forstweg 1 · Haus 4a · 14656 Brieselang, Germany
www.multirotor.net · E-Mail: meierandrae@multirotor.net
Tel: +49 30 220 560 553

Drohnen in der Sicherheitswirtschaft

Autor: Marian Meier-Andrae

Drohnen sind der Hobby- und Luftaufnahmenwelt längst entwachsen. Sowohl Hersteller als auch Politik haben erkannt, dass die unbemannte Luftfahrt zu einem eigenständigen Industriezweig herangewachsen ist, die nun auch den professionellen und kommerziellen Betrieb der UAS stärker als je zuvor fokussiert.

Drohneneinsatz bei der Feuerwehr und Rettungsdiensten? Längst Alltag. Drohnen bei der Polizei? Noch nicht überall, aber mit zunehmender Tendenz. Abseits von zivilen Einsatzszenarien, egal ob Brände, Personenrettung oder die Aufklärung von Straftaten, gibt es jedoch ein weiteres Spektrum, in dem Drohnen eine wertvolle Lücke schließen können: Anwendungen in der privaten Sicherheit.

Die Möglichkeit, aus der Luft einen Überblick zu erhalten und in Bereiche einzufliegen, die für Mitarbeiter gefährlich werden könnten, macht ein UAS zu einem wertvollen Asset im Portfolio privater Sicherheitsunternehmen. Im Zusammenspiel mit den staatlichen Einsatzorganen steht die Sicherheitsbranche bei einem Zwischenfall meist an erster Stelle. Überwiegend stellen Sicherheitsdienste das Personal an Eingangspforten großer Firmen und Industrieanlagen. Auch die Überwachung und Bewachung solcher Anlagen nachts fällt inzwischen großflächig in den Aufgabenbereich solcher Firmen. Kommt es zu einem Zwischenfall und besteht keine Direktleitung vom Sensor zu einer Einsatzleitstelle der Feuerwehr oder Polizei, so ist der Mitarbeiter des Sicherheitsdienstes vor Ort die erste Instanz, die ein Ereignis registriert und darauf reagieren muss. Mit einer Drohne ergeben sich hier ganz neue Möglichkeiten, um von Anfang an die richtigen Entscheidungen zu treffen, insbesondere dann, wenn es schnell gehen muss.

Je größer eine Industrieanlage ist, desto umfassender ist auch der Personaleinsatz im Sicherheitsgewerbe: Rundgänge im Objekt und die Besetzung des Empfangs oder der Einsatzzentrale in mehreren Schichten lassen die Kosten schnell steigen. Funktionsfähige neue Sicherheitskonzepte, die die automatischen aber auch autonomen Fähigkeiten der unbemannten Luftfahrt intelligent berücksichtigen und einbinden, gibt es derzeit noch nicht. Doch wie weit ist diese Zukunft wirklich noch entfernt?

Drohnen sind bereits leistungsstark

Die einzelnen Subsysteme einer Drohne sind heute bereits auf einen technischen Stand gereift, der einen Einsatz für neue Bereiche in der Sicherheitsbranche ermöglicht. Automatische Bildauswertung und –analyse sind dabei kein Problem: Drohnen können heute mit Hilfe von zwei Kameras bereits Entfernungen zu Objekten abschätzen, indem sie beide Bildinhalte Pixel für Pixel mit einander vergleichen und Abweichungen darin feststellen und auswerten können. Fluglageregelung und Autopilot mit den mindestens vier Sensoren (GPS, Luftdruck, Beschleunigung und Magnetkompass) in der IMU (Inertial Measuring Unit) sind bereits in der Lage, die Drohne kontrolliert in der Luft zu halten und zu steuern. Es gibt bereits Lasersysteme, die die Umgebung eines UAS bis auf 50 Meter abscannen und selbstständig Hindernisse erfassen können. Wärmebildsensoren liefern in der Waldbrandprävention heute schon Bildinformationen, die eine

Heutige Drohnen haben alle notwendigen elektronischen Bauteile an Bord. Neben der Sensorik sind es vor allem Prozessoren und Speicher, die das Abarbeiten komplexer Missionen ermöglichen.

Drohne eigenständig auswerten und ab einer bestimmten Temperaturschwelle automatisch ein Standbild mit Koordinaten an die Bodenstation senden kann.

Es ist also nur noch eine Frage der Zeit, bis man diese bisher dargestellten Einzelfähigkeiten von Drohnen in ein maßgeschneidertes Paket für die Sicherheitswirtschaft integriert und als fertige Lösung auf dem Markt antreffen wird.

Dabei sind die künftigen Fähigkeiten von Security-UAS keinesfalls auf das reine Überwachen und Detektieren begrenzt. In der Vermessung zeigen die unbemannten Fluggeräte bereits ihr ganzes Können, indem sie spezielle Aufnahmen für die Herstellung eines so-genannten Orthofotos generieren. Denn durch die Verknüpfung von Bildinhalten und den Positionsdaten der Drohne ergeben sich wiederum neue Möglichkeiten: So lassen sich beispielsweise jedem einzelnen Pixel eines Bildes, welches aus den Einzelfotos der Drohne generiert wurde, nachträglich exakte X,Y und Z-Koordinaten zuordnen. Das bedeutet, dass man nicht nur die horizontale Lage, sondern auch die Höhe über Grund eines Bildpunktes ermitteln kann.

In der öffentlichen Sicherheit findet diese Fähigkeit bereits Anwendung. Die Polizei Berlin erstellt mit dieser Methode 3D-Aufnahmen von jeder einzelnen der über 2.000 Kreuzungen in der Hauptstadt. Die Daten werden zentral gespeichert und können bei der Aufnahme von Verkehrsunfällen herangezogen werden. Entfernungen und Sichtachsen zu Straßenverkehrsschildern müssen nicht mehr vor Ort aufwendig manuell ermittelt werden. Es reicht, die Position der Unfallfahrzeuge in die bis auf wenige Zentimeter genaue Darstellung zu übertragen. Auch bei der Tatortdokumentation leisten Drohnen der Polizei bereits wertvolle Hilfe. Im verdeckten Einsatz bei den Spezialeinheiten gehen die Anforderungen von Drohnen jedoch noch weit über das bekannte Maß hinaus. Kleinst-Drohnen, die bei Verfolgungsjagden aus dem Fenster geworfen werden können und die dann eigenständig Nahaufnahmen durch die Scheiben des Fluchtfahrzeuges auch bei hohen Geschwindigkeiten liefern, beweisen, wohin sich die Fähigkeiten entwickeln und wieviel Potenzial in dieser Technik steckt.

Sicherheit in Zeiten des Datenschutzes

Gerade in Zeiten der Neustrukturierung von Datenschutz und der Gültigkeit gleichlautender Rechtsverordnungen in Europa ist allerdings das unbemannte Fluggerät in besonderer Weise betroffen. Denn egal welches Einsatzszenario man sich für die Sicherheitswirtschaft vor Augen führt – in jedem Fall geht es um das Sammeln von Daten. Live-Bilder sind Daten. Bildaufnahmen, die an Bord einer Drohne gespeichert werden, stellen Daten im Sinne der Datenschutzgrundverordnung (DSGVO) dar. Werden diese Bilddaten sogar noch mit den Positionsdaten einer Drohne verknüpft, bekommt das Thema eine noch viel wichtigere Bedeutung: denn nun können der Bildinhalt mit Ort und auch Zeit verknüpft werden. Daraus ergibt sich ein hochsensibler Datensatz, der nicht in die falschen Hände geraten darf.

Nicht ohne Grund gibt es bereits Lösungen, die Datenstrecke zwischen einer Drohne und der Fernsteuerung am Boden, der sogenannten Groundstation, zu verschlüsseln. Livebilder, die von einer Drohne zu Boden gesendet werden, können zweifelsfrei jeden Empfänger im Umkreis der Sendereichweite erreichen – und eben nicht nur die Station, die für den Empfang dieses Datenstroms exklusiv bestimmt ist. Für die Übertragung dieser Daten stehen der zivilen Drohnentechnik eigentlich nur zwei Frequenzbänder zur Verfügung. Zum einen handelt es sich um das 2,4 Ghz und zum anderen um das 5,8 Ghz-Band. Beide Frequenzen sind für die freie Nutzung reserviert, vorausgesetzt, die Sendeleistung der Drohne und der Groundstation bewegen sich innerhalb eines Limits von 100 Milliwatt.

Diese Leistung ist zwar gering, jedoch hat die hohe Frequenz eine deutlich höhere Wirksamkeit und kann somit auch bei geringer Sendeleistung brauchbare Entfernungen überbrücken und sogar Hindernisse durchdringen.

Jede dieser Frequenzen sind wiederum in bis zu 13 Kanäle mit einem Abstand von ca. 5 Megahertz unterteilt. Um den Datenstrom empfangen zu können, müsste man also schon sehr genau wissen, auf welchem Kanal im 2,4 oder 5,8 Ghz-Band sich die Drohne mit ihrer Bodenstation „unterhält". Weiterhin sind das unbemannte Fluggerät und die Fernsteuerung mit einem Schlüssel „gepaired". Darunter versteht man, dass sowohl die Groundstation als auch die Drohne alle Signale mit derselben digitalen ID versehen. Jeder Sender und jeder Empfänger prüfen daraufhin die Signale auf diese vereinbarte ID und beachten nur diejenigen Daten, denen diese Kennzeichnung vorangestellt ist. Würden also bei einem Großeinsatz zehn oder zwanzig Drohnen auf einmal in der Luft sein, würde auf diese Weise sichergestellt, dass jede Drohne nur die Befehle ausführt, die für sie auch tatsächlich bestimmt sind.

Doch dieses Maß an Sicherheit greift in der Realität und vor dem Hintergrund der hohen Anforderungen an den Datenschutz nicht weit genug. Wie aus dem Internet (https-Protokoll) bekannt, müssen

sensible Daten zusätzlich in einer Ende-zu-Ende verschlüsselten Datenverbindung geschützt werden. Dabei dient diese Absicherung nicht nur dem Datenschutz sondern auch der Geheimhaltung von Informationen. Im Sicherheitsgewerbe möchte man sich schnell und direkt einen Überblick und einen Zeit- und Wissensvorteil verschaffen. Es wäre sicher unschön, wenn man nicht der Einzige ist, der die Liveaufnahmen der eigenen Drohne betrachtet und das Gegenüber dieselben Informationen zur selben Zeit erhält.

Dabei ist zu beachten, dass in den meisten Fällen eine Drohne Bild- und Telemetriedaten voneinander trennt und auf verschiedenen Frequenzwegen sendet und empfängt. Und die Bildübertragung wird bisweilen tatsächlich schon verschlüsselt, beispielsweise bei Behörden-Coptern. Zum Einsatz kommt hier eine AES-Verschlüsselung mit 512 Bit. Dies ist die heute gängige höchste Verschlüsselung. Ihre Erfolgsgeschichte begann 1997, als ein Nachfolger für den in die Jahre gekommenen Verschlüsselungsstandard DES gesucht wurde. Vier Jahre dauerte die offiziell vom Standardinstitut NIST ausgerufene Suche. Am Ende konnte sich der Rijndael-Algorithmus – entwickelt von Joan Daemen und Vincent Rijmen – gegen die Vielzahl von Bewerbern durchsetzen. Er überzeugte sowohl in Bezug auf Sicherheit als auch in Performance und

Flexibilität. 2001 wurde er schließlich offiziell als der neue Standard AES bekanntgegeben.

Seine Funktionsweise beruht auf einer Reihe von Byteersetzungen (Substitutionen), Verwürfelungen (Permutationen) und linearen Transformationen, die auf Datenblöcken von 16 Byte ausgeführt werden – daher die Bezeichnung Blockverschlüsselung. Diese Operationen werden mehrmals wiederholt, wobei in jeder dieser Runden ein individueller, aus dem Schlüssel berechneter Rundenschlüssel in die Berechnungen einfließt. Wird nur ein einziges Bit im Schlüssel oder im Datenblock verändert, entsteht ein komplett anderer Chiffreblock. Selbst mit einem Supercomputer würde es länger als die Entstehung des Universums dauern, um eine solche Verschlüsselung zu knacken.

Digital, aber nicht verschlüsselt

Anders sieht es bei der Telemetrie aus, also denjenigen Daten, die der Drohne mitteilen, wie sie fliegen soll. Zwar werden die Signale mit der jeweiligen ID versehen und digital gesendet. Doch verschlüsselt ist da zunächst einmal gar nichts. Vor wenigen Jahren konnte eine Forschergruppe beweisen, wie einfach es ist, eine Drohne in der Luft zu kapern: Es wurde zwischen dem unbemannten Fluggerät und einer fremden Fernsteuerung einfach eine neue ID „ausgehandelt" und schon „hörte" das UAS nur noch auf die Signale der neuen Bodenstation. Warum das Verschlüsseln der Steuersignale bis heute unterblieben ist, hat mehrere Gründe. Zum einen fehlt die explizite Nachfrage nach einer solchen Funktion. Zum anderen erzeugt die Verschlüsselung der Signalwege und Entschlüsselung Rechenaufwand in den verbauten Chips. Das Ergebnis bei Tests war, dass es immer zu Verzögerungen bei der Reaktion des verwendeten Copters kam, wenn die Steuersignale verschlüsselt wurden.

Ein kleiner Kniff, der aber auch nicht von jedem Hersteller von Sender- und Empfängerhardware umgesetzt wird, ist die Verwendung eines eigenen Übertragungsprotokolls. Da ja nicht festgeschrieben ist, WIE die Steuerdaten auf der Trägerfrequenz zu senden sind, kann man eine Form der Verschlüsselung schaffen, indem die

Bei der Firma MULTIROTOR aus Brieselang bei Berlin arbeiten verschiedene Abteilungen an neuen Lösungen für die Sicherheitswirtschaft.

Frequenz innerhalb des Kanalrasters beispielsweise nach einem festgelegten Muster springt, welches natürlich nur dem Sender und dem Empfänger in der Drohne bekannt ist.

Der Hersteller MULTIROTOR aus Brieselang bei Berlin geht künftig einen anderen Weg und beschreibt seine Vision für Drohnen im Sicherheitsgewerbe so: „Wir möchten ein in sich geschlossenes System entwickeln, das gänzlich ohne die herkömmliche Steuerung auskommt", erklärt Geschäftsführer Marian Meier-Andrae. Gemeint ist der von dem Unternehmen bereits bewiesene Ansatz, dass eine Drohne allein über den Mobilfunkstandard LTE gesteuert wird. Der Vorteil dabei ist, dass es sich bei LTE um einen gesetzlich geschützten Standard mit geschützten Frequenzen handelt. Da die Mobilfunksignale bereits verschlüsselt sind, wäre hier die erste Hürde schon genommen. „Doch das reichte uns noch nicht. Wir haben daher eine Tunnellösung entwickelt, ähnlich dem VPN-Standard im Internet, und übertragen Bild- und Telemetriedaten mit einem eigenen Protokoll durch diesen zusätzlich verschlüsselten Tunnel", sagt Meier-Andrae weiter.

Erstmals wurde das System im Jahr 2017 auf der Messe Interaerial Solutions in Berlin gezeigt: Vom Stand in der Austellungshalle aus

Im letzten Jahr konnte die LTE-Fernsteuerung großes Interesse in der Branche generieren. Das Rollout als fertige Lösung steht allerdings noch aus.

startete ein Mitarbeiter den Multi-copter der Serie „Surveying Robot G4" auf dem Flugversuchsgelände im 30 Kilometer entfernten Briese-lang und die Messebesucher konn-ten über eine Videoverbindung den Flug live miterleben. Jeder einzelne Steuerungsbefehl wurde über eine schnelle Mobilfunkverbindung an den Copter übertragen.

Denkt man über Datensicherheit nach, dann rückt irgendwann auch die Hardware einer Drohne in den Fokus. Drohnen legen für unbetei-ligte Dritte mitunter wertvolle Daten im internen Speicher oder sogar auf herausnehmbaren SD-Karten ab: Flugdatenprotokolle, Wegpunkte

von programmierten Strecken aber vor allem auch Bilddaten. Wenn eine Security-Drohne mit heute verfügbarer Technik in die falschen Hände gerät, dann offenbart sich darüber bisweilen das gesamte Si-cherheitskonzept eines Objektes oder gar eines ganzen Konzerns. Dies würde einen immensen Scha-den bedeuten. Es ist daher davon auszugehen, dass Drohnen für die Sicherheitswirtschaft in naher Zu-kunft eine entsprechende Vorkeh-rung implementiert haben werden.

Technik ersetzt den Menschen

Selbstkritisch muss sich die Sicherheitsbranche eingestehen, den digitalen Wandel ein Stück verschlafen zu haben. Noch immer ist „Sicherheit" eines der personalintensivsten Geschäftsfelder. Mit den modernen Regularien wie Arbeitsschutz- und auch Arbeitszeitgesetz sank die Gewinnmarge bei den größeren Dienstleistern auf niedrige 5 Prozent. Gleichzeitig wird es mit steigendem Bedarf nach Sicher-

lativ hohen Anfangsinvest zu rechnen. Aber bereits über die Dauer eines Jahres würden sich die Einsparpotenziale bemerkbar machen. „Für uns als Sicherheitsdienstleister hängt an der Drohne aber noch mehr", sagt Jan Wosnitzka-Koch von der W.I.S. Sicherheit + Service. „Sie mobilisiert auch die Themen Videoüberwachung und vor allem Videoanalytik".

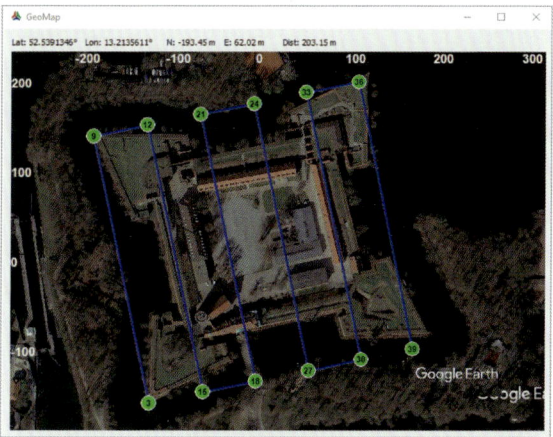

Schon heute kann eine Drohne automatisch Wegpunkte ansteuern und an diesen Stellen Fotos machen. Der nächste Schritt wäre, diese Bilder auch selbstständig auszuwerten.

heitsdiensten für die Anbieter immer schwerer, geeignetes Personal zu finden. Der Drohneneinsatz kann und soll hier helfen, die Effizienz bei der Sicherheit zu steigern und durch Personalmangel bedingte Probleme zu lindern. Zwar ist nach Meinung von Branchenkennern in jedem Fall mit einem re-

Denn noch immer fehlt der ganzheitliche autonome Ansatz: Selbst wenn eine Drohne in der Lage wäre, einen Bereich vollautonom zu befliegen und über ihre Sensorik Bilder zu liefern – so muss doch immer noch ein Mensch permanent einen Monitor betrachten und die Bilder analysieren.

Videokameras im Objektschutz sind heutzutage Standard. Allerdings sind diese ortsfest montiert. Einige Lösungen erlauben das Schwenken innerhalb eines festgelegten Radius. Bilderkennungssoftware ist bereits in der Lage, diese Bilder zu analysieren, doch auch nicht ganz ohne Hürden: „Die Analysesoftware muss auf jeden neuen Kamerastandort eingelernt werden", erklärt Wosnitzka-Koch. „Jeder Baum, der sich im Wind bewegt, muss von der Software als solcher erkannt werden, und dafür muss dann unser Mitarbeiter mehrmals eingreifen, um die Fehlalarme zu reduzieren".

Wenn eine Software den Ort und das Aussehen feststehender Objekt im Erfassungsbereich einer Kamera kennt, nähert sich die aktuell verfügbare Technik mit ihren Fähigkeiten dem Sollzustand an. Doch bei einer Drohne ist das weitaus schwieriger. Eine fliegende Kamera kann einen Baum aus 360° erfassen und jedes Mal sieht dieser Baum anders aus. Bei Tage sogar anders als bei Nacht. Zwar gibt es bereits Insellösungen am Markt, die jede für sich recht gute Ergebnisse in solchen Szenarien liefert, doch der Ansatz, der alle diese Lösungen zu einer einzigen betriebsfertigen und für ein tragfähiges Geschäftsmodell zusammenfasst, der fehlt.

Dabei wäre der Bedarf einer solchen maßgeschneiderten Lösung größer denn je. Während die Personalkosten auf der einen Seite weiter steigen, nehmen andererseits die Aufgabenfelder zu. Unter dem Stichwort der „Beleihung" nehmen schon heute viele Sicherheitsdienste Aufgaben des Staates wahr. Die Passagierkontrolle im Luftsicherheitssektor ist ein Beispiel. Doch vor dem Hintergrund der technologischen Möglichkeiten sieht Wosnitzka-Koch auch anderswo Potenzial: „Die Beleihung wird in Zukunft weitergehen. Die Absicherung von Fußballspielen, die Begleitung von Castor-Transporten aber auch die Überwachung von Parkraum in den Innenstädten. Das sind Szenarien, wo man hindenken darf", ist er überzeugt. Angeblich soll das Sicherheitsgewerbe heute bereits genauso viele Mitarbeiter beschäftigen wie es Polizisten in Deutschland gibt. Bei künftig zunehmenden Einsatzbereichen kommt die Sicherheitsbranche dann umso mehr in Personalnot, da könnte oder vielmehr sollte die unbemannte Luftfahrt mit ihren autonomen Fähigkeiten dann aushelfen. „Im Consumerbereich haben viele Drohnen bereits autonome Fähigkeiten, warum nicht auch im geschäftlichen Betrieb? Wir halten das für machbar", sagt Wosnitzka-Koch. Voraussetzung für eine Zukunft der Drohne im Sicherheitsgewerbe ist jedoch der weitgehend autonome Betrieb.

Die Drohne im Objektschutz

Und diesem Ziel haben sich die beiden jeweiligen Branchenschwergewichte MULTIROTOR und W.I.S. Sicherheit + Service verpflichtet. Für die anstehenden Entwicklungen hat man sich gemeinsam ein Szenario überlegt, in dem ein Multicopter seinen Hangar auf dem Dach eines Gebäudes in einer Industrieanlage hat und von dort aus die Patrouillenflüge unternimmt.

Stellen wir uns den Objektschutz einer solchen größeren Industrieanlage konkret aus der rein technischen Perspektive einer Drohne vor: Auf dem Dach eines Flachbaus am Rande der Liegenschaft befindet sich ein kleiner Hangar, in dem der Überwachungs-Copter stationiert ist. Im Fall einer Alarmauslösung auf dem mehrere tausend Quadratmeter großen und unübersichtlichen Fabrikgelände soll das UAS automatisch zu einem Erkundungsflug abheben, den Bereich der Alarmauslösung ansteuern und voranalysierte Bilder von dem Geländeabschnitt an die Einsatzleitstelle übermitteln. Der Start der Drohne ist unspektakulär: Das Hangardach öffnet sich, die Propeller der Drohne drehen hoch und erzeugen den notwendigen Auftrieb für den Flug. Dank der übermittelten Zielkoordinaten fliegt die Drohne den Bereich direkt an. Doch bereits kurz nach dem Start beginnen hier die Herausforderungen für die Technik und die Entwickler. Die Drohne möchte auf direktem Wege die Zielkoordinate anfliegen – jedoch befindet sich dazwischen ein großer Schornstein und rechts daneben ein riesiger Hochbau, das Gebäude mit der Nummer 23. Ohne eine digitale Karte mit allen verzeichneten Hindernissen auf dem Gelände, würde die Drohne direkt dort in die Außenmauer einschlagen. Es braucht also eine intelligente Umwegplanung. Die Drohne müsste quasi wie ein Navigationsgerät alternative (Flug-)Wege zum Ziel errechnen und dann den schnellsten oder bei manchen Einsätzen gar den unscheinbarsten Anflug eigenständig wählen (verdeckter Anflug). Ist auf eine automatische Hinderniserkennung Verlass? Heutige Systeme funktionieren nur bei Tag und auf wenige zehn bis zwanzig Meter. Für den Einsatz im Objektschutz steht eine erweiterte Lösung der Hinderniserkennung deshalb relativ weit oben auf der technischen Anforderungsliste der Entwickler.

Eine weitere Schwierigkeit besteht in den Unmengen von Metallstrukturen und Sendequellen, die auf einem Industriegelände allgegenwärtig sind: Richtfunkstrecken und die vermieteten Fassadenplätze der großen Gebäude an Mobilfunkanbieter für deren Netzantennen, sowie Stahlbeton, große Dachklimaanlagen und überdimensionale Blitzableiter tun ihr Übriges, dass man schließlich doch von einer aktuell noch drohnenfeindlichen Umgebung sprechen muss. Metallstrukturen lenken den Kompasssensor einer Drohne massiv ab. Energiereiche Funkstrahlen können eine Drohne ebenfalls aus dem Gleichgewicht bringen, denn die Energie wird über die Antennen des unbemannten Fluggerätes aufgenommen und kann die sensible Empfangstechnik stören oder sogar zerstören.

Noch ist der Mensch gefordert, hier die Steuerung zu übernehmen. Doch die Fortschritte sind bereits vielversprechend. Die Umfelderkennung funktioniert mit der heute verfügbaren Kameratechnik bereits – auch wenn man berücksichtigen muss, dass eine eigenständige Erkennung von Personen und Unterscheidung von Tieren oder anderen beweglichen Gegenständen ein besonderes Maß an Optik und Rechenleistung an Bord der Drohne erfordert. Wann immer mehr Leistung von einer Drohne verlangt wird, geht dies automatisch mit mehr Akkugewicht und kürzerer Flugzeit einher. Leichtere Materialien, neue Akkutechnik und neue Algorithmen werden hier in absehbarer Zeit auch neue Möglichkeiten und Fähigkeiten schaffen.

Ein autonomer Start impliziert natürlich auch eine eigenständige Rückkehr, und hier gilt es ebenfalls, noch einige Hürden zu überwinden. Im Mittelpunkt dieses Flugabschnitts eines Drohneneinsatzes steht eine simple aber doch sehr entscheidende Frage: Wie findet die Drohne allein ihren Hangar wieder und kann in der korrekten Ausrichtung auf den Zentimeter genau dort landen? Das GPS-Signal hat eine Ungenauigkeit von mehreren Metern. Die Höhe über Grund ermittelt die Drohne ausschließlich über ihren barometrischen Höhensensor. Ein warmes Dach in einer heißen Sommernacht kann die IMU bisweilen aus der Bahn werfen. Starker Wind ebenso. Und ein GPS-Signal, das die Lage des Dachhangars nur so ungefähr ermitteln lässt, tut ihr Übriges. Aus der Praxis ist bisher kein einziges funktionierendes System bekannt, bei dem eine Drohne ohne Steuerungskorrekturen eines Piloten punktgenau die Abflugposition wiederfindet. Das Unternehmen MULTIROTOR ist hier bereits auf einem guten Weg und hat eine Lösung zum Patent angemeldet. Das System ist in der Lage, einen Copter punktgenau auf einem festgelegten Ort mit einer feststehenden Koordinate zu landen.

Im Objektschutz ist der Flug bei Nacht unvermeidlich: Was für die Sicherheitswirtschaft unabdingbar ist, sieht die aktuelle Gesetzgebung jedoch ganz anders. Der

Hochwertige Luftschrauben aus Karbon sorgen für den gleichmäßigen Auftrieb, um die Drohne in die Luft zu bringen. Ein spezielles Design kann zudem die Geräuschentwicklung stark mindern.

Flugbetrieb bei Nacht ist genehmigungspflichtig. Die Drohne muss in besonderer Weise mit Lichtquellen versehen sein, die die linke und rechte Seite in einem Winkel von 110° rot bzw. grün beleuchtet. Zusätzlich sind weiße Blitzlampen an der Ober- und der Unterseite zu montieren. Ob ein solches Fluggerät noch den Zweck des möglichst unauffälligen Aufklärungsmittels erfüllt, lassen wir gerne dahingestellt. Weiterhin besteht die Pflicht, eine Drohne nur in Sichtweite zu fliegen. Industriegelände, Nacht und Sichtweite schließen sich in der Praxis jedoch nahezu aus. Zum aktuel-

len Zeitpunkt ist in keiner Weise erkennbar, ob sich die Gesetzgebung für die Sicherheitswirtschaft noch einsatzfreundlicher in Bezug auf autonom operierende Drohnen gestalten wird. Die Entwicklung eines solchen Fluggerätes muss also auch von entsprechenden Initiativen auf der legislativen Ebene begleitet werden, weshalb MULTIROTOR über seine Anbindung an die verschiedenen Branchenverbände entsprechende Kanäle zur Einflussnahme nutzt.

Der Blick in die Zukunft

Bringt man die Aussichten auf die Zukunft der Sicherheitsbranche und der unbemannten Luftfahrt übereinander, so lässt sich folgendes feststellen: während die Securitywirtschaft vor neuen Tätigkeitsfeldern mit immer mehr Personalbedarf steht, scheint die unbemannte Luftfahrt aufgrund der inzwischen fortentwickelten Gesetzgebungslandschaft in ihren Möglichkeiten gehemmt. Vor allem der autonome Flug und der Betrieb außerhalb der Sichtweite sind zwei Schlüsselfaktoren, die einem zeitnahen Einsatz im skizzierten Umfang entgegenstehen. Gleichwohl sind noch wichtige Kernfunktionen zu entwickeln, dazu gehört auch die softwaregesteuerte Bewegtbildanalyse von Thermalkameras, die heute für den Einsatz mit Drohnen aber noch nicht nennenswert über die VGA-Auflösung hinaus verfügbar sind.

Bleibt zuletzt noch ein weiterer Aspekt zu betrachten, der für die Sicherheitswirtschaft von zentraler Bedeutung ist: die unbemannte Luftfahrt hat aktuell noch einen hohen, bisweilen zu hohen manuellen Bedienanteil. Im Idealfall soll der Schulungsaufwand für die korrekte Bedienung eines ansonsten geschlossenen und autonom arbeitenden Systems das einzig personalintensive Moment in der Verbindung von Mensch und Maschine sein.

Um dieses Ziel zu erreichen, sind vereinte Kräfte und tiefgreifende Kooperationen notwendig. Das Unternehmen Multirotor hat mit der W.I.S. Sicherheit + Service eine entsprechende Zusammenarbeit gestartet. Für die reine Vorbereitung dieses Projektes ist ein dreiviertel Jahr Zeit notwendig gewesen. Inzwischen gibt es jedoch den ersten Prototypen eines Multirotorsystems inklusive einer Lösung für einen autonomen Dachlandeplatz, auf dem der Copter außerdem automatisch geladen werden können soll. Bis zum serienreifen Einsatz ist allerdings noch ein erheblicher weiterer Entwicklungsaufwand zu stemmen. Das bestehende Konzept ist jedoch ein zukunftsträchtiger Ansatz, den beiden Unternehmen nun gemeinsam verfolgen wollen.

Matthias Clausmeyer
CFO
W.I.S. Unternehmensgruppe

Matthias Clausmeyer *ist seit 2015 als CFO der W.I.S. Unternehmensgruppe tätig. Er hat seinen Master in International Business an der Grenoble Ecole de Management abgeschlossen sowie anschließend einen Master in Laws an der Universität Münster erworben.*

W.I.S. Sicherheit + Service GmbH & Co. KG
Industriestraße 171
50999 Köln

Grundlagenarbeit der digitalen Transformation – Aus der Sicht eines CFOs

Intro

Die Auswirkungen der digitalen Transformation sind heute allenthalben spürbar. Mit der Digitalisierungswelle ändern sich die Erwartungen der einzelnen Stakeholder an das Management einer Organisation enorm. Die Zunft der Managementberater hat diesen Umstand schon vor geraumer Zeit erkannt und das Dienstleistungsspektrum dementsprechend angepasst. Eine kurze Recherche zeigt jedem Manager – auch dem eines mittelständischen Unternehmens - relativ schnell auf, dass sein Aufgabenprofil dem Wandel unterworfen ist. Man sieht sich unmittelbar mit Schlagwörtern wie Automation and Robotics, Data Visualization, Advanced Analytics for Business, Process Mining Technology, Smart Contracts, Blockchain etc. konfrontiert. Diese Buzzwords, den Idealzustand einer Organisation nach Abschluss von vollumfänglichen Digitalisierungsaktivitäten skizzierend, wirken anziehend, faszinierend und verschreckend zugleich – die dahinterliegenden, zunächst zu beantwortenden Fragestellungen sowie die anstrengende Grundlagenarbeit werden in den meisten Publikationen nicht dargestellt. Jedoch sind das Verständnis über Ist-Zustand der eigenen Organisation sowie die notwendige Grundlagenarbeit die Key-Voraussetzung für das Gelingen jeglicher digitalen Transformation. Nur die wenigsten über die Jahre gewachsenen Organisationen verfügen über die notwendigen Datengrundlagen, einen ausreichenden Reifegrad der IT-Landschaft, homogene Geschäftsprozesse sowie wohl mit der höchsten Bedeutung die Bereitschaft aller Stakeholder.

In den nächsten, hoffentlich kurzweiligen Zeilen werden die aufgekommenen Fragestellungen sowie die gegebenen Antworten, die eigenen Erfahrungen, und die gezogenen Lehren aus dem Grundlagenschaffungsprozess, den die W.I.S.-Gruppe in den letzten Monaten durchlaufen hat bzw. teilweise noch durchläuft, skizziert, wobei diese Ausführungen auf keinen Fall als vollumfänglich anzusehen sind.

Betrifft die digitale Transformation überhaupt meine Industrie?

In Sachen Digitalisierungsaktivitäten werden Unternehmen heutzutage von mannigfaltigen internen und externen Faktoren zum raschen Handeln motiviert bzw. gezwungen. Geschäftsmodelle in zahlreichen Industrien erlebten in den vergangenen Jahren eine überfallartige aber nachhaltige Veränderung durch den Markteintritt neuer, der digitalen Transformation und den daraus resultieren Möglichkeiten zugeneigten, Wettbewerbern. Beispielhaft seien hier die Aktivitäten von Uber, Airbnb, Helpling und foodora Lieferservice genannt, welche die vermeintlich langweiligen und angestaubten Industrien Taxiwesen/Personenbeförderung, Hotellerie, Reinigung und Lieferdienste disruptierten, den Kundennutzen signifikant veränderten und somit traditionelle Marktteilnehmer vor immense Herausforderungen stellen.[1] Der Markteintritt der (datenhungrigen) Technologieunternehmen Google (Akqusition von Nest in 2014) sowie Amazon (Akquisition von Ring in 2018) in den Bereich Gebäude-/Sicherheitstechnik unterstreicht zudem einen Wandel in dem klassischen Hardwaresegment.[2] Gesellschafter und Management der W.I.S.-Gruppe beobachten die Marktveränderungen mit hoher Wachsamkeit und kamen schnell zur gemeinsamen Erkenntnis, dass auch die als traditionell zu bewertende Sicherheitsdienstleistungsindustrie einem Wandel unterworfen wird. Die (globale) Sicherheitsindustrie ist schlicht zu groß und zu bedeutend (Anzahl der Mitarbeiter, Umsatzvolumen, Wachstumsraten etc.), als dass die digitale Transformation spurlos an ihr vorüberziehen wird. Skeptiker argumentieren, dass die seit Jahrzehnten gleichbleibende Arbeitsweise (vor allem in der personellen Dienstleistung) gegen einen schnellen Wandel der Industrie spricht. Die Aktivität des amerikanischen Unternehmens Bannermann, welches bislang noch nicht am deutschen Markt tätig ist, kann jedoch als Beispiel für den Start einer Bewegung im Markt genannt werden.[3] Selbiges gilt für das kürzlich von Uber angekündigte Pilotprojekt Uber Works, welches sich auf Vermittlung von flexiblen Arbeits- und On-Demand-Dienstleistungen (und somit auch Sicherheitsdienstleistugen) u.a. im Bereich B2B konzentriert.[4] Ob, wann und in welcher Weise die Bemühungen dieses Un-

---

[1] Hamish McRae, "Facebook, Airbnb, Uber, and the unstoppable rise of the content non-generators.", Independent, (05.05.2015), [2] Tim Bradshaw und Eric Platt, "Amazon circles home security market with $1bn Ring deal.", Financial Times, (28.02.2018), [3] Kyle Russel, „Bannermann delivers bouncers on demand.", Techcrunch (16.06.2014), [4] Tim Bradshaw und Shannon Bond, "Uber takes a detour with plan to provide temporary staff.", Financial Times, (18.10.2018)

ternehmens (oder weiterer Start-Ups) von nachhaltigem Erfolg gekrönt werden, ist ungewiss. Jedoch haben diese Unternehmungen auf Grund des Greenfield-Ansatzes den unbestrittenen Vorteil, das Geschäftsmodell von Grund auf digital zu entwickeln – diesen Wettbewerbsvorteil gilt es auszugleichen.

Welcher Grad der digitalen Transformation ist notwendig?

Junge Unternehmen, die den Markteintritt in unsere Industrie wagen, werden ihr Geschäftsmodell vollständig auf einen digitalen Ansatz abgestellt haben. Dieser Umstand bestärkte uns als W.I.S.-Gruppe, die Digitalisierungsstrategien konsequent voranzutreiben. Es wurde offensichtlich, dass Insellösungen wie beispielsweise die solitäre Entwicklung einer ansprechenden App für den Kunden nicht ausreichend sind, um nachhaltig und vollumfänglich Effizienz und Kundenbindung zu verbessern. Die Entwicklung einer App würde dem Unternehmen innerhalb eines kur-

zen Zeitraums den Anstrich einer digitalisierten Organisation geben – jedoch war die effiziente Weiterverarbeitung der aufgenommenen bzw. bereitgestellten Datenströme unter den vorherigen Systemen nicht gegeben. Die Schaffung eines ganzheitlichen BI-Systems, das die Möglichkeiten der Unternehmenssteuerung optimiert, wäre somit nicht machbar gewesen. Unser Verständnis der digitalen Transformation geht zudem weit über punktuelle Optimierungen hinaus. Wir streben die größtmögliche Flexibilität in der angestrebten Veränderung/Adjustierung unseres Geschäftsmodells an.[5] Daher wählten wir den in diesem Kompendium ausführlich beschriebenen holistischen Ansatz und richten nun das Unternehmen konsequent auf die vollständige Digitalisierung aus – wohlwissend, dass für dieses Unterfangen ein langer Atem, tiefgreifende Veränderungen der Unternehmenskultur sowie Kosten, Mühen und eine hohes Maß Frustrationstoleranz notwendig sind.

---

[5] Tanguy Catlin, Laura LaBerge und Shannon Varney, "Digital strategy: The four fights you have to win." McKinsey Quarterly, (10.2018)

Inwiefern profitiert mein tagtägliches, operatives Geschäft von den Digitalisierungsaktivitäten (Operating Excellence)?

Die Mitarbeiter der WIS-Gruppe erbringen durch hohen persönlichen Einsatz tagtäglich hervorragende Dienstleistungen für unsere Kunden. Jedoch litt in der Vergangenheit die Entscheidungs- und Handlungsfähigkeit aller Managementeinheiten der W.I.S.-Gruppe unter den Ineffizienzen der Organisation. Dies lag insbesondere an den IT-Systemen (veraltet, monolithische Software-Architektur, unsicher, dürftiger Ausnutzungsgrad, Wartungsverträge auslaufend etc.), der Qualität vorhandener Stammdaten, ineffizienten und nicht redundanten Arbeitsprozessen sowie einer angestaubten, wenig unternehmerischen und der Vergangenheit zugewandten Unternehmenskultur.[6] Es konnten im Unternehmen notwendige Informationen nicht zeitnah, korrekt und stringent zur Verfügung gestellt werden. Essentielle operative Steuerungsgrößen wie Umsatzvolumen, Deckungsbeiträge auf Objekt-/Kundenebene, Ertragskennzahlen nach Segment etc. waren nur durch mühevolle Kleinarbeit der operativen Kräfte zu ermitteln. Die Steuerung des operativen Geschäfts basierte oftmals auf der langjährigen Erfahrung des entsprechenden Mitarbeiters. Diesen Umstand gilt es im Rahmen der digitalen Transformation zu verändern. Das Management konzentriert sich daher – im Hinblick auf die Operating Excellence – auf die beiden Ansätze Lean Enterprise sowie BI-Systems & Reporting.

Die Anwendung des Lean Enterprise Prinzips zielt darauf ab, die Prozesse innerhalb einer Organisation zu verbessern und durch die Eliminierung und Minimierung aller nicht wertschöpfenden Tätigkeiten eine hochgradig effiziente Organisation entstehen zu lassen.[7] Die Digitalisierung von Prozessen unterstützt die genannte Effizienzoptimierung.[8] Übertragen auf die W.I.S.-Gruppe bedeutet dies u.a. die Vereinheitlichung bzw. Verschlankung der (administrativen) Arbeitsprozesse, die Ablösung der manuellen Prozesse durch softwarebasierte Lösungen, die Steigerung des Nutzungsgrads der IT-Systeme, eine Evaluierung der IT-Systemlandschaft und den ständigen Drang, in allen Bereichen effizient und effektiv zu arbeiten.[9] Neben der Effizienzsteigerung der

[6] Eine detaillierte Beleuchtung der Themengebiete erfolgt im Laufe des Beitrags. [7] Bernardo Nicoletti, „Optimizing Innovation with the Lean and Digitize Innovation Process." Technology Innovation Management Review (2015), [8] Alyssa Meissner, Marvin Müller, Alexander Hermann und Joachim Metternich, "Digitalization as a catalyst for lean production: a learning factory approach for digital shop floor management." 8th Conference on Learning Factories 2018 - Advanced Engineering Education & Training for Manufacturing Innovation (2018), [9] Staufen AG und Instituts PTW der Technischen Universität Darmstadt, „25 Jahre Lean Management" (2016)

Organisation, die einen höheren Fokus auf die Kundenbedürfnisse und das operative Geschäft ermöglicht, wird auch die bestmögliche Kosteneffizienz angestrebt (auf die IST-Situation in der Organisation wird später eingegangen).

Die Zeiten der Unternehmensführung nach Gefühl oder groben Finanzkennzahlen gehören der Vergangenheit an und sind in diesem wettbewerbsintensiven Markt auch nicht mehr realistisch. Die Führungskräfte der W.I.S.-Gruppe äußerten zunehmend die Forderung nach ständiger, schneller Bereitstellung von aktuellen, validen und transparenten Informationen hinsichtlich ihres Verantwortungsbereichs. Dabei entstammen die benötigten Informationen verschiedenen Führsystemen und sollen in einem Tool gesammelt, aufbereitet, verdichtet und in Relation gesetzt werden. Als Ziel wurde die bestmögliche transparente Aufarbeitung aller operativen und finanziellen Kennzahlen ausgerufen. Ein Regionalleiter beschrieb seine Vorstellung folgendermaßen: „Ich will bei meinem morgendlichen Kaffee einen virtuellen Rundgang durch meinen Verantwortungsbereich machen können. Dabei sollen beispielsweise die operativen Ereignisse der letzten Nacht und der aktuelle Krankenstand aufgezeigt werden, meine aktuellen offenen Forderungen aus Lieferung und Leistung dargestellt werden,

der Deckungsbeitrag auf Auftragsebene erkennbar sein und die aktuelle Unternehmensplanung (Soll/IST) dargestellt werden." Dieses Statement spiegelt treffend die Anforderung des operativen Managements (alle Hierarchiestufenstufen entsprechend des Berechtigungskonzepts) an die digitale Transformation der W.I.S.-Unternehmensgruppe wider.

Stimmen die grundsätzlichen Parameter in meiner Organisation für die digitale Transformation?

Die anstehenden Herausforderungen der Digitalisierung gelten in unterschiedlicher Ausprägung für jede Organisation bzw. Unternehmung. Es liegt in der Verantwortung des Managements, die aktuelle Fähigkeit der Organisation für die anstehenden Digitalisierungsmöglichkeiten zu evaluieren. 75% aller Unternehmen sehen dabei die größten Herausforderungen innerhalb der eigenen Organisation.[10] Dabei ist eine realistische Bewertung des Status-Quo unabdingbar, um die Chancen bzw. die notwendigen Maßnahmen zu definieren und den umfangreichen Umsetzungsplan anzupassen.

---

[10] Bearing Point, „Roboter, Rebellen, Relikte – Überkommene Strukturen behindern die digitale Transformation." (2017)

Datenqualität

„Garbage in, Garbage out" – dieses Credo aller IT-Verantwortlichen ist hinreichend bekannt. Jedoch stellte die Unternehmensberatung Bearingpoint in einer kürzlichen Studie treffend dar, dass zu "Beginn der Digitalisierungsdebatte noch vielerorts davon ausgegangen wurde, dass die Stammdaten einfach schon da sind […] und dass es weiterhin nur darum geht, diese mittels geeigneter Technologien in einem erweiterten Kontext zu nutzen." Nun ist aber bei „Unternehmen und Organisationen die Erkenntnis gereift, dass ein effektives und effizientes Management der Stammdaten die notwendige Grundlage für erfolgreiche Initiativen in der Digitalisierung ist".[11] Die vorhandene Datengrundlage bestimmt also die Erfolgsquote sowie den Wirkungsgrad aller Digitalisierungsbemühungen.[12] Die Tücken der Datenaufbereitung liegen im Detail – man spricht hier über Kommata, Abkürzungen, Dummies, Nomenklatura sowie zahlreiche ähnliche Faktoren, die eine Synchronisation der einzelnen Datenstämme erschweren bzw. unmöglich machen.[13] Diese schmerzhafte Erkenntnis traf auch die W.I.S.-Gruppe. Im Zuge der unzureichenden Integration von akquirierten Unternehmen entstand in der Vergangenheit eine System-, Prozess- und Datenlandschaft, die sich durch Fehlerhaftigkeit (Genauigkeit, Vollständigkeit und Aktualität), extreme Heterogenität und damit eine auszuschließende Möglichkeit der Synchronisation auszeichnete. Beispielhaft seien hier nur die Führung eines Kunden unter zahlreichen Kundennummern mit zudem unterschiedlichen Zusatzinformationen in verschiedenen IT-Systemen genannt. Der Zustand der heterogenen Datenstruktur erstreckte sich über alle relevanten Stammdaten innerhalb der W.I.S.-Gruppe. Die schlechte Datenstruktur stellte schon eine beachtliche Herausforderung dar – nicht vorhandene oder veraltete Angaben waren weitere verhindernde Elemente. So stimmten die vereinbarten vertraglichen Abreden mit Kunden nicht immer mit den hinterlegten Stammdaten überein. Dieser Missstand erstreckte sich über Verrechnungspreise, Leistungsumfänge, Zahlungskonditionen sowie weitere relevante Aspekte. Ein stabiles Fundament für die digitale Transformation war somit nicht gegeben.

Innerhalb der Unternehmensführung gaben wir uns nicht der Illusion hin, dass diese Thematik durch Automatisierung und smarte

---

[11] Bearing Point, „Reifegrad und Relevanz des Stammdatenmanagements Stammdaten als unabdingbare Basis für die Digitalisierung, Prozesseffizienz und Compliance." (2016), [12] Dr. Sebastian Schlund, Moritz Hämmerle und Tobias Strölin, „Industrie 4.0 – eine Revolution der Arbeitsgestaltung. Wie Automatisierung und Digitalisierung unsere Produktion verändern werden." (2014) Ingenics AG, Frauenhofer IAO, (2014), [13] Deloitte, "Crunch Time V – Finance 2025 (our predictions)", (2018)

Reifegrad der IT-Systemlandschaft

Algorithmen gelöst werden kann. Diese „Silver-Bullet-Lösung" – so hilfreich sie auch wäre – gab es für die W.I.S.-Gruppe nicht und es wird diese für die meisten Organisationen auch nicht geben.[14] Zudem reifte alsbald die Erkenntnis, dass eine Wertschätzung für die Datenqualität Einzug in die Organisation halten muss. Jedem Mitarbeiter der W.I.S.-Gruppe muss die Bedeutung der Daten in Bezug auf die Wertschöpfung des Unternehmens bewusst werden – der Begriff des „Data-Cops", der sich innerhalb einer bestimmten Organisationseinheit auf die Einhaltung der Datenqualität konzentriert, wurden geschaffen.

Entsprechende Maßnahmen mussten daher initiiert werden – die W.I.S.-Gruppe erfasste in manuellen bzw. vereinzelt systemisch unterstützten Prozessen sämtliche Stammdaten neu und nahm diese in die entsprechenden IT-Systeme auf. Die Belastung der administrativen sowie operativen Einheiten in dieser Phase lässt sich nur schwer quantifizieren – sie war jedoch enorm. Innerhalb der W.I.S.-Gruppe wurde im Rahmen der Stammdatenbereinigung oftmals von einem „Gang durch die Datenhölle" gesprochen.

Eine unzureichend integrierte IT-Landschaft gilt als einer der Hauptfaktoren, die den digitalen Wandel einer Organisation behindern.[15] Dr. Rolf Werner und Jörg Hesske skizzieren die Notwendigkeit eines „übergreifenden Datenmanagements, das Rohdaten aus verschiedenen Quellen bündelt und als direkt nutzbare Geschäftsinformation überall in Echtzeit zur Verfügung stellt"[16]. Neben der schon erörterten Notwendigkeit einer sauberen Stammdatenbasis spielen daher die genutzten IT-Systeme – also die einzelnen Datenquellen – eine entscheidende Rolle. Es gilt zu eruieren, ob es sich bei den momentan eingesetzten Systemen um monolithische Software-Architekturen, die sich durch unzureichenden Schnittstellenfunktionen sowie eine starke Bindung an bestimmte Datenformate sowie Hardware auszeichnen, handelt. Diese veralteten IT-Systeme – oftmals Legacy IT genannt – limitieren bzw. verhindern auf Grund der skizzierten Struktur den ständigen Datenaustausch. Eine Vielzahl von in deutschen Unternehmen eingesetzten IT-Systemen wurde weit vor dem Zeitalter der Digitalisierung entwickelt, was sich nun nachteilig auswirkt.[17]

---

[14] Deloitte, "Crunch Time V – Finance 2025 (our predictions)", (2018), [15] Hays AG „Zwischen Effizienz und Agilität. Unter Spannung: Fachbereiche in der Digitalisierung", [16] Dr. Rolf Werner und Jörg Hesske, „Ganzheitliches Datenmanagement: Turbo für die digitale Transformation" Handelsblatt-Journal (2017), [17] Bearing Point, „Roboter, Rebellen, Relikte – Überkommene Strukturen behindern die digitale Transformation.", (2017)

Arbeitsprozesse

Im Zuge des Evaluierungsprozesses, durchgeführt in enger Zusammenarbeit mit den Anwendern der W.I.S.-Unternehmensgruppe, wurden ein nicht ausreichender Reifegrad der IT-Systeme sowie die Unzulänglichkeit der einzelnen Elemente der bestehenden Systemlandschaft im Kontext der aufkommenden Anforderungen festgestellt. Oftmals stellten sich die IT-Systeme als autarke Insellösungen dar, die zudem im Laufe der Zeit auf die individuellen Bedürfnisse der W.I.S.-Gruppe angepasst wurden und schon auf Grund der Architektur den neuen Erfordernissen nicht gerecht wurden. Daher waren die simultane Ablösung von verschiedenen IT-Systemen und die Implementierung von neuen Lösungen unumgänglich, wobei die Komplexität und die Belastung der Organisation nicht zu unterschätzen ist. Beispielhaft für die Ablösung der alten Systems seien hier nur die Lösungen für die Finanz- und Lohnbuchhaltung (Wechsel auf Datev-Lösungen), die Implementierung einer neuen ERP-Software für den Geschäftsbereich Sicherheitsdienstleistung sowie ein umfangreiches Update der ERP-Lösung für den Geschäftsbereich Sicherheitstechnik genannt.

Klar definierte, homogene Prozesse bilden die Basis für gelungene Digitalisierungsaktivitäten. Die Fachliteratur empfiehlt, die Kernprozesse durch Digitalisierung agiler und kostengünstiger zu gestalten und so den Wertbeitrag der Organisation für interne als auch externe Empfänger zu steigern.[18]

So viel zur Theorie – ein Blick in die Realität der W.I.S.-Gruppe (und wohl auch weiterer Organisationen) zeigte ein gegenteiliges, mitunter demotivierendes Bild auf. Die dezentralisierte Aufstellung der W.I.S.-Gruppe, die unzureichend ausgeführten Integrationsmaßnahmen von vergangenen Zukäufen sowie der über die Jahrzehnte fehlende Fokus auf die Standardisierung von Arbeitsprozessen, die sich häufig an den Fähigkeiten und Vorlieben der handelnden Personen orientierten, waren die Gründe für die heterogene Arbeitsprozesslandschaft.

Die konkreten Auswirkungen auf das angestrebte Digitalisierungsunterfangen lassen sich am Beispiel der Nutzung der ERP-Software für den Bereich Sicherheitstechnik darstellen. Die eingesetzte Softwarelösung wurde jahrelang an den verschiedenen Niederlassungen innerhalb der W.I.S.-Gruppe genutzt. Es existierte jedoch nicht eine gemeinsame, einheitliche Da-

---

[18] BearingPoint und West Monroe Partners, press release „Darwinism in a Consumer-Driven World", (2014)

tenbank, sondern es wurden insgesamt sieben unabhängige Datenbanken (mit der gleichen Softwarelösung) für den Geschäftsbereich Technik betrieben (die Auswirkung auf die Qualität der Stammdaten wurde schon vorab thematisiert und kann nur als unschön bezeichnet werden). Nutzungsgrad und Nutzungsart der Software variierten stark je Standort – dies spiegelte sich in unterschiedlichen Arbeitsweisen und Prozessen wider. Die Anlage von Installationsprojekten, ein absoluter Standardprozess, erfolgte beispielsweise auf unterschiedlichen Wegen. Dieser Umstand erschwerte wiederum einfachste Auswertungen sowie Gegenüberstellungen. Nach der Zusammenlegung der verschiedenen Datenbanken stand zunächst einmal die Angleichung der Arbeitsprozesse an, damit die Auswertbarkeit der zu gewinnenden Daten gewährleistet ist. Diese Prozesssynchronisation wird durch den Faktor Mensch, der diese Abläufe bislang individuell, aber doch sehr routiniert durchführte, mitunter erschwert und hindert auch das Erreichen des Ziels der Operating Excellence.

Das skizzierte Beispiel zeigt die absolute Notwendigkeit von einheitlichen Arbeitsprozessen innerhalb einer Organisation auf. Eine Vielzahl der durch die Digitalisierung ermöglichten Analysen wird in der Aussagekraft begrenzt sein, da die Vergleichbarkeit nicht gegeben ist. Im Zuge dieser einheitlichen Definition der Prozesslandschaft sind sowohl das aktuelle Aufgabengebiet als auch die zukünftigen Tätigkeiten im Kontext der Berichtsstrukturen und IT-Systeme zu beachten.

Sind wir als Organisation auf den Transformationsprozess vorbereitet?

Die Bedeutung einer proaktiven Unternehmenskultur als ein Key-Erfolgsfaktor im digitalen Transformationsprozess einer Organisation wird von den führenden Unternehmensberatungen hinreichend betont.[19, 20] Das Schlagwort Unternehmenskultur ist jedoch für eine mittelständische Organisation wie die W.I.S.-Gruppe ein schwer zu greifender Begriff. Gabler Wirtschaftslexikon definiert den Begriff Unternehmenskultur als „Grundgesamtheit gemeinsamer Werte, Normen und Einstellungen, welche die Entscheidungen, die Handlungen und das Verhalten der Organisationsmitglieder prägen."[21] Als Management der W.I.S.-Gruppe stellten wir uns die konkrete Frage, ob die Organisation, geprägt von allen handelnden Personen im

---

[19] Jim Hemerling, Julia Kilmann, Martin Danoesastro, Liza Stutts und Cailin Ahern "It is not a digital transformation without a digital culture", Boston Consulting Group, (13.04.2018), [20] Julie Goran, Laura LaBerge und Ramesh Srinivasan, "Culture for a digital age", McKinsey Quarterly, (07.2017), [21] https://wirtschaftslexikon.gabler.de/definition/unternehmenskultur-49642/version-272870

Unternehmen, zum jetzigen Zeitpunkt oder in naher Zukunft bereit für die Herausforderungen der digitalen Transformation ist oder es zur Überforderung und mithin zum Scheitern des ambitionierten Plans führen wird.

Unternehmenskultur

Die Unternehmenskultur der W.I.S.-Gruppe ist seit dem Jahr 2014 einem steten Wandel unterzogen. Das Ziel war die Abkehr vom wohlwollend als traditionell zu bezeichnenden Unternehmensleitbild zu einer durch Unternehmertum und Innovation geprägten Kultur. Die Führungskräfte werden stets ermutigt, als Unternehmer im Unternehmen zu agieren. Dieses Credo ermöglicht es den Verantwortlichen, mit einem höheren Freiheitsgrad zu agieren, was aber im Umkehrschluss auch ein höheres Maß an Verantwortung und Verbindlichkeit innehat. Dabei sind Möglichkeiten des Scheiterns und die Bereitschaft, (kontrollierbare) Risiken einzugehen, elementare Bestandteile des geforderten unternehmerischen Handelns. Ziel des gestarteten Change-Managements ist seitdem die Implementierung einer durch Innovation geführten Veränderung des Geschäftsmodells. Die Unternehmensführung musste vor Beginn des Transformationsprozesses den Reifegrad des Kulturwandels final bewerten.

Beirat / Geschäftsführung

Der Erfolg eines Transformationsprozess hängt substantiell von der Führung einer Organisation ab. Dies gilt im besonderen Maße im Kontext von ganzheitlichen Digitalisierungsstrategien, da diese mit einem hohen Grad der (disruptiven) Veränderung auf das Geschäftsmodell verbunden sind [22] und auch eine nicht irrelevante Welle des Widerstands innerhalb der Organisation hervorrufen können. Schon Niccolo Machiavelli schrieb, dass „kein Vorhaben schwieriger in der Ausführung, unsicherer hinsichtlich seines Erfolges und gefährlicher bei seiner Verwirklichung ist, als eine neue Ordnung einzuführen; denn wer Neuerungen einführen will, hat alle zu Feinden, die aus der alten Ordnung Nutzen ziehen, und hat nur lasche Verteidiger an all denen, die von der neuen Ordnung Vorteile hätten". [23]

Die Geschäftsleitung der W.I.S.-Gruppe beschloss im Sommer 2016, gemeinsam mit den Mitgliedern des Beirats die digitale Transformation der W.I.S.-Gruppe zu starten. Im Zuge verschiedener Planungen wurden den Beteiligten ständig das Ausmaß der Veränderung, die Bedeutung (Chance und Risiken) sowie die kommenden Herausforderungen bewusst. Denn der Unternehmensleitung war – vielleicht jedoch noch nicht

---

[22] Martin Danoesastro, Grant Freeland und Thomas Reichert, "A CEO's Guide to leading digital transformation", bcg. perspectives, (2017), [23] Niccolo Machiavelli, „Der Fürst", (1513)

im vollen Maße - klar, dass in solch einem sich ständig weiterentwickelnden Transformationsprozess von jedem Manager Kompetenzen (bspw. Technologie-Knowhow, Führung, Attrahierung von Talent etc.) gefragt sind, die im bisherigen Tagesgeschäft noch nicht gefordert waren.[24] Dieser Umstand sollte also für jedes Mitglied einen enormen Schritt aus der Komfortzone bedeuten.

Für die Mitglieder des Beirates brachte die Entscheidung für die Digitalstrategie weitere Herausforderungen mit sich. Ein substantielles Investitionsvolumen war für die angedachten Transformationsschritte erforderlich. Die Veränderungen in der IT-Systemlandschaft (u.a. Wechsel der Finanz- und Lohnbuchhaltung, Wechsel bzw. das Upgrade von ERP-Systemen etc.) führten unvermeidbar zu einer temporären Unklarheit hinsichtlich der Unternehmensperformance. Daneben vereinnahmen und bündeln Unterfangen dieser Größenordnung alle verfügbaren Kapazitäten einer Organisation – weitere Schritte in der Unternehmensentwicklung sind somit schwer durchführbar.
Es kristallisierte sich die für die W.I.S.-Gruppe (und wohl jede andere Organisation) entscheidende Fragestellung heraus, welche die handelnden Personen bejahend beantworten müssen:

Verfügen die verantwortlichen Personen über das notwendige Maß an Vision, Mut, gegenseitigem Vertrauen, Beharrlichkeit, Durchsetzungskraft und Resilienz gegenüber (sicher kommenden) Rückschlägen, um den eingeschlagenen Weg konsequent und erfolgreich zu beschreiten?[25]

Im Falle einer zweifelnden oder abschlägigen Antwort sollte der Umfang der angedachten Maßnahme überdacht bzw. geändert werden.

Führungskräfte

Der Unternehmenserfolg der W.I.S.-Gruppe ist eng mit den Leadership-Qualitäten des Managements verbunden. Die Weiterentwicklung der Führungskompetenzen ist ein bedeutender Teil der Unternehmens-DNA. Somit gelten die Mitglieder der ersten Führungsebene (Leiter des operativen Geschäfts sowie Verantwortliche der Support-Einheiten) als u. a. bedeutendste Assets der Unternehmensgruppe und müssen gerade in diesem herausfordernden Transformationsprozesses auf verschiedenen Ebenen fachlich und emotional abgeholt werden. Es war uns als Geschäftsführung vom ersten Augenblick der Planung klar, dass ohne das vollumfängliche Engagement der Führungskräfte der bevorstehende Kraftakt nicht zu vollziehen ist.

[24] Jürgen Mauerer, „4 Digital – die vier Disziplinen der Digitalisierung", Studie zu den Hamburger IT-Strategietagen 2018, (2018), [25] Innerhalb der WIS-Gruppe wird auch gerne der (zugegeben umgangssprachliche) Ausspruch des ehemaligen Fußballnationalspieler Oliver Kahn, welchen er bei einem Premiere-Interview am 01.11.2003 nach der Niederlage seines Vereins tätigte, zitiert.

„Führungskräfte müssen in der Lage sein, die digitale Umgestaltung ihrer Firma und ihrer Struktur zu unterstützen, Mitarbeiter dabei zu motivieren und sie für neue Funktionen und Prozesse zu begeistern. Denn nur so kann ein digitaler Wandel im Unternehmen erfolgreich gelingen." [26] Diese Aussage des Roland Berger-Partners Jörg Seufert spiegelt deutlich die Anforderung an die Führungskräfte wider. Dabei sind diese Herausforderungen zudem aus der bestehenden Organisation mit Boardmitteln zu meistern, was eine deutliche Arbeitsbelastung neben dem eigentlichen Tagesgeschäft (bei gleichbleibend hohen Anforderungen) darstellt.[27]

Daher stand zu Beginn der Digitalisierungsbemühungen ein intensiver Dialogprozess mit den Führungskräften an. In diesen Gesprächen wurde zunächst die Notwendigkeit der Transformation für die zukünftige Wettbewerbsfähigkeit der Unternehmensgruppe thematisiert und diskutiert. Engagierte Führungskräfte zeigten fundierte Einschätzungen hinsichtlich der Marktentwicklung, der Kundenerwartung, bestehende sowie ggf. sich entwickelnde Wettbewerbssituationen und die momentane sowie zukünftige Verfügbarkeit der Ressource „qualifizierte Mitarbeiter" auf und postulierten (teilweise)

Forderungen an das zukünftige Geschäftsmodell. Daneben wurden konkrete Vorstellungen hinsichtlich verbesserter Steuerungselemente (im Rahmen der Operating Excellence) geäußert. Als Resultat dieser Gespräche wurde das zukünftige Unternehmensziel im Rahmen des Führungskräftemeetings Ende 2016 ausgerufen.

Der Dialogprozess diente der Geschäftsleitung zugleich als Möglichkeit, die einzelnen Führungskräfte hinsichtlich der Einstellung zum Transformationsprozess sowie des vorhandenen Skill-Sets zu evaluieren. In unserer Industrie sind – vor allem im Kontext des digitalen Transformationsprozesses – die Zeiten des einsamen Kapitäns, der autoritär und ohne Absprache mit seinen Teammitgliedern die Aufgaben durchpeitscht, vorbei. Dies ist insbesondere begründet in der Knappheit der Ressource Mitarbeiter und in der rapiden zunehmenden Komplexität der Aufgaben, die von allen beteiligten Personen ein generelles Verständnis der Ausgangssituation verlangt.[28] Daher sind überdurchschnittliche Führungs- sowie Kommunikationsqualitäten im besonderen Maße gefordert. Daneben sind ein gewisses Verständnis über die Faktoren der Digitalisierung und die durch diese hervorgerufenen verschiedenen Veränderungen des Wirtschafts-

[26] Jörg Seufert, „Personalmanagement: Digitalisierung der Arbeitswelt stellt Mitarbeiter und Personalabteilungen in Unternehmen vor neue Herausforderungen." Roland Berger Press Release, (2017), [27] Frank Schabel (Hays AG), „Zwischen Effizienz und Agilität. Unter Spannung: Fachbereiche in der Digitalisierung.", (2018), [28] Christoph Adamczyk, Matthias Bäcker, Ottmar Franzen, Manuel Kreutz, Carsten Suntrop und Philipp Wachter, „Führung in Zeiten der Digitalisierung." BDU-Positionen, (2018)

lebens unabdingbar. Kurzum, der Anforderungskatalog an die Fähigkeiten unserer Führungskräfte hat sich in einem signifikanten Maße verändert.

Als positive Erkenntnis unserer Analyse konnte festgehalten werden, dass nur bei ganz wenigen Führungskräften eine fehlende Bereitschaft zur Veränderung bestand. Allen Verantwortlichen war – in unterschiedlicher Ausprägung – klar, dass eine Veränderung stattfinden muss. Der angedachte Umfang der Transformation war aber nur wenigen Managern bewusst. Leider mussten wir feststellen, dass wenige, durchaus verdiente, Führungskräfte nicht das erforderliche Skill-Set mitbringen bzw. sich auch nicht mehr aneignen würden - eine schmerzhafte, aber dennoch notwendige Erkenntnis. Dies veranlasste uns als Geschäftsführung, die Zusammensetzung der ersten und (teilweisen) zweiten Führungsebene anzupassen und neue Führungskräfte an Bord zu holen, welche den neuen Anforderungen gerecht werden.

Eine genaue Betrachtung der bestehenden Organisationsstruktur führte auch zur Erkenntnis, dass neue Funktionen innerhalb der W.I.S.-Organisation erforderlich sind. Als Konsequenz wurde die Abteilung des Business Intelligence Compentence Centers (BICC) ge-

schaffen, welches sich ausschließlich mit der strategischen Entwicklung und operativen Anwendung des BI-Systems als Key-Tool der digitalen Transformation beschäftigt. Die Installation des BICC ist ein bedeutendes, nachhaltiges Investment in eine Kompetenz, welche es bislang in der W.I.S.-Gruppe und bei Marktbegleitern nicht gegeben hat. Weitere Maßnahmen waren die Ernennung eines Chief Technology Officers (CTO) sowie die Einführung eines IT- und Innovation-Boards, in welchem zukünftige technologische Herausforderungen behandelt werden.

Operative und administrative Mitarbeiter

Die operativen und administrativen Mitarbeiter entscheiden schlussendlich über den nachhaltigen Erfolg der digitalen Transformation der Organisation. Ablehnung, fehlende Überzeugung, Sorge und fehlendes Know-how führen unwiederbringlich zur Verzögerung und (im schlimmsten Fall) zum Scheitern jeder noch so ausgereiften Transformationsstrategie.[29] Dieser Umstand muss jeder handelnden Person bewusst sein. Die Implementierung der Digitalisierungsstrategie kann nicht ohne die operativen und administrativen Mitarbeiter erfolgreich gestaltet werden.

---

[29] Jürgen Mauerer, „4 Digital - die vier Disziplinen der Digitalisierung.", Studie zu den Hamburger IT-Strategietagen 2018, (2018)

Der Austausch mit Mitarbeitern zeigte auf, dass diese Befürchtungen auch innerhalb der W.I.S.-Gruppe in unterschiedlichem Ausmaß existieren. Die Gründe für die Sorgen und mögliche Ablehnung sind zahlreich. Die Ankündigung von Transformationsprozessen (und somit der Veränderung des Status-Quo) ruft bei einer Vielzahl von Menschen ein Gefühl von Unbehagen und Skepsis hervor. Diese Verunsicherung scheint im Kontext der Digitalisierung verstärkt aufzutreten und führt zu tiefgreifenden Sorgen. Laut eines Reports der Böckler-Stiftung kursieren in den Medien „Szenarien über drohende digitalisierungsbedingte Massenarbeitslosigkeit. Andere – wahrscheinlichere – Szenarien beschreiben zumindest mittlere bis große Verwerfungen auf dem Arbeitsmarkt und seine zunehmende Polarisierung. Die bange Frage lautet, was vom deutschen System der sozialen Marktwirtschaft insgesamt noch übrigbleibt, falls die Disruptionen der Digitalisierung bislang tragfähige Strukturen und Institutionen ins Wanken bringen." [30] Die oftmals daraus resultierende (in)direkte Ablehnung eines Transformationsprozesses ist manchmal – auch wenn es ungern zugegeben wird – durch den Umstand begründet, dass im Zuge der zunehmenden Digitalisierung von Arbeitsprozessen die Ergebnisse der Arbeit transparenter werden.[31] Transparenz führt für zahlreiche Mitarbeiter zum Wegfall von Herrschaftswissen und zur Abnahme von geschaffenen Komfortzonen – ein Umstand, der nicht immer Begeisterungsstürme hervorruft. Neben diesen sehr ernstzunehmenden emotionalen Faktoren gilt es auch das bisherige Know-how bzw. die gegebenen Digitalisierungs-Skills der einzelnen Mitarbeitergruppen zu bewerten, da ein Defizit auf diesen Gebieten als relevantes organisatorisches Hemmnis auf dem Weg der digitalen Transformation gilt.[32]

Neben den beschriebenen Sorgen konnte aber auch eine positive Einstellung hinsichtlich der angedachten Veränderungen wahrgenommen werden. Operative Mitarbeiter realisierten die Bedeutung ihrer Position in dem angedachten Transformationsprozess und erlebten – auch mit einem gewissen Stolz – die Wertschätzung ihrer tagtäglichen Tätigkeit durch die Unternehmensführung.

Dieses, durchaus als durchwachsen zu bezeichnende, aber nicht unerwartete Ergebnis der Bestandsaufnahme spiegelt die Herausforderungen an die Führungskräfte wider. Das notwendige, momentan noch fehlende Anwender-Know-how kann dem Großteil der Belegschaft durch fortwäh-

[30] Kerstin Jürgens, Reiner Hoffmann und Christina Schildmann, „Arbeit transformieren! Denkanstöße der Kommission „Arbeit der Zukunft"." , Hans Böckler Stiftung (2017), [31] Dr. Sebastian Schlund, Moritz Hämmerle und Tobias Strölin, „Industrie 4.0 – eine Revolution der Arbeitsgestaltung. Wie Automatisierung und Digitalisierung unsere Produktion verändern werden." (2014) Ingenics AG, Frauenhofer IAO, [32] Jürgen Mauerer, „4 Digital – die vier Disziplinen der Digitalisierung", Studie zu den Hamburger IT-Strategietagen 2018, (2018)

rende Schulungen beigebracht werden. Im privaten Bereich nutzen viele Mitarbeiter schon Dienste, deren Bedienung den neuen operativen Anforderungen ähnelt. Es wird jedoch die (fortwährende) Hauptaufgabe sein, die Sorgen hinsichtlich des Arbeitsplatzverlustes sowie der angeblichen Bedeutungslosigkeit Einzelner durch einen intensiven und nachhaltig geführten Kommunikationsprozess zu minimieren. Dabei muss jeder Angestellte – ob in den indirekten oder direkten Bereichen der Leistungserbringung tätig – hinsichtlich der Vision der Gesamtgruppe sowie der Abteilung und den damit verbundenen Veränderungen überzeugt werden.[33] Entgegen aller Befürchtungen wird die Tätigkeit der operativen W.I.S.-Mitarbeiter im Zuge der digitalen Transformation, anders als in anderen Industrien, signifikant aufgewertet. Umfang und Wert der tagtäglich erbrachten Dienstleistung – momentan nicht wirklich von der Umwelt realisiert bzw. ausreichend gewürdigt – werden im Zuge der Umsetzung der Digitalisierungsvision („Wir machen Sicherheit erlebbar") dem Kunden zur Kenntnis gebracht. Die Wichtigkeit des Mitarbeiters als sicherndes Element der Wertschöpfungskette des Kunden wird somit transparent – dies führt zweifelsohne zur Steigerung des Ansehens der Tätigkeit unserer Mitarbeiter.

Fazit oder: Was haben wir in den vergangenen Monaten gelernt?

Ein Unternehmen wie die W.I.S.-Gruppe, die proaktiv den Wandel einer Branche begleiten will, muss sich unabdingbar der digitalen Transformation unterwerfen. Die Aufgabe der Unternehmensführung ist die Entwicklung einer überzeugenden, strategisch gut geplanten und klar kommunizierbaren Digitalisierungsstrategie unter Berücksichtigung der technischen, prozessualen und personellen Gegebenheiten. Weitere Erfolgsfaktoren sind die ständige Kommunikation mit den verschiedenen Stakeholdern, Demut gegenüber den bevorstehenden Herausforderungen und Bereitschaft, die Organisation für einen längeren Zeitraum mit das Tagesgeschäft einschränkenden Zusatzaufgaben zu belegen. Der entscheidendste Erfolgsfaktor ist jedoch – so die Feststellung aus unserem Transformationsprozess – die Entschlossenheit der obersten Führungsebene, den eingeschlagenen Weg konsequent zu beschreiten und sich nicht von den sicher kommenden Rückschlägen beirren zu lassen.

---

[33] Frank Schabel (Hays AG), „Zwischen Effizienz und Agilität. Unter Spannung: Fachbereiche in der Digitalisierung" (2018)

Dr. Frank Nikolaus
Managing Partner Nikolaus & Co. LLP

Dr. Frank Nikolaus *ist Managing Partner der Beteiligungsberatungsgesellschaft Nikolaus & Co. LLP und Vorsitzender des Beirats der W.I.S.-Gruppe. Der Diplom-Kaufmann befasst sich mit seinem Team seit über 20 Jahren mit komplexen Finanzierungen und Unternehmensinvestitionen in Umbruchsituationen. Seit einigen Jahren liegt der Fokus auf solchen Unternehmen, deren Geschäftsmodelle innovationsfähig sind oder deren bereits aufgebaute technologische Kompetenz in unzeitgemäßen Strukturen verhaftet ist. Nikolaus führt den Beirat der W.I.S.-Gruppe seit fünf Jahren und hat in dieser Zeit seine Aktivitäten in der Sicherheitswirtschaft vertieft, mit einem besonderen Blick auf disruptive Veränderungen.*

Blockchain: ein Fall für die Sicherheitswirtschaft?

Blockchain: eine Kurzeinführung

Vitalik Buterin, steinreicher Gründer der Blockchain Ethereum, kann im Alter von 24 bereits den Grandseigneur geben. Jüngst kommentierte er die enttäuschende Kursentwicklung von Kryptowährungen in 2018: "Wenn man sich mittlerweile mit einer durchschnittlich gebildeten Person unterhält, hat diese wahrscheinlich zumindest schon einmal von der Blockchain gehört. Es gibt keine Möglichkeit mehr für ein weiteres 1.000-faches Wachstum." Heftige Kursausschläge waren die Folge. Für Zwecke dieses Kompendiums sei davon ausgegangen, dass die Leserschaft in der Tat schon einmal von der Blockchain gehört und eine vage Ahnung von ihr entwickelt habe, staunend den Hype der Kryptowährungen des Jahres 2017 verfolgte, oder gleich selber mitzockte, und sich dennoch auf Anhieb kaum geschäftliche Anwendungsbereiche der Technologie vorstellen könne; allemal in der Sicherheitswirtschaft. Dieser Beitrag versucht, die Grundsystematik zu beleuchten und strukturiert Denkanstöße zu geben. Zunächst seien die drei Grundprinzipien erklärt

Serialität oder: der Zauber der „lfd. Nr."

Zur Illustration möge man sich ein Grundbuch vorstellen, wie es in der vorelektronischen Zeit geführt wurde, und auch aus der Buchhaltung ist das Prinzip bekannt: Eine einmal vorgenommene Eintragung kann nicht mehr rückgängig gemacht oder geändert werden. Die Buchung erfolgt nach einem vorgegebenen Muster und wird in einem Kontenblatt ("Ledger") eingetragen. Dieses Kontenblatt wird lediglich mit einer laufenden Nummer versehen und auf seinen Vorgänger geheftet. Die Nummerierung verhindert, dass ein Blatt unbemerkt herausgerissen wird. Die Heftung verhindert, dass es ausgetauscht wird. Wird ein einmal eingetragenes Recht, etwa eine Grundschuld, später wegen Tilgung gelöscht, so wird die entsprechende Eintragung zunächst mit dem "Buchhalter-Z" durchkreuzt und mit der Notiz "Gelöscht durch …" vom Rechtspfleger unterschrieben und gestempelt. Obwohl „gelöscht", bleibt der Eintrag ad infinitum sichtbar. Eine neue Grundschuld kann darunter oder auf dem nächsten Blatt eingetragen werden. In der Buchhaltung (Stichwort „T-Konten") wird nicht gelöscht oder durchkreuzt, sondern es wird auf einem später angelegten Kontenblatt eine Gegenbuchung vorgenommen, etwa wenn ein Anspruch getilgt wird. Die vorangegangenen Kontenblätter bleiben wie sie sind. Auch eine fehlerhafte oder ungewollte Buchung kann nicht mehr unsichtbar gemacht werden. Das Finanzamt macht regen Gebrauch von diesem Umstand. Transparenz ist ein Wesenskriterium von Blockchains. Dass die gängigen Kryptowährungs-Plattformen gelegentlich für "Geldwaschanlagen" gehalten werden, erscheint daher auf den ersten Blick widersprüchlich, aber dazu später mehr.

Persistenz oder:
Das moderne Tackern

Die Funktion der "Heftung" der Kontenblätter übernimmt in der digitalen Welt der Blockchain die Kryptographie. IT-lern alter Schule ringt deshalb die Technologie oft nur ein müdes Lächeln ab. Denn kryptographische Verbindungen von Dokumenten zum Zweck der sicheren Dokumentation sind ein alter Hut professioneller Datenbanken. Dieser Vorgang wird als Persistenz bezeichnet. Dass erst in den letzten Jahren die Blockchain ihren Siegeszug angetreten hat, ist vielmehr der Tatsache fulminanter Preisdegression bei Datenspeichern und Übertragungswegen geschuldet. Denn natürlich ist unser Grundbuch schon seit langem nicht mehr vorelektronisch, sondern digital "nu-

meriert" und "geheftet". Vor Zerstörung, Entwendung oder unerlaubten Eingriffen muss auch die Datenbank noch geschützt werden. Entsprechend befinden sich auch elektronische Grundbücher noch hinter hohen Gerichtsmauern und Firewalls. Vor Wasser oder Feuer schützen eine oder mehrere Kopien, die am Ende eines Tages gezogen und in einem feuer- und wasserfesten Tresor abgelegt werden. Allen ist gemein, dass die einzelnen Datensätze persistent aneinandergereiht bleiben, „getackert" sozusagen.

Distribution oder:
Menge macht wahrer

Das bestechende an der Blockchain ist nun, nicht eine oder wenige Kopien anzufertigen, sondern n Kopien mit – im Idealfall - n gegen unendlich. Und diese Kopien werden nicht nur einmal am Tag von einer zentralen Einheit angefertigt und versendet, sondern sie entstehen gleichsam im selben Moment in einem Netzwerk mit allen Teilnehmern am System - je mehr, desto besser. Wollte nun jemand die Buchungen oder Eintragungen auf den Kontenblättern korrumpieren, so müsste er sämtlicher Kopien habhaft werden und die kryptographischen Sicherheitsschlüssel knacken. Sämtliche? Nein, vereinfacht gesprochen funktionieren Blockchains in der Regel nach dem Mehrheitsprinzip. Deshalb ist auch häufig im Zusammenhang mit

Blockchains vom Prinzip des "Consensus" zu lesen. Entscheidend ist aber, dass es in einer solchen Welt keiner zentralen Instanz, keiner Clearingstelle mehr bedarf, weil sich alle Teilnehmer aufgrund der computerisiert gleichzeitigen Erfassung und Verschlüsselung der vollkommen transparenten Eintragungen oder Buchungen auf deren Richtigkeit verlassen können. Das Problem des "Wer hat den Master" bei der Gruppenarbeit an elektronischen Dokumenten – um ein anderes Beispiel zu nennen - hätte sich damit erübrigt. Streit um Versionsnummern gehört der Vergangenheit an.

Public Permissionless, Private, Permissioned

Erst viertens kommt ins Spiel, was die Welt gerade in 2017 so sehr bewegt hat: Die Kryptowährung, notabene der verrufene und doch so attraktive Bitcoin.

Die obengenannten drei Prinzipien:
   • Serialität
   • Persistenz
   • Distribution

reichen schon aus, um eine sogenannte "Private Blockchain" zu bilden. Sie wird auch häufig nur als „Distributed Ledger" („DL") bezeichnet. Die DL-Technology, oder „DLT", ist der korrekte Oberbegriff, während Blockchain prinzipiell nur solche DL meint, die mit einem Konsensmechanismus arbeiten und nicht zentral gesteuert werden. Dagegen zielt die Idee hinter Bitcoin und seinen zahlreichen Nachahmern gleich auf die Obsoleszenz jedweder privater oder gar staatlicher Autorität - und ist vielleicht auch deshalb steter Quell ins Kraut schießender Utopien. Weiter unten soll sie daher als Beispiel für die ihr inhärente Sicherheit etwas näher erläutert werden.

Solche „Public" und „Permissionless" Blockchains wie Bitcoin oder Ethereum sind tatsächlich öffentlich im Sinne von vollständiger Transparenz. Jeder Teilnehmer im Netz lädt sich die gesamte Blockchain mit allen darauf gespeicherten Transaktionen seit ihrer Entstehung herunter (derzeit etwa 185 GB bei der Bitcoin Blockchain). Der Nutzer speichert seine eigenen Bitcoin in sogenannten "Wallets". Dass die vorgenommenen Transaktionen dennoch einen kriminellen Hintergrund haben können, liegt am Prinzip des Pseudonymus, wozu noch einige Ausführungen weiter unten folgen werden.

Eine Private Blockchain, die mehr als nur ein Distributed Ledger ist, unterhält einen Konsensmechanismus; der Administrator jedoch reguliert. Innerhalb des Regelwerks sind in einem abgeschlossenen Kreis nur "private" Teilnehmer erlaubt.

Permissioned Blockchains sind dagegen weniger reguliert als Private Blockchains, erfordern aber, anders als Public Permissionless Blockchains, ebenso die Zulassung und Validierung der einzelnen Teilnehmer. Die bekannteste Permissioned Blockchain ist Ripple.

Mit verschiedenen Mischformen experimentieren inzwischen auch diejenigen, die sich am meisten bedroht fühlten: Banken und Versicherer (etwa im Netzwerk R3). Dabei spielen sie durch, dass ihre eigene Funktion als kontoführende Stelle zwar entfällt, die Transaktionen zwischen mehreren Teilnehmern also distribuiert erfasst werden, aber sie setzen zuvor die Regeln, die sich von außen, also ggf. auch gerichtlich, überprüfen lassen. So hat etwa die Landesbank Baden-Württemberg schon in 2017 die Emission eines Schuldscheins der Firma Daimler AG im Volumen von 100 Mio EUR mithilfe der Technologie durchgeführt.

Proof of Work, Proof of Stake, PBFT

Die Validierung erfolgt entweder durch einen Wettbewerb um Rechnerkapazitäten, mit denen kryptische Rätsel zu lösen sind („Proof of Work"), worauf im Rahmen der Bitcoin Erläuterungen noch eingegangen wird, durch Anteilsnachweis („Proof of Stake") oder eine Form von Mehrheitsprinzip („Practical Byzantine Fault Tolerance, PBFT"). Bisher hat sich in Public Permissionless Blockchains, jenen also, die nicht nur ohne eine zentrale, sondern auch gänzlich ohne eine regulierende Instanz oder auch nur Eingriffs- bzw. Überprüfungsmöglichkeiten von außen auskommen, erst eine Blockchain auf Basis des Proof of Stake anstelle des Ressourcen verschwendenden Proof of Work etabliert. Dies ist nicht Ethereum, deren Erfinder Buterin den Proof of Stake schon in seinem Whitepaper zum Ziel erklärt hatte, sondern die relativ junge Blockchain EOS. Beim Proof of Stake findet die Validierung eines nächsten Blocks, also des nächsten Kontenblattes, wie beim Proof of Work zwar durch die Lösung eines Krypto-Rätsels statt, aber Teilnehmer mit einem höheren Anteilswert, den sie bereits in der Vergangenheit erwirtschaftet haben, werden diesem „Stake" gemäß bevorzugt. Die dritte Variante Practical Byzantine Fault Tolerance, die Partisanen und technische Faults in einem Netzwerk voraussieht und sie praktischerweise ausschaltet, ist in der IT keine Unbekannte und wird weiter unten noch kurz aufgegriffen.

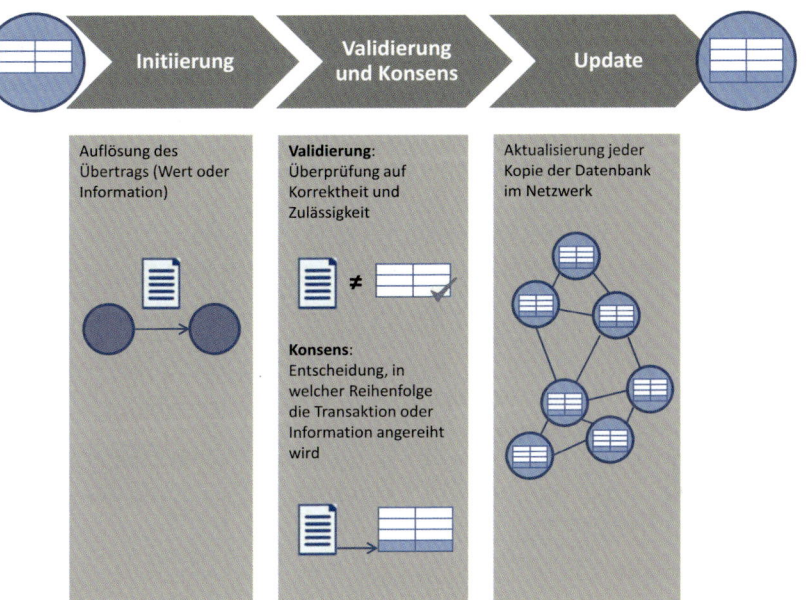

Abbildung 1, Über einen Konsensmechanismus bildet sich ein möglichst großes Netzwerk von immergleichen Konten-
büchern. Die folgende Graphik veranschaulicht den Prozess (Quelle: Monatsbericht Deutsche Bundesbank, September
2017, S. 38)

Smart Contracts

Die Blockchain/DL-Technologie ermöglicht grundsätzlich das Speichern und Verbreiten beliebiger
digitaler Informationen. Eine Beschränkung auf die reine Dokumentation bereits geschehener
Transaktionen ist nicht zwingend,
vielmehr können auch Programme
„zum Laufen gebracht werden". Es
können Vorgänge abgebildet werden, die an bestimmte Bedingungen geknüpft sind. Was der Programmierer als Sequenz-Alternati-
ve-Iteration kennt, ist für den Juris-
ten ein Vertrag: Wenn Bedingung1
eintritt, tritt Folge1a ein, wenn Be-

dingung1 nicht eintritt, Folge1b
oder es bleibt beim Ausgangszu-
stand. Solche einfachen Klauseln
lassen sich ebenso verteilt und dezentral speichern. Dieser Umstand
hat zu dem Siegeszug der Blockchain Ethereum geführt. Ethereum
ermöglicht die Abbildung solcher
einfacher Programmcodes. Diese
neuen Möglichkeiten haben anfangs mittelschwere Beben in all
den Institutionen ausgelöst, deren Geschäftsmodell im weitesten
Sinne im „Clearing" von Transaktionen besteht, also darin, als zentrale vertrauenswürdige Stelle dafür

zu sorgen, dass miteinander agierende Parteien einfache Transaktionen rechtssicher abwickeln können: vornehmlich Finanzinstitutionen und Versorger. Bei genauerem Hinsehen zeigt sich, dass viele Unternehmen ihre Berechtigung zu einem Gutteil auf dieser Zentralfunktion für Dritte aufbauen. Auch die Sicherheitswirtschaft ist davon nicht ausgenommen, wie unten näher beleuchtet wird.

Im Zuge des Hypes um Kryptowährungen haben sich seit Mitte 2016 eine Unmenge an Gründern mit zum Teil an den Haaren herbeigezogenen Business Modellen (Krypto-)Geld in sogenannten „Initial Coin Offerings" („ICOs") besorgt, die für alle erdenklichen Lebensbereiche solche Zentralfunktionen durch eine blockchainbasierte Smart Contract Lösung mit eigens dafür geschaffener Währung (sogenannte „Utility Token") glauben ersetzen zu können. Ein bedeutender Teil davon ist Betrug, ein weiterer zum Scheitern verurteilt, aber ein kleiner Rest wird sich durchsetzen. Nolens volens findet ein ICO seinerseits unter Nutzung eines Smart Contracts im Ethereum Universum (ERC20 Code) statt.

Blockchain und Sicherheit

Funktionsbereiche der Unternehmenssicherheit: Tradition und Moderne

Die Sicherheitswirtschaft befasst sich zum überwiegenden Teil mit der Zurverfügungstellung von Unternehmenssicherheit, dem „B2B" Geschäft. Die Unternehmenssicherheit ist einem enormen Wandel unterworfen. Während sie traditionell defensiv und reaktiv verstanden wurde, als ein Tool, das dem Unternehmen zur Verfügung zu stellen war, von innen oder außen zugeliefert, steht heute die ständige Einbindung von Sicherheitsaspekten in die Geschäftsabläufe im Vordergrund. Ziel ist es nicht, Risiken um jeden Preis zu vermeiden – denn Risiken gehören zur Wirtschaft wie das Salz in die Suppe –, sondern das Unternehmen nachhaltig resilient zu machen. Dazu müssen jeder Mitarbeiter und jede Unternehmensfunktion ex ante auf Risikominimierung und Sicherheitsaspekte eingerichtet sein. Es ist kein Geheimnis, dass sich dieser Paradigmenwechsel im Windschatten der Digitalisierung vollzieht: IT ist aus keinem Winkel des Unternehmens mehr wegzudenken, vom Shopfloor bis zur Marketingabteilung. Mit der Informationstechnologie hat sich das Verständnis von

Security vom „Guard at the Gate" abgehoben. Aber nicht alles ist nun nur noch „Cybersecurity". Die physische Sicherheit bleibt mindestens ebenso notwendig. Anhand einiger Funktionsbereiche der Unternehmenssicherheit sei im folgenden der Einfluss der DLT dargestellt: Wo kann DLT die Unternehmenssicherheit und -resilienz erhöhen, wenn Unternehmen der Sicherheitswirtschaft hieran mitwirken; wo stellt der zunehmende Einsatz von DLT gar zusätzliche Anforderungen an die Sicherheitsindustrie und wo ist weder in die eine, noch in die andere Richtung mit einer Veränderung zu rechnen:

Die Funktionsbereiche der Unternehmenssicherheit lassen sich im wesentlichen in die Bereiche

- *Personenschutz*
- *Physische Sicherheit/Objekt-*
  schutz
- *Informationsschutz und*
  IT-Sicherheit/Cybersecurity
- *Safety (etwa Arbeits-, Brand-*
  und Katastrophenschutz)
- *Business-Continuity und*
  Risk-Management

einteilen. Aufgrund des vorstehenden modernen Verständnisses erscheinen die vielfältigen Differenzierungen und Definitionen jedoch überholt. Schon der deutsche Begriff „Sicherheit" leidet darunter, dass er im internationalen Gebrauch in die wohl voneinander zu trennenden Bereiche „Se-

curity" und „Safety" zerfällt. Augenscheinlich wird dies an dem begrifflich überladenen Bereich der „Cybersecurity", der Synonym mit, gelegentlich aber auch abgrenzend zu etwa „Information-Security", „IT-Security", „Computer-Security" usw. verwendet wird. Schatz/Bashroush/Wall halten die analytischen Herleitung einer sauberen Definition für geboten: „Towards a More Representative Definition of Cyber Security" (Journal of Digital Forensics, Security and Law. 12 (2). ISSN 1558-7215).

Die Überlegungen in diesem Beitrag müssen dagegen an der Oberfläche bleiben. Sie stellen lediglich einen Versuch dar, die Bedeutung der neuen Technologie für die Unternehmenssicherheit, und hier die private Sicherheitswirtschaft als Provider, zu strukturieren. Dabei erscheint eine Beschränkung auf die Bereiche der physischen Sicherheit und der Informationssicherheit bzw. Cybersecurity angebracht.

A. Private Sicherheitswirtschaft: Betätigungsfeld oder Anwendungsmöglichkeit?

Der Blockchain/DLT wird gemeinhin disruptives Potential nachgesagt, weil sie direkte Transaktionen ohne Intermediär zulässt. Auch die Sicherheitswirtschaft muss sich fragen, inwieweit sich die Technologie zur Schaffung von Sicherheit, technischer wie persönlicher, einsetzen lässt, und inwieweit sie so-

Brauchen Sie eine Blockchain?

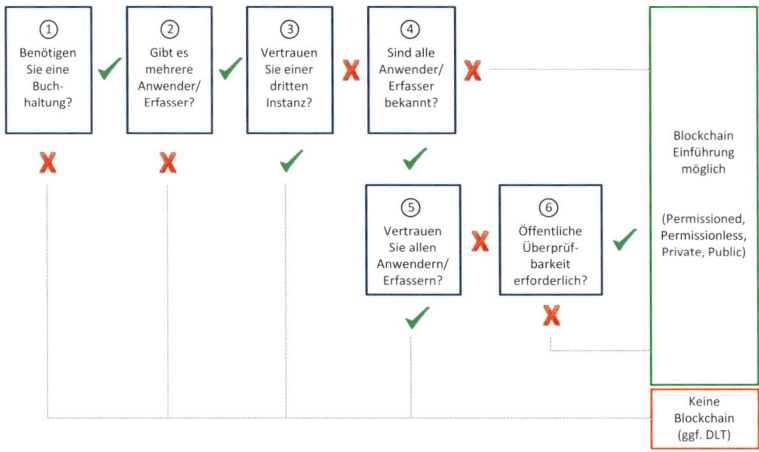

Abbildung 2, (Quelle: CBInsights, Could Blockchain Technology Help Avoid Another Cambridge Analytica, 3.4.2018)

gar eine existientielle Bedrohung für Sicherheitsunternehmen darstellt.

Drei Bereiche bedürfen der Betrachtung: Zunächst stellt sich die Frage, inwieweit die Blockchain-DL –Technologie den Bedarf an Sicherheit verringert, ihr Sicherheit also inhärent ist oder es zu Substitutionseffekten kommt. Zweitens stellt sich die Frage, ob die Verbreitung der Technologie sogar neue Herausforderungen stellt, es also zu einer zusätzlichen Nachfrage nach Sicherheit kommt. Drittens wird die Möglichkeit beleuchtet, in wieweit die Technologie in der traditionellen Sicherheitswirtschaft anwendbar ist.

Zunächst sei das folgende Prüfschema (Abb. 2) eingeführt. Die dort aufgeführten Fragen erscheinen zunächst trivial. Angesichts des Hypes um die Technologie sei aber daran erinnert, dass ihr Einsatz nur gerechtfertigt ist, wenn diese Voraussetzungen vorliegen. Denn der mit dem Einsatz einer Public Permissionless Blockchain verbundene Aufwand ist besonders groß. Wenn sie nach dem Prinzip des Proof of Work arbeitet, ist sie in der Regel zudem besonders langsam. So ist die Bitcoin Blockchain von Anfang an darauf angelegt, dass nur alle ca. zehn Minuten ein neuer Block geschaffen und abgeschlossen wird.

CBInsights kommt zu dem Schluss, dass sich die meisten Unternehmen im Ergebnis für die Distributed Ledger Technologie entscheiden werden, deren Administration zentral erfolgt (ebenda). Dies ist nicht mehr als eine Datenbanktechnologie, bei der eine begrenzte Anzahl von Teilnehmern zeitgleich jede Änderung erhält, ohne dass sich die Möglichkeit einer Manipulation ergäbe. Auch das ist ein bedeutender Fortschritt. Aber die zentrale Instanz hat die Macht des Regelsetzers und Schiedsrichters und kann im Extremfall sogar eingreifen. Bei der Vorstellung, Regierungen könnten davon Gebrauch machen, erscheint Dystopia nicht fern. Chinas Sozialkreditsystem etwa stößt im Westen nicht umsonst auf großes Unverständnis. Einer Kryptowährung oder auch nur eines Proof of Stake oder anderen Konsensmechanismusses bedarf es dann nicht.

Die folgenden Überlegungen behandeln dagegen eher die dezentrale Blockchain Technologie mit Konsensmechanismus, weil von ihr die größere und womöglich auch distruptive Innovationskraft ausgeht.

Inhärente Problemlösung, Substitution oder Revolution?

Blockchain Land ist Liberland

Blockchain Evangelisten sind wahre Revolutionäre. Ihr Manifest lautet: „Die Blockchain wird die Transaktion so verändern wie das Internet die Kommunikation." (GDI Impuls, 2/2016, S. 12 ff.). Was das in der Endstufe bedeutet, ist die „Null-Transaktionskosten-Gesellschaft", der Staat (ohne Steuern) „Liberland", ein Eldorado für Libertäre (ebenda, S. 32 ff.). Selbst Plattformökonomien sind überholt: „Uber ohne Uber". Jeder transagiert mit jedem auf absolut sicherer Basis ohne die Möglichkeit Monopolrenten zu verdienen.

Für die Sicherheitslage klingt dies bestechend: Wenn alles transparent und unkorrumpierbar dokumentiert ist, jede Bewegung, jedes Ereignis aufgezeichnet, gibt es keine Kriminalität, aber auch keine fahrlässig begangenen Fehler zum Nachteil einzelner. Versicherungen wären dann ebenso obsolet wie staatliche und private Anbieter von Schutz und Sicherheit. Soweit die Utopie. Nur existiert Liberland bereits: Auf 7 Hektar liegt es zwischen Kroatien und Serbien und wird weder vom einen, noch vom anderen Staat beansprucht. Mehrere hunderttausend Menschen haben sich bereits für eine „Staatsbürgerschaft" von Liberland beworben. Als Währung funktionieren sogenannte „Merits", eine blockchainbasierte Währung, die – wie der Name verrät – gegen Dienste am Allgemeinwohl Mitbestimmungsrechte verspricht, zunächst aber einmal die Staatsbürgerschaft selbst, bei exakt 10.000 Merits. Solche verrückt erscheinenden Blockchain-basierten „Staatswesen" oder auch nur Communities gibt es inzwischen einige.

Dass der Blockchain-DL-Technologie grundsätzlich erhebliches Potential für die Schaffung zusätzlicher Sicherheit innewohnt, die Technologie mithin inhärent sicher wäre, zeigt das Beispiel von Grundbuch und Griechenland-Krise: Das Land krankte an großen Beständen fauler Kredite in den Bankbilanzen, zum größten Teil Immobilienfinanzierungen, verfügte aber zu keiner Zeit über ein funktionierendes Grundstücksregister (Kataster und Grundbuch). Mithin war es kaum möglich, rechtssicher zu vollstrecken. Die Banken hatten keine Möglichkeit, ihre Ansprüche zu realisieren oder zu verkaufen; Zustände wie in Zentralafrika und keineswegs EU-würdig, mag man gedacht haben. Kaum jemand in Europa weiß dagegen, welche Bedeutung sogar in der Wirtschaftsnation Nr. 1, den USA, sogenannte „Title Insurances" haben: Spezielle Versicherungsunternehmen verdienen sich eine goldene Nase daran, Grundstückskäufer und -finanzierer gegen die Rechtsunsicherheiten nicht sauber und durchgängig dokumentierter Kataster abzusichern. Jeder Käufer muss eine solche Versicherung verpflichtend abschließen, zumal, wenn er finanzieren will. Eine blockchainbasierte Erfassung würde diesen Versicherungsmarkt austrocknen, wie die Einführung des vollautonomen Fahrens die Kfz-Versicherung.

Kein Wunder, dass die erste praktisch relevante Funktion im echten Liberland tatsächlich die Einrichtung eines blockchainbasierten Katasters ist (vgl. ebenda, S. 34).

Computerspielgeneigte fühlen sich an die Aufbaustrategiespiele der Anno-Serie erinnert.

Distribution stabilisiert

Die Architektur einer Blockchain ist in der Tat inhärent sicher, weil folgender – durchaus faszinierender – Mechanismus greift, der sich am einfachsten am Beispiel der Bitcoin-Blockchain erklären lässt. Public Blockchains brauchen – bisher zwingend – eine "Währung", die einen eigenständigen Transaktions- oder Bestandswert ausbildet. Bei der Bitcoin-Blockchain ist es auch allein diese Währung, die transagiert werden kann. Bei Ethereum dagegen ist es möglich, auch Smart Contracts (vgl. oben) unkorrumpierbar dezentral niederzulegen. Die Währung Ether ist nur das "Schmiermittel", um sie in Betrieb zu halten. Dazu wird, so lange diese Blockchains bisher nur im Wege des "Proof of Work" funktionieren, im Netzwerk der Teilnehmer ein Betrag in der Währung selbst als Belohnung für denjenigen ausgelobt, der ein kryptographisches Rätsel als erster löst. Das funktioniert in etwa so: Schon um an die ersten Bitcoin zu kommen, als die Blockchain 2009 aufgesetzt wurde, musste man diese „schürfen", indem man mithilfe seines Computers im Wettbewerb mit anderen „Minern" (vergleichbar Goldsuchern) im Netz ein solches Rätsel als erster löste, um den nächsten Block in der Kette anhängen zu dürfen. Basis ist der SHA-256-Algorithmus. Dabei ist es bis heute geblieben. Der Gewinner darf diesen neuen Block (n) an seinen Vorgänger (n-1) anfügen, weil nur er den auf den Vorgänger passenden kryptographischen Schlüssel gefunden hat. Für seine Leistung erhält er zweierlei: Zum einen fließt ihm eine vorfestgelegte Belohnung in Bitcoin durch das System zu. Zum zweiten erhält er Transaktions-Gebühren von denjenigen, die ihre „Überweisungen" in Bitcoin in der Zwischenzeit eingegeben haben und im nächsten Block sicher dokumentiert erhalten wollen. Die Idee des bis heute unentdeckten Erfinders der Bitcoin Blockchain (Pseudonym Satoshi Nakamoto) war, eine Währung zu schaffen, die als Transaktionsriemen und Wertaufbewahrungsmittel gleichermaßen funktioniert, wobei

• die maximale Ausgabemenge an Bitcoin vorfestgelegt ist (21 Mio),

• die Höhe der Belohnung für das Rätsellösen sich alle vier Jahre halbiert und zugleich

• die Rätsel proportional zur Aktivität im Netz der angeschlossenen rätsellösenden Miner (meist nimmt sie zu, muss es aber nicht) schwieriger werden, so dass etwa immer möglichst genau alle zehn Minuten ein neuer

Block geschaffen und mit den in der Zwischenzeit von Nutzern eingegebenen Transaktionen gefüllt und abgeschlossen/angeheftet wird.

Wegen der enormen Komplexität der Rätsel verschlingen die dazu eingesetzten Computer inzwischen Unmengen an Strom, weshalb sich bekanntermaßen bereits Umweltverbände exaltieren. Der Marktwert der Währung steigt mit zunehmender Nutzung und Komplexität. Die Rechnerkapazitäten werden dabei so teuer, dass es keinen ökonomischen Nutzen für einen Teilnehmer oder einen Dritten mehr hat, die kritischen mehr als 50% der gesamten Rechnerleistung im Netz zu überschreiten. Denn dies würde bedeuten, einen höheren Betrag in die Rechner investieren zu müssen, als sich an Bitcoin dadurch "erobern" ließe. Der Wert des Diebesguts wäre geringer als der Preis des Einbruchwerkzeugs. Das kann man durchaus für genial halten, und die Bitcoin Blockchain ist inzwischen auch so stabil, dass sie sich voraussichtlich gegenüber allen anderen Blockchains durchsetzen wird. Schon hat sich eine Community gebildet, die sich selbst die unbescheidene Etikette "Maximalisten" gibt, weil sie andere Blockchains und ICOs (vgl. unten) als Totgeburten verteufelt. Dabei äußert etwa Jimmy Song regelmäßig auf den Veranstaltungspodien dieser Welt das von oben bekannte

Argument (in den Worten des Autors): *Why decentralise something so costly and slowly that works perfectly well via a centralised entity?* Dieser erheblichen Effizienz-Einschränkung einer – stets recht aufwändigen – Permissionless Public Blockchain steht ein bestechender Vorteil gegenüber: Sie ist inhärent sicher. Die Stabilität liegt im System selbst. Allerdings nur unter folgender Prämisse: Die handelnden Subjekte müssen sich ökonomisch rational verhalten! Weder sind der Fehlerteufel ausgemerzt, noch der Spieltrieb, noch die Zerstörungswut, noch der politische Antrieb, wozu unten noch Näheres ausgeführt werden wird.

Kryptographie und Pseudonyma

Wie schon erwähnt kann sich Jedermann die Public Permissionless Blockchains in ihrer Gänze herunterladen. Wer teilnehmen will, muss dies sogar; unter Sicherheitsaspekten eigentlich irrsinnig, würde man meinen. Wie funktioniert nun das Prinzip des Pseudonymus? Der Nutzer speichert seine eigenen Bitcoin in sogenannten "Wallets". Diese sind ein Hybrid aus Inhaber- und Namenspapier. Zunächst funktioniert es wie ein Namenspapier: Nur demjenigen gehören z.B. die Bitcoin in einer Wallet, dessen Name in der Blockchain

verzeichnet ist. Wie er sie erwarb, die Transaktionshistorie also, kann jeder in den Kontenblättern, für alle Zeiten unveränderlich dokumentiert, "nachschlagen". Wie in der Buchhaltung (Stichwort: T-Konten) auch, bleibt die Transaktionshistorie auch dann sichtbar, wenn der betreffende Nutzer seine Bitcoin schon längst wieder veräußert hat. Der "Name" dieses Nutzers ist ein individuell vergebenes kryptographisches Pseudonym. Da auch dieses Pseudonym in Form des Private Key transagiert werden kann, wird aus dem Namenspapier letztendlich wieder ein Inhaberpapier. Wenn die Wallet nun auf einem Rechner liegt, die auch den Private Key enthält, kann der letzte Halter zwar das Passwort zu seinen Private Key im Kopf haben. Nur dieses Pseudeonym selbst, ein Datensatz, den sich unabhängig von seinem IQ niemand „merken" kann, verschafft den Zugang zu den diesem „Namen" zugeordneten Bitcoin.

Kryptographisch sind auch die Blöcke selbst untereinander verkettet. Beim derzeit noch vorherrschenden Proof of Work wird gerade mit den äußerst aufwändigen Rätseln im Wettbewerb untereinander nach dem passenden Schlüssel für den Vorgängerblock gesucht.
Die Schönheit des Systems – und damit ihre inhärente Sicherheit – liegt darin, dass zwar die Kryptographie angegriffen werden kann („Everything is hackable"), dies

aber lediglich zerstörerisch wirken würde. Das gilt sowohl für die kryptographische Verkettung der Blöcke, wie auch für die kryptographische Verschlüsselung bei den Wallets. Wie im Beispiel des Grundbuchs: Der Einbrecher in die Katakomben des Grundbuchamts kann eine Seite herausreißen oder neue Seitenzahlen aufschreiben. Er kann auch den Namen des Eigentümers durchstreichen oder übermalen. Die Fehler wären unmittelbar ersichtlich; das entsprechende Grundbuch wäre unbrauchbar: Einen Nutzen daraus ziehen könnte er nicht.

Prinzipiell ist Sicherheit also durch eine Verbindung von anspruchsvoller Verschlüsselungstechnik mit fehlendem ökonomischem Anreiz in sich gewährleistet. Dagegen stehen Zerstörung und Verlust: Die Presse ist voll mit tragischen Geschichten über abhanden gekommene Multimillionen-Werte an Bitcoin. So hat etwa ein früher Bitcoin-Schürfer irgendwann seine Festplatte entsorgt, auf der sein Private Key lagerte. Später erreichten die damit zugänglichen – also „seine" – Bitcoin einen Marktwert von 100 Mio EUR. Immerhin konnte der Mann herausfinden, auf welcher Mülldeponie die Festplatte noch unversehrt liegen muss, und verhandelt seither erfolglos mit der zuständigen Kommune, gegen eine Erfolgsbeteiligung von 50% die Kosten eines Aushebens der Deponie zu übernehmen.

Neue Betätigungsfelder für die Sicherheitswirtschaft

Cybersecurity: n-fach kopiert heißt n-fach hackable

Wenn also die Technologie inhärent stabil ist, warum sind dann die Zeitungen voll mit Geschichten von Lug und Trug im Zusammenhang mit Kryptowährungen? Und was bedeutet das für das Feld der Cybersecurity? Nun, die Anforderungen an Cybersecurity werden enorm steigen im Zuge der Verbreitung der Technologie. Der Grund ist, dass zwei Phänomene aufeinandertreffen: Eine Blockchain ist prinzipiell umso stabiler, je öfter der „Ledger distributed" wird, die Anzahl an „Nodes" n also möglichst gegen unendlich geht. Diese Distribution erfolgt ausschließlich virtuell. Dem steht das – höchst menschliche – Phänomen gegenüber, das sich am besten beschreiben lässt mit: „Was gehackt werden kann, wird gehackt". Und gehackt werden kann alles, zu dem ein datentechnischer Zugang besteht. Jeder Informatiker kann bestätigen, dass es eine hundertprozentige Sicherheit nicht geben wird. Mehr Kryptographie führt nur zu einem höheren Schwierigkeitsgrad, nicht aber zu absoluter Unmöglichkeit. Im Fall der Blockchain-Technologie hat diese unselige Melange zu dem für den einzelnen Betroffenen Eindruck größter Unsicherheit geführt. Dieser Eindruck ist jedoch nur zum Teil berechtigt, wie nachstehende Beispiele zeigen

MtGox: Mt Gox war der erste ernstzunehmende Handelsplatz für Bitcoin mit zeitweise 60% des gesamten Handelsvolumens; ein in Japan registriertes Unternehmen, das inzwischen insolvent ist und viele frühe Bitcoin Enthusiasten um ihr Geld gebracht hat. Zunächst gab es erhebliche technische Probleme mit dem Bitcoin Protokoll, die als „Transaction Malleability" bekannt wurden. Dann wurden erhebliche Kursschwankungen des Bitcoin durch eine unstrukturierte Informationspolitik verursacht, die sich auch zu den „Einlagen" der Teilnehmer verhielt und deshalb panikartige Reaktionen auslöste. Schließlich meldete MtGox das „Verschwinden" von 850.000 Bitcoin, wovon jedoch nach einer Weile 200.000 wieder auftauchten, während von 650.000 Bitcoin bis heute jede Spur fehlt. Das Unternehmen fiel in die Insolvenz. Während für das Verschwinden anfangs erneut ein technischer Fehler reklamiert wurde, die Bitcoin mithin Verlust oder Zerstörung zum Opfer gefallen sein sollten, verdichteten sich später Vermutungen, es handle sich womöglich doch um Unterschlagung durch einen Insider.

DAO: im Jahr 2016 kamen findige Tüftler aus der Weltstadt Mittweida in Sachsen auf die Idee, die Ethereum Blockchain und ihre Smart Contract Technologie zu nutzen, um im Wege einer „Decentralised Autonomous Organisation" Struktur („DAO") Fundraising zu betreiben. Innerhalb kürzester Zeit kamen über 100 Mio USD zusammen. Selbst die Financial Times berichtete über zwei Brüder aus Sachsen, die unter dem elterlichen Dach in die Tasten hauten und derlei vollbrachten. Die Aktion führte zu einem existenzbedrohenden Zusammenbruch der schon damals mit großen Vorschussloorbeeren versehenen Ethereum Blockchain, weil ein Hacker aus vermutlich einer Mischung von Spieltrieb, Neid und Missgunst diese DAO angriff und aufgrund bestehender technischer Schwachstellen zu Fall brachte. Auf Betreiben von Vitalik Buterin wurde die Ethereum Blockchain deshalb „geforked". Das ist so ziemlich das Schlimmste, was passieren kann: Von einem bestimmten Block an gabelt sich die betreffende Blockchain fortan und eine neue unangetastete Kette wird neben der korrumpierten fortgesetzt. Einen unmittelbaren kommerziellen Nutzen hatte der Angreifer von seiner Aktion nicht.

Schließlich traf es erneut die Ethereum Blockchain, diesmal jüngst in 2018. Ein „Whizz Kid" hatte – offenbar aus Langeweile und Spaß am Daddeln, aber durchaus mit der nötigen Intelligenz versehen – eine sogenannte „Multi-Signature-Wallet" angegriffen und offenbar zur eigenen Überraschung Erfolg damit. Dieser – man weiß es nicht genau – vielleicht Neunzehnjährige hatte plötzlich Zugriff auf Ether im Wert von rund 300 Mio USD und hätte Sie entwenden können. Das Hacken war wohl auch noch ziemlich simpel: Ein einfacher Methodenaufruf „initWallet()" genügte, um Drittelmilliardär zu werden. In Ermangelung genetisch prädisponierter krimineller Energie geriet der Junge in Panik und – der Strafrechtler würde sagen – trat strafbefreiend von seiner bösen Tat zurück. Das Dumme war nur, dass er glaubte, mit einem Befehl „kill()" die Angelegenheit ungeschehen zu machen. Tatsächlich „killte" er auf Nimmerwiedersehen die gesamten 300 Mio USD. Buterin versuchte die Wallet zu heilen, erhielt aber nicht den nötigen Konsens der Ethereum Gemeinschaft dafür (Blockchains sind eben auch schrecklich demokatisch) und firmiert inzwischen auf Twitter unter „Vitalik-Not giving away ETH"; Evangelisten eben.

Diese Ereignisse müssen Ottonormalverbrauchern zwangsläufig haarsträubend erscheinen. Eine Abkehr von der These einer inhärenten Sicherheit der Technologie erfordern sie nicht zwingend. In allen drei Fällen wirkten entweder der Fehlerteufel, der mit zunehmender Stabilisierung (es handelt sich um OpenSource Technologie bei den Public Permissionless Blockchains) ausgemerzt werden dürfte, oder es handelte sich um eine gewollte Schwäche, nämlich das Halten von Krypto-Assets in zwingend

unsicheren „Hot Wallets", vgl. dazu weiter unten.

Die Akteure der Cybersecurity werden langfristig und nachhaltig Arbeit zu verrichten haben, Liberland hin oder her:

Technische Schwachstellen werden stark zurückgehen, aber nie gänzlich zu eliminieren sein.

Spieltrieb: Hacker sind oft intrinsisch motiviert. Sie wollen einen Erfolg erzielen, für den sie schlicht gefeiert werden, weshalb Ihnen Zerstörung auch dann genügt, wenn sie nicht zu kommerzieller Bereicherung führt. Dies ist ein ganz erhebliches Problem einer Technologie, die ihre inhärente Absicherung aus ökonomischen Anreizen ableitet. -

Handlungen in Bereicherungsabsicht: Der Bösewicht wird immer energetisch nach Schwachstellen suchen. In der Tat fällt es ihm schwerer als in anderen Bereichen, zum Erfolg zu kommen. Dazu unten mehr.

Politische Motivation. Zerstörung und Verlust können auch aus rein politischen Motiven betrieben werden. Auch dazu unten mehr.

Wie sich zeigen wird, sind Angriffe mit Bereicherungs- wie auch mit politischen Absichten geeignet, sich nicht nur gegen virtuelle, sondern gleichermaßen auch gegen physische Infrastrukturen zu richten.

Daten- und Geheimnisschutz: Krypto oder Beton?

Die – grundsätzlich stabilisierende – n-fache Distribution hat eine weitere Kehrseite: Zwar kann ein n-fach kopiertes Dokument nur mit nachhaltiger Wirkung fälschen, wer es n-fach fälscht. Aber der Preis dafür ist, dass jeder sehen kann, was im Dokument steht, jeder zugelassene Teilnehmer in der Permissioned, ein Jeder in der Permissionless Public Blockchain. In Liberland leben Libertäre. „The right to be let alone" ist nach einem berühmten Aufsatz von Samuel Warren und Louis Brandeis in der Harvard Law Review (1890) jedoch ein zentrales liberales Grundrecht: Es ist das pure Gegenteil von Transparenz. Geheimnisschutz als Errungenschaft stehen der Verbreitung entgegen!

Im Fall unseres Grundbuchs wird dies offensichtlich: Die enorm aufwändige Sicherung des Grundbuchs vor Fälschung oder Zerstörung wäre mithilfe der Blockchain Technologie obsolet, in Liberland sogar jede staatliche Befassung damit, aber umso sichtbarer wären die Daten. Ein schönes Beispiel: In Deutschland ist das Grundbuch ein wohlgehütetes Geheimnis. Nur Notare dürfen dort Einblick nehmen. Das mag in anderen Ländern ähnlich sein. Hierzulande wünscht man es nicht, dass der Nachbar sehen kann, wie hoch ich mein Haus belastet habe. Nicht einmal die Eigentümer sind einsehbar. In anderen Ländern sind zumindest die Eigentumsverhältnisse für jedermann online einsehbar. Es wird sich – soviel sei an dieser Stelle prognostiziert – die Frage des Datenschutzes vor dem Hintergrund der Blockchain-Technologie erneut stellen: Wieviel davon braucht es wirklich? In Liberland herrscht geradezu nudistische Transparenz: Wir fühlen uns an die einmal so starke und sogleich wieder im Nichts verschwundene Piratenpartei erinnert: Nichts ist privat. Wenn aber Geheimnisschutz ein Bürgerrecht auch in Liberland sein soll, hülfe wieder nur bestmögliche Kryptographie. Diese kommt indes nur mit physischer Sicherheit daher: den Private Key, und der ist nicht virtuell, sondern materiell (vgl. unten „CIT").

Der Fall Skripal zeigt jüngst erst wieder: Wer wirklich ganz sicher gehen will, dass Informationen unter keinen Umständen einen bestimmten Kreis verlassen, der wird um die bewährte Betonhülle nicht herumkommen. Und der Stecker zum Netz bleibt gezogen, Firewall hin oder her. Der russische Geheimdienst wird schließlich gerade deshalb verspottet, weil er noch dazu fortlaufend nummerierte(!) Ausweisdaten über die beiden Geheimagenten just in einer Datenbank hielt, auf die Zehntausende Beamte, also Permissioned User(!), Zugang hatten.

N-fache Sicherheitsarchitektur: virtuell und physisch

Schon der Daten- und Geheimnisschutz führt folglich zu deutlich höheren Anforderungen an die physische Infrastruktur. Und physische Infrastruktur braucht auch physische, materielle Sicherheit. Dies betrifft dann sowohl die Speicherorte als auch die Übertragungswege und Knotenpunkte.

Unter dem Prinzip der PBFT (Practical Byzantine Fault Tolerance) innerhalb einer Blockchain soll beispielsweise der Ausfall eines einzelnen Knotens (mit Manipulationsabsicht oder unbeabsichtigt) das Gesamtsystem nicht mehr gefährden. Das oben schon erwähnte Prinzip der PBFT ist seit langem in Computergroßsystemen bekannt. Es beschreibt die Fehlertoleranz in Mehrprozessor-Systemen. Ein bestimmter Anteil von Prozessoren darf sich fehlerhaft oder sogar absichtlich verräterisch verhalten und wird toleriert. Komplexe mathematische Formeln regeln, wieviele Fehler oder Partisanen es in Sub- und Sub-Sub-Systemen geben darf, um unter Anwendung von bestimmten Mehrheitsregeln noch in der Gesamtschau zu einem richtigen Ergebnis zu gelangen. Der Name entstammt dem Kommunikationsproblem unter osmanischen Generälen bei der Eroberung Konstantinopels (Byzanz) 1453, die über Boten miteinander kommunizieren mussten, aber voneinander wussten, Verräter und Unfähige in den eigenen Reihen zu haben. Es liegt unmittelbar auf der Hand, dass auch hier die größere Anzahl an Prozessoren oder Nodes die Problemlösung über Mehrheitsfindung erleichtert. Entsprechend wird die schiere Größe (Anzahl und Umfang) der notwendigen Infrastruktur zu einem Anstieg der in Anspruch zu nehmenden Datenspeicherungs und -übertragungsinfrastruktur führen. Der Aufwand zur Sicherung und Bewachung steigt.

Unterstellen wir also, dass auch in Zukunft erhebliche Bereiche des privaten und wirtschaftlichen Kosmos geheim bleiben sollen, und zum Teil sogar besonders geheim, so werden sich moderne Unternehmen der privaten Sicherheitswirtschaft auf glänzende Geschäfte einstellen können. Modern in diesem Sinne zu sein, erfordert aber, die gesamte Bandbreite vom Wachmann über die Sicherheitstechnik bis zum IT-Experten vorzuhalten, wichtiger noch: die zukünftigen Anforderungen zu verstehen und diesen gemäß die Schnittstellen zu beherrschen. Ein bloßes Nebeneinander von Dienstleistungen wird nicht reichen.

Angriffe auf Mining Infrastruktur: Neu Clondyke?

Liberland stellen wir uns ungefähr wie ein isländisches Dorf vor: Alle Türen stehen offen. Jeder traut Jedem, junge Libertäre pflegen alte 68er Kommunarden in ihren Schaukelstühlen. Die Blockchain-Technologie hat ihr übriges dazu getan: Alles ist dezentral, keine staatliche Autorität vonnöten und Sicherheit ist Allgemeingut.

Es könnte so schön sein. Wenn, ja wenn nur nicht diese Kryptowährungen wären. Spielsucht und Gier treffen auf kriminelle Energie: Wenn die Bank immer gewinnt, raube sie aus (oder auch „Ocean 22"). Und so: *„In einem isländischen Datencenter wurden kürzlich weitere hochwertige Mining-Computer entwendet. Dies ist seit Dezember des Vorjahres bereits der vierte Vorfall der Diebstahl-Serie. Nach Angabe der örtlichen Polizei ist dies der teuerste Beutezug von Kriminellen auf der isländischen Insel…. Drei Diebstähle dieses Beutezugs ereigneten sich im Dezember 2017…. Die gestohlenen Mining-Computer besitzen insgesamt einen Wert von fast zwei Millionen US-Dollar. Sie sind darauf ausgerichtet, Kryptowährungen wie den Bitcoin zu schürfen. Bislang fehlt von den Geräten noch jede Spur."* (aus BTC-Echo, 4.3.18)

Island ist ein Eldorado für Rechenzentren mit Mining Computern, weil diese zum einen dort aufgrund der niedrigen Außentemperaturen preiswert gekühlt werden können und zum anderen die Strompreise extrem niedrig sind. Aus dem beschaulichen Island, wo ein Unternehmen für physische Sicherheit zu betreiben vermutlich lange Zeit äußerst unattraktiv war, ist nun so etwas wie ein Neu-Clondyke geworden: es geht um richtig großes Geld. Um die immer schwierigeren Rätsel zu lösen, die es erlauben, das auf jeden neuen Block fest vorgegebene Honorar nebst den von den dort Handelnden ausgelobten Gebühren zu kassieren, braucht es spezieller Rechner, die in großer Zahl aneinander geschlossen den Erfolg gewährleisten. Sie sind wegen ihrer Homogenität und der einfachen Skalierung inzwischen zu einer Commodity geworden, wie die Kryptowährungen selbst. Und Commodities werden seit Menschengedenken so schwungvoll gestohlen, wie sie gehandelt werden. Nur sind sie eben physisch. Sie müssen einfach bewacht werden.

Neben den schlicht ökonomischen Anreiz zum Angriff tritt ein politischer. Dieser droht aus mindestens zwei Richtungen und nur einer davon ist mit herkömmlichen Methoden der privaten Sicherheitsarchitektur, Technik und Mensch, zu bewältigen. Erstens hat der enorme Ressourcenverbrauch für den Betrieb der Mining-Infrastruktur bereits Naturschützer auf den Plan gerufen. Ob im Hambacher Forst oder im globalen Neu-Clondyke: Neben friedlichen gibt es immer auch radikale Kräfte. Es ist also über kurz oder lang mit Sabotage Akten aus diesem Lager zu rechnen.

Der zweite potentielle Angriff ist der von governmentalen Akteuren und diese haben für gewöhnlich das Gewaltmonopol. Dem etwas entgegenzusetzen ist nicht die Sache privater Sicherheitsunternehmen; von Söldnerunternehmen, einmal abgesehen.

Die Bedrohung ist alles andere als irreal, wie sich am Beispiel Chinas zeigt: China hat aus politischen Gründen den Handel mit Kryptowährungen Anfang 2017 untersagt. Zu diesem Zeitpunkt und über einen längeren Zeitraum danach befanden sich jedoch deutlich über 50% jener Rechnerkapazität von Bitcoin-Mining-Servern physisch auf dem Territorium von Festlandchina, und damit genau jene kritische Größe, die ausreichen würde, die Blockchain, die „Blöcke-Kette", zum Reißen zu bringen. Es braucht nicht allzu viel Vorstellungskraft, dass ein Xi Jinping den Mut und politischen Willen aufbringen würde, einen Marktwert von im damaligen Bitcoin Peak 340 Mrd. USD (nur BTC) zu zerstören, ohne einen unmittelbaren ökonomischen Nutzen für sein Land – oder sich und seine Entourage – davon zu haben und damit auch zahlreiche seiner Landsleute um das entsprechende Vermögen zu bringen, allemal wenn man dies als weiteren Schlag gegen die Korruption verkaufen könnte.

©lamaxstudio- stock.adobe.com

Wenn man einmal aus – sicherheitstechnischer Perspektive – auf den physischen Zustand vieler dieser Farmen blickt, wären jedenfalls kaum mehr als eine paar schlecht bewaffnete Kompanien der Volksbefreiungsarmee zur Umsetzung eines solchen Vorhabens nötig.

CIT: Cash in Transit wird Crypto in Transit

„Das große Dings bei Brinks" mag den älteren Kinogängern in den Sinn kommen, wenn Sie an Geld- und Werttransport („Cash-in-Transit" im internationalen Sprachgebrauch) denken: Bis an die Zähne bewaffnete Wachleute fahren in gepanzerten und womöglich gar begleiteten Transportern durch die Lande und versorgen Banken und Wirtschaft mit Bargeld. Der Ökonom staunt beim Blick auf die deutsche Geld- und Werttransportszene: Schon im zweiten Jahrzehnt werden in diesem noch dazu investitionsintensiven Geschäft zwar Leib und Leben eingesetzt, aber es wird keinerlei Gewinn erzielt. Ein großer und ein kleiner Unternehmer verwechselten das Transportgut mit eigenen Umsätzen und landeten hinter schwedischen Gardinen. Dennoch bleibt hierzulande der Cash-Umlauf auf Sicht ein bedeutendes Bedrohungsfeld, in dem sich private Sicherheitswirtschaft betätigt, nicht zuletzt wegen der dramatischen Zunahme von Anschlägen auf Geldautomaten.

© Zoltan Galantai - stock.adobe.com

Zweifelsohne wird der Aufstieg von Kryptowährungen, die es ohne die Blockchain Technologie nicht gäbe, zusätzlichen Einfluss auf den Umfang des Bargeldumlaufs haben, neben dem ohnehin starken Druck des bargeldlosen Zahlungsverkehrs. Dagegen stehen die schon angerissenen Geschwindigkeitsprobleme und die besondere Liebe des deutschen Michel zu seinem Bargeld. Hier wäre man schnell durch mit dem Thema: Ob nun schneller, wie in Skandinavien, oder langsamer, wie in Deutschland: CIT-Business ist ein totes Pferd, auf das der Sicherheitsunternehmer besser nicht setzt. Und angesichts von Kryptowährungen ohnehin nicht. Nächstes Kapitel. Oder vielleicht doch nicht?

Mitnichten. Und zwar aus zwei Gründen: Kryptowährungen, mindestens aber der Bitcoin, werden langfristig einen Stellenwert als Wertaufbewahrungsmittel haben („Monetary Store of Value"), der Gold oder anderen Edelmetallen durchaus ebenbürtig sein kann. John Pfeffer leitet in einer ökonomisch stringenten Analyse eine Prognose ab, wonach sich das abgeschlossene System des Bitcoin bei einem angenommenen Bedarf an Wertaufbewahrung bei einem BTC Kurs von zwischen 250.000 und 800.000 USD einpendeln wird *(vgl. John Pfeffer, An (Institutional) Investor's Take on Cryptoassets, 24.12.2017 V.6, S. 20)*. Zweitens wird es für die Aufrechterhaltung von Kryptowährungen immer den Bedarf des Mining geben, und zwar auch dann, wenn sämtliche neue 21 Mio Bitcoin geschürft sein werden, voraussichtlich etwa 2040. Denn um zu transagieren, braucht es immer wieder neuer Blöcke, die nach dem Prinzip des Proof of Work entstehen. Reward für den Miner sind dann lediglich Gebühren in Form bestehender Bitcoin, die die Transagierenden ausloben. Die Rechnerleistung wird es immer brauchen.

Es liegt unmittelbar auf der Hand, dass damit der Wert von Rechnern stabil hoch bleiben wird, auch wenn sie dem inzwischen etwas abgeschwächten Moore'schen Gesetz folgend immer weniger physischen Raum bei gleicher Leistung einnehmen werden. Sie werden dennoch immer materieller Natur bleiben und deshalb bewacht werden müssen. Werden wir also 2050 auf den Straßen Trucks in vielleicht kleineren Dimensionen, aber mit derselben Panzerung und bewaffneten Begleitung sehen, wie heute diejenigen der Bundesdruckerei?

Weniger augenfällig dagegen ist eine weitere, zwingende physische Notwendigkeit: Die bisherigen Diebstähle oder Verluste von Bitcoin und Co., von denen in den Medien zu lesen ist, sind, wie bereits oben angedeutet, durch Fehler

oder durch den Umstand, dass die meisten handelnden Personen der Einfachheit halber ihre Kryptowährungen auf den dafür zur Verfügung stehenden Plattformen deponiert haben, in sogenannten Hot Wallets, entstanden. Und diese sind wirklich hot: Sie beinhalten schließlich alles, was man braucht, um letztendlich Inhaber des Papiers (vgl. oben) zu werden: Public und Private Key. Dagegen gibt es nur einen Schutz, der sich inzwischen auch durch-

©Mingis - stock.adobe.com

setzt: Die Cold Wallet. Dabei handelt es sich zumeist um eine Kombination aus Hardware – in Form eines USB Sticks etwa – und Software. Die Software enthält einen Passwortgenerator und ermöglicht zusätzlich die Eingabe eigens kreierter Passwörter. Auf diesem Hardware-Device wird der Private Key gespeichert, ohne den die im Netz liegende und in der vielfach kopierten Blockchain verschlüsselte Kryptowährung nicht mehr genutzt werden kann. Das ist interessant, denn anders als oben insinuiert ist dieser einzelne Bitcoin zwar öffentlich, aber er kann ohne den Private Key eben nicht genutzt oder auch nur zerstört werden. Wer also auf Nummer sicher gehen will, wählt diesen Weg. Der Unterschied zum Bargeld ist zweierlei: Einerseits benötigt im Gegensatz zum Bargeld eine beliebig hohe Summe immer nur denselben Datenspeicher. Andererseits kann den Stick allein auch niemand zu Geld machen, sofern er nicht auch über das Passwort verfügt.

Ergebnis: Der Transport großer Mengen von Kryptowährungen erfolgt sicherheitshalber physisch. Bedrohungslagen sind Zerstörung oder Verlust wie im Fall des bemitleidenswerten Festplattenbesitzers, der um die Erlaubnis ringt, die städtische Mülldeponie auf Links drehen zu dürfen. Der Geldtransporter muss nicht im Volumen mit dem Wert des Transportguts wachsen, Panzerung und Bewachung dagegen schon. Wegen des Passworts tritt aber anders als beim Bargeld nun auch noch der Personenschutz auf den Plan. Vitalik Buterin etwa, der eingangs erwähnte Ethereum Erfinder, nennt mit seinen 24 Lenzen in etwa einen Marktwert von rund 300 Mio USD seiner Währung Ether sein Eigen. Grund genug, Tresore und Bodyguards gegen physischen Verlust und Folter im Zugriff zu haben. Die private Sicherheitswirtschaft hat zu tun: Crypto-in-Transit eben.

Chance: Enforcement of Crypto-to-Real-Assets

Die DLT ist geeignet, beliebige digitale Informationen zu verbreiten und speichern: „Digital Assets" also. Die Frage, die sich in Zukunft vermehrt stellen wird, ist die nach der Verbindung zur physischen Welt. Zwar mag der eine oder andere sich bereits zur Ruhe gesetzt haben mit dem in Kryptowährungen herbeispekulierten Vermögen, aber genießen wird er dies dann doch am liebsten im Ferienhaus oder auf der Yacht. Und das sind höchst materielle Güter. Zurück zum Grundbuch: Was nutzt es, wenn das moderne blockchainbasierte Grundbuch und Kataster im Idealfall einmal ganz ohne zentrale Autorität – das Gericht – auskommen können: Sollte der Nutzer aus welchen Gründen auch immer im Gebäude verweilen, obwohl er die Hypothek nicht pünktlich bedient, wird zu vollstrecken sein. Das gilt auch für alle krypto-dokumentierten materiellen Güter: Wie der herkömmliche Titel zur Vollstreckung den Gerichtsvollzieher braucht, wird hier in Zukunft eine Durchsetzungs- (Enforcement-) Industrie ganz eigener Art entstehen.

Sehr konkret laufen seit 2016 die schon zuvor erwähnten Initial Coin Offerings. Der überwiegende Teil erfolgt durch die Ausgabe sogenannter „Utility Token". Sie sind damit in etwa dem Crowdfunding vergleichbar: Ein Startup-Unternehmen hat die Idee für eine Dienstleistung oder ein Produkt und benötigt zur Weiterentwicklung, Umsetzung und Produktionsanlauf Geld. Das besorgt es sich bei seinen zukünftigen – ersten – Kunden. Sie zahlen ein und erhalten lediglich einen Anspruch auf das noch zu schaffende Produkt oder die Dienstleistung, im ICO Jargon „Utility". Die ICOs betreffen in der Regel – ohne dies zu müssen, sondern aus Gründen der besseren Story – Produkte oder Dienstleistungen mit Blockchain Bezug. Immer erfolgt die Emission selbst mithilfe eines Smart Contracts blockchainbasiert. Die Ansprüche werden als Token emittiert, die ihrerseits eine eigene Währung darstellen sollen, die dem Handel unterliegt, mithin „floaten" kann.

Einige der geschaffenen Token sind mit physischen Assets unterlegt. So gibt es beispielsweise Real Estate Token.

Ein völlig neues Betätigungsfeld, vielleicht sogar eine Großchance, eröffnet sich solchen Sicherheitsunternehmen, die Know How in der IT, im Recht und in der physischen Sicherheit vereinen. Wer diesen Zukunftsmarkt bedienen will, sollte das Geschäft nicht allein findigen Anwälten oder Inkassounternehmern überlassen.

Anwendungsmöglichkeiten in der traditionellen Sicherheitswirtschaft

Mörder ist immer der Gärtner und Dieb ist immer der Wachmann

Die Unternehmen der persönlichen Sicherheitsdienstleistung hören und lesen es ungern: Aber der Wachmann ist immer der erste Verdächtige. Ironischerweise lautet die Fortsetzung der Meldung zu den Miningcomputer-Diebstählen auf Island oben wie folgt: *„Bislang wurden neben einem Wachmann zehn weitere Personen festgenommen, zwei davon befinden sich … weiterhin in Untersuchungshaft."* (BTC-Echo, 4.3.18).
Dies stellt bekanntermaßen die größte Herausforderung für die Dienstleister dar: Sie sind der Garant dafür, dass der einzelne Wachmann „sauber" ist. Die Situation in Deutschland spricht allerdings dagegen, dass die Märkte ernsthaft mit einer Sicherstellung dessen rechnen. Vor allem die öffentliche

Hand schert sich kein bisschen darum, ob „Michis Wachbude" oder ein hochprofessionelles Unternehmen Dienst leisten, so lange die Voraussetzungen vorliegen. Und die Voraussetzungen für die Erteilung einer Gewerbeerlaubnis und für die Beschäftigung von Wachpersonal sind denkbar gering. Wer in seinem Strafregister ohne Kapitalverbrechen daher kommt, einen festen Wohnsitz, 5.000 EUR und ein Notebook sein Eigen nennt, wird Sicherheitsunternehmer. Ein paar Stunden physischer Anwesenheit in der nächstgelegenen IHK sind schnell abgesessen. Forderungen von Verbänden und seriösen Unternehmen, doch wenigstens die Anwendung der DIN 77200 bei öffentlichen Ausschreibungen verpflichtend vorzuschreiben, verhallen derzeit – noch. Wenn eine Stadt Köln, die größte in genau dem Bundesland, das durch den Fall Burbach Negativschlagzeilen machte, ihre Flüchtlingsheime neu ausschreibt, dann gilt: 100% Preis, 0% Qualitätsanforderung.

In der privaten Unternehmenssicherheit wandeln sich die Dinge dagegen allmählich zum Besseren. Auch Großunternehmen verlangen zunehmend höhere Qualität und rücken den Preis in den Hintergrund. Glänzend steht dagegen seit jeher der mittelständische, unternehmerisch geführte Kunde da: Hier zählen Zuverlässigkeit, persönliche Beziehung und Vertrauen noch und das eingesetzte Wachpersonal agiert umso verlässlicher

und „sauberer", je besser es behandelt wird.

Abhilfe verspricht überdies das Bewacherregister, das soeben vom Bundestag verabschiedet wurde und ab 1. Januar 2019 zumindest dem trotz ohnehin schon niedriger Hürden dennoch grassierenden Wildwuchs und Fälschungswesen bei der Berechtigung von Wachpersonal Einhalt gebieten soll. Hierzu sei die Prognose gewagt, dass damit der erste Schritt zur Einführung jedenfalls einer Private Blockchain, mindestens aber eines Distributed Ledger, auch für Zwecke der Erfassung der hier zu erhebenden und verwalteten Daten erfolgen wird. Der Wirtschaftsrat der CDU forderte in einem Papier am 6. März 2017 provokant, aber vollkommen richtig:

„Deutschland braucht die Bundesblockchain" (Junger Wirtschaftsrat im Wirtschaftsrat der CDU e.V., 6.3.2018)

Ein weiterer Schritt wird sein, von einer solchen distribuierten Datenbank auch zu einer „Smart Contract Bibliothek" zu gelangen. Ebenso richtig wird dortselbst gefordert, dass eine solche Bundesblockchain auch weitere Daten von und über seine Bürger enthalten sollte, also etwa Steuer-, Sozialversicherungs- und Rentendaten. Kein Wunder, dass auch das Grundbuch genannt wird: *„Wir brauchen das smarte Kataster"* (ebenda).

Die Auswirkungen für die Branche

der Sicherheitsdienstleistung wären enorm, käme es zu einer derartigen Vernetzung. Denn der Wettbewerb wird nicht nur dadurch teilweise ruinös betrieben, dass Qualifikationen zu niedrig sind oder gar die niedrigen nicht eingehalten werden, sondern weil massiv mit Scheinselbständigen und Dummy-Aushilfen gearbeitet, Sozialversicherungen verkürzt und Lohnfortzahlungen verwehrt werden.

Bewachung:
Ein Market of Lemons

Für das Geschäft mit den Bewachungskräften werden aber auch diese Maßnahmen erst in ferner Zukunft und auch dann nur begrenzt Abhilfe schaffen. Denn der Sicherheitsunternehmer leidet unter einem Problem, das in der volkswirtschaftlichen Theorie als Phänomen des „Zitronenmarkts" Geschichte geschrieben hat. Der Nobelpreisträger Prof. George Akerloff erklärte dieses in einem wissenschaftlichen Aufsatz 1970 anhand von Gebrauchtwagenmärkten mit einem inhärenten Informationsdefizit: Nachfrager auf dem Gebrauchtwagenmarkt haben keine Möglichkeit, insbesondere die Maschine und andere nicht sichtbare Teile auf ihre Funktionsfähigkeit zu untersuchen. Das „durchgenudelte" Fahrzeug ist nicht zu unterscheiden vom pfleglich behandelten Auto gleicher Marke, Alters und Fahrleistung. Der Anbieter des letzteren verlangt zu Recht einen höheren Preis, kann dem Nachfrager den Vorteil nicht vermitteln.
Es besteht ein Defizit an zugänglichen Informationen. Der Nachfrager müsste „blind" vertrauen, wird aber eher dazu neigen, den schlechteren Zustand zu unterstellen und nur einen geringeren Preis zu zahlen. Auch weitere Nachfrager werden dies so sehen mit der Folge, dass die Anbieter guter Fahrzeuge ihre Angebote zurückziehen und vom Markt verschwinden. Übrig bleiben nur noch die Zitronen.

Der Bewachungsmarkt leidet unter einem vergleichbaren Problem: Die Dienstleistung zerfällt im Moment ihrer Erbringung und sie bleibt, von Empfangsdiensten ohne Sicherheitsaspekte und ähnlich sichtbaren Tätigkeiten abgesehen, auch überwiegend im Verborgenen. Der Wachmann und sein Arbeitgeber haben weder vor dem Beginn der Tätigkeit, also vergleichbar mit dem Fahrzeugmarkt beim Einkauf der Leistung durch Auftragserteilung seitens des Kunden, noch während der Erbringung der Dienstleistung, eine Möglichkeit, dieses Informationsdefizit mehr als allenfalls graduell zu verringern. Denn gefordert ist Sicherheit. Und Sicherheit ist die Abwesenheit von schädigenden Ereignissen. Geschieht nichts, ist die Leistung erbracht, ob aus Zufall oder wegen guter Qualität, ist nicht messbar. Geschieht umgekehrt etwas wegen eines schlafenden oder dolos handelnden Wachmanns, ist es zu spät. Jede andere persönliche Dienstleistung dagegen offenbart ihre Qualität spätestens mit ihrer Erbringung.

Gläserner Guard?

Folglich haben Sicherheitsunternehmen ein erhebliches Interesse an einer Behebung des Informationsdefizits, denn es schadet ihnen auch auf der „Beschaffungsseite", dem Recruiting: Wer will schon Wachmann werden, wenn ihm eh keiner traut, er folglich als Gauner per se angesehen wird. Zumal es ohnehin nicht gerade hoher, gar akademischer Anforderungen bedarf, den Beruf in seiner einfachen Ausprägung auszuüben.

Anders als beim Gebrauchtwagenmarkt gibt es immerhin diese zweite Betrachtungsebene: Der – moderne – Wachmann hat nämlich die Möglichkeit, die Informationslage zu verbessern. Während es beim Kfz nötig wäre, Motor und Getriebe gläsern zu machen, um den Blick auf den Zustand von Kolben und Pleueln freizulegen, hat der Wachmann, ohnehin beim Umgang mit sozialen Netzwerken an einen gewissen Exhibitionismus gewöhnt, jedenfalls was die jüngere Generation angeht, sehr wohl die Möglichkeit, seine besondere Expertise, zunächst einmal seine Lauterkeit, aber auch relevante Zusatzfähigkeiten, nicht nur beim Sicherheitsunternehmen, sondern sogar beim Endkunden zu dokumentieren. Wäre diese Dokumentation unkorrumpierbar in einem – womöglich nur begrenzten (also Permissioned) – Kreis dezentral zugänglich, so wäre eine Unmittelbarkeit der Leistungserbringung jedenfalls technisch und auch „sicher" möglich.

Dass ein Unternehmenskunde Bewachungsleistungen direkt ankauft, erscheint im Moment noch kaum vorstellbar. Ein Blick darauf sei dennoch gewagt.

Peer2Peer oder „Uber for security"

Vor einigen Jahren etablierte sich der Ausdruck „Uberisierung" (Uberisation im englischen Original): Hintergrund war das – revolutionär erscheinende – Geschäftsmodell der Firma Uber: Wenn sich, ohne auf eine übelgelaunte Telefonistin vertrauen oder sich in den Regen an den Straßenrand stellen zu müssen, zielsicher, pünktlich und transparent ein Taxi bestellen und bezahlen ließ, gesteuert nur durch eine Plattform, die Fahrer und Kunde zueinander bringt, so müsse dies doch auch auf alle erdenklichen persönlichen Dienstleistungen Anwendung finden können. Schnell entstand der Ausdruck „Uber for X" und es dauerte nicht lange, bis in San Francisco ein Startup an die Stelle des X den Ausdruck Security setzte, Bewacher und Bewachte unter dem feschen Firmennamen Get Bannerman zusammenbringen wollte und – grandios scheiterte.

Uber, Lyft, Didi & Co. verdanken ihren Siegeszug eher allgemeinem technischen Fortschritt: Smartphones und GPS. Dadurch dass der Computer auf Miniaturformat in Form eines Smartphones schrumpfte, welches ein Scangerät in Form der Kamera mit einem hochauflösenden Bildschirm verbindet, der Drucker und Papier ersetzen kann, bestand die Möglichkeit, auch sehr kleinteiliges Geschäft zwischen Benutzern Ende-zu-Ende automatisiert zustande kommen zu lassen. Die praktisch kostenfreie Ortungsfunktion über Satelliten nebst vollständiger Kartographierung sämtlicher Urbanisationen auf der Welt ließen dann auch zu, dass solch kleinteiliger Kommerz zwischen beweglichen Endpunkten, Personen, aber auch Dingen (Sharing Autos, Fahrrädern z.B.), stattfindet. Als nächstes brauchte es nur noch den eisernen Willen, zum Teil prohibitive Regulierung zu durchbrechen („Ein Arschloch namens Taxi") und ein

multimilliardenschweres Unternehmen ohne „Assets" und mit so vielen Mitarbeitern, wie auf eine Hochhausetage passen entstand. Nobelpreistauglich war das nie, kommerziell indessen bewundernswert. Der Vergleich mit dem Sicherheitsgeschäft drängt sich zunächst auf, weil – entgegen landläufiger Meinungen – die schiere Größe der Bewachungsmärkte („Manned Guarding") die der Taximärkte übertrifft. Dies ist eher wenig bekannt. Weltweit dürfte es sich um ein Volumen von ca. 200 Mrd. USD handeln, allein in Industrie- und den wichtigsten Schwellenländern. Im wesentlichen liegt das wohl daran, dass Taximärkte vor allem in metropolitischen Agglomerationen besonders groß sind und auf dem Land eine geringere Rolle spielen. Bewachung wird indessen überall nachgefragt. Sie findet auch in vielerlei Hinsicht „mobil" statt, sei es bei den Mobilen Diensten wie Revieroder Alarmfahrten beziehungsweise innerhalb größerer zu bewachender Perimeter.

Dennoch trat der seitens Get Bannerman gewünschte Erfolg nicht ein, bis heute nicht. Denn das Geschäft findet zum allergrößten Teil durch Vergabe in großen Losen statt. Selbst wenn nun also das Geschäft „demokratisiert" und der einzelne Wachmann als selbständiger Unternehmer arbeiten würde, wie auch bei Get Bannerman erfolgt, so wird Bewachung eben doch „am Stück" von Unternehmen eingekauft, während die Entscheidung, wann und in welches Taxi ein Fahrgast steigt, ihm auch dann obliegt, wenn sein Arbeitgeber die Reise bezahlt.

Bleibt in erster Linie die Frage, ob sich Bewachung dennoch auch zu einem Peer-to-Peer Geschäft entwickeln und in zweiter Linie, ob unabhängig davon die Blockchain-/DL-Technologie zu Effizienzen führen und damit disruptiv oder organisch die bisherige Struktur der Erbringung von Sicherheitsdienstleistungen verändern kann.

„Blockchain ist Uber ohne Uber": Ausblick für das Bewachungsgeschäft

Das größte Problem von Public Permissionless Blockchains ist ihre Langsamkeit. Das wurde schon beleuchtet. Für Sicherheitsunternehmen erscheint dies auf den ersten Blick als eine gute Nachricht. Denn Sicherheitsdienstleistungsunternehmen, die vornehmlich Bewachungstätigkeiten anbieten, bedienen sich zur Erbringung ihrer Leistungen Personals und sind damit vornehmlich eine Clearingstelle. Ihr „Value Add" besteht aber nicht nur darin, sondern aus dem „Dispatchen" der Kräfte. Hier droht indes neue Gefahr: Algorithmen, künstliche Intelligenz, sollten über kurz oder lang effizienter in der Lage sein, gerade bei dynamischen, kurzfristigen Lageänderungen auf das so geänderte Lagebild zu reagieren.

Nehmen wir das Beispiel einer Aufzugsanlage in einem Hochhaus. Das langsamste Fortkommen ist garantiert, wenn jeder für sich agiert und eine Menge X auf eine Anzahl von Aufzügen Y verteilt eine Anzahl Z an Stockwerken erreichen will. Zweitbeste Alternative ist die Steuerung durch einen Aufzugswart, der alle Aufzüge gemäß der Nachfrage möglichst effizient, also etwa von einem Leitstand aus, steuert. Wer schon einmal in einem modernen Hochhaus gearbeitet hat, weiß, dass ein solcher Aufzugswart immer vom Computer geschlagen wird: Jeder gibt vor Fahrtantritt sein Zielstockwerk ein und die Software entscheidet dann für jeden Fahrgast individuell, welcher Aufzug zu besteigen ist. Es sei daher an dieser Stelle die Prognose gewagt, dass jedenfalls im dynamischen Geschäft, etwa bei Veranstaltungen, insbesondere aber dort, wo auch sozialer Kontakt stattfindet, das Wachpersonal also „sichtbar" ist und ggf. noch Zusatzdienste erbringt, z.B. Informationen erteilt, auch eine Blockchain-/DL-Technologie Einzug halten könnte: Verbunden mit künstlicher Intelligenz würden Smart Contracts auch die unmittelbare und manipulationssichere Abrechnung ohne Intermediär sicherstellen. Damit stellt sich langfristig die Frage, warum nicht auch Wachmann und Kunde oder sogar, noch ein Stück weiter gedacht, der Besucher einer Veranstaltung in einen direkten Kontakt treten sollten. Ausgeschlossen ist das jedenfalls nicht, so visionär es auch momentan erscheinen mag.

Ein ICO aus Anfang 2018 fiel dem Autor dieses Beitrags auf, das einen gewissen Schatten vorauswirft. Unter dem Namen Blocklancer wurde erfolgreich ein ICO gelaunched, dessen Geschäft darin bestehen soll, den Freelancer Markt zu dezentralisieren und „demokratisieren". Auftraggeber und Freelancer sollen durch Ethereum basierte Smart Contracts miteinander agieren können, ohne dass es einer Zentralinstanz bedarf. Absehbare Dispute über Leistung, Qualität und Rechnungsstellung, die in einem kleinteiligen Geschäft wie diesem vorprogrammiert sind, sollen nicht etwa erst durch Anrufung ordentlicher Gerichte gelöst werden können, sondern, das ist der eigentliche Clou, werden einem „Tribunal" vorgelegt, alles virtuell versteht sich. An diesem Tribunal kann – sozusagen als Laienrichter – teilnehmen, wer sich über den Erwerb einer bestimmten Art und Anzahl von Token dazu qualifiziert hat. Klingt das skurril? Absolut. Ist es deshalb nicht vorstellbar? Keineswegs. Man sehe sich nur die rasante Entwicklung sogenannter „DApps, Decentralised Applications", an. Als Alternative zu konventionellen Apps sind diese Open Source programmiert, die Programmcodes auf einer Blockchain gespeichert, und sie sind geeignet Token zu erzeugen. Alles in allem zielen DApps also auf die komplette Dezentrali-sierung aller erdenklichen Formen der Zusammenarbeit ab: „Cut out the middleman" in seiner Reinform.

Das „distributed" OWKS

Bevor das Totenglöckchen für den Sicherheitsdienstleister geläutet wird, seien zunächst Chancen ins Auge genommen: Solche ergeben sich etwa beim elektronischen Wachbuch (oder auch d-englisch: „Online-Wächter-Kontroll-System" (OWKS)). Oben ist das Problem des Informationsdefizits hinsichtlich der Bewachungskräfte beleuchtet. Da erstaunt den Laien dieser hundert Jahre alte Begriff doch sehr: „Wächter-Kontroll-System" (WKS), vor einiger Zeit noch in Form der tragbaren Stechuhr, heißt ja nichts anderes, als dass der Wächter sich selbst kontrollierbar macht. Wem auch immer die Wortschöpfung zu verdanken ist: Von Marketing kann die Person noch keine Ahnung gehabt haben. Denn der Kunde erhält auf diese Weise den Eindruck, dass der Wächter offenbar von Haus aus vertrauensunwürdig ist und, gäbe es das WKS nicht, vermutlich auch die Kontrollpunkte nicht aufsuchen würde. Moderne Dienstleister werden erkennen, dass sich die Möglichkeiten zum Nutzen des Kunden erweitern lassen: Dienstleistung erlebbar machen, etwa mit einem Mobile Capturing System, das weit mehr festhält, als dass Wachmann X sich um Uhrzeit Y an Standort Z aufhielt.

Abrechnung durch Smart Contracts

So oder so: OWKS oder MCS dokumentieren. Und was dokumentiert ist, soll nicht mehr gefälscht werden können. Wachbücher werden gefälscht, elektronische Systeme sind manipulierbar. Ergänzt um Smart Contracts könnte sich der gesamte Ablauf vom Auftrag über die Erbringung der Dienstleistung, Kontrollgänge sowie sichernde Maßnahmen erfassen und dem Kunden berechnen, ggf. einstmals auch die Gegenleistung überweisen lassen.

Dies klingt im Moment noch wie Zukunftsmusik und ist sicher weder etwas für eine „Bundesblockchain", noch für eine Permissionless Public Blockchain im Stile von Bitcoin & Co. Aber die Entwicklung ist rasant, und auch hier werden sich die Unternehmer fragen lassen müssen, wann sie als Clearingstelle in ihrer jetzigen Form womöglich sogar überflüssig werden können.

Sicherheitstechnik: Kontrolle der Supply Chain

Großen Anklang findet die Blockchain bei der lückenlosen Dokumentierung innerhalb von Supply Chains, insbesondere, wenn diese global und vielstufig sind. Hier geht es um die Sicherstellung eines bestimmten Sicherheitsmerkmals,

technischen oder Umwelt Standards. Wer beispielsweise sicher sein will, dass sein Kaffee „fair" gehandelt ist oder sein T-Shirt ohne Kinderarbeit und nicht unter lebensgefährlichen Bedingungen hergestellt wurde, beginnend bereits bei der Baumwollernte, der muss sich auf allerlei Gütesiegel und Dokumentationsformen herkömmlicher Art verlassen. Keine Frage, dass in diesem Feld reichlich Betrug und Fehler stattfinden. Das gleiche gilt für das Dokumentengeschäft im internationalen Handel, mit dem Rechte und Kreditsicherheiten unter allen handelnden Akteuren über etliche Jurisdiktionen hinweg rechtssicher dokumentiert werden: Ein Eldorado für Fälscher, Betrüger aber auch schlicht den Fehlerteufel.

Anwendungsgebiete in der Sicherheitswirtschaft könnten also technische Hilfsmittel und Produkte der Sicherheitstechnik und deren Herkunft sein. Dual Use Produkte beispielsweise erfordern schon immer eine besonders akkurate Dokumentation ihrer Herkunft in der Liefer- und Wertschöpfungskette und ihrer Einsatzmöglichkeiten, ggf. auch ihrer bisherigen Verwendung, wenn es sich um langlebige Güter mit einem liquiden Sekundärmarkt handelt.

So sei etwa an die Bedeutung der Telekommunikation für die Sicherheitstechnik erinnert. Moderne Alarmsysteme sind „over IP". Die Telekom wird bis Ende 2019 ihre analogen und ISDN Verdrahtungen abschalten. Die Internetinfrastruktur wird bekanntlich von zwei chinesischen Playern mit großer Regierungsnähe dominiert, und schon ist von dem Vorwurf zu lesen, die chinesische Regierung sorge dafür, dass sich in den Devices Spionage-Microchips befän-den *(F.A.Z. vom 6. Oktober, S.17 „Amerika sendet scharfe Warnung an China").* Wer ausschließen will, dass sich in einer durchgängig zertifizierten Lieferkette Fälschungen einschleichen, wird sich der Blockchain-Technologie nicht verschließen können.

Fazit: Risiko oder Chance?

Dieser Beitrag unternimmt den Versuch, die zahlreichen Facetten der Blockchain/DL-Technologie und ihre Auswirkungen auf die Sicherheitswirtschaft zu beleuchten. Zunächst Fernliegendes konnte in strukturierter Form erhellt werden, wenn auch nur an der Oberfläche. Datenübertragung und -speicherung werden immer günstiger. Es lässt sich feststellen, dass sowohl erhebliche Potentiale in der Schaffung zusätzlicher Sicherheit für Mensch und Daten in der Technologie wohnen, sie aber zugleich neue Bedrohungsszenarien schafft, die einer professionellen Absicherung und Verteidigung durch Unternehmen der Sicherheitswirtschaft erfordern.

Dass die Technologie selbst in der Wertschöpfung der Sicherheitswirtschaft Effizienzen schafft, erscheint in weiten Teilen noch fernliegend. Doch entwickelt sich die Blockchain-Technologie rasant weiter, weshalb es allemal sinnhaft erscheint, frühzeitig Einsatzmöglichkeiten zu identifizieren und zu gegebenem Anlass auch zu implementieren.

Last not least ist auch das Liberland nicht undenkbar. Das vermag dann die Sicherheitswirtschaft so zu treffen wie auch ihre Schwester, die Versicherungswirtschaft, und zwar ganz gewiss im Konzert mit Künstlicher Intelligenz und autonomen Systemen.

Impressum

© 2018 Herausgeber:

Günter Calaminus

Autoren:

Philip A. Caspari und **Stephan Grinat**, W.I.S. Sicherheit + Service GmbH & Co. KG

Matthias Clausmeyer, W.I.S. Sicherheit + Service GmbH & Co. KG

Marian Meier-Andrae, MULTIROTOR GmbH

Dr. Frank Nikolaus, Nikolaus & Co. LLP

Dr. Tim Stuchtey und **Dr. Johannes Rieckmann**,

Brandenburgisches Institut für Gesellschaft und Sicherheit BIGS

Volker Wagner, ASW Bundesverband Allianz für Sicherheit in der Wirtschaft e.V.

Jan Wolter, ASW Bundesverband Allianz für Sicherheit in der Wirtschaft e.V.

Dirk Zundel, streamBASE GmbH

Bestellnummer:

ISBN 978-3-947973-00-2

Bezugs- und Verlagsanschrift:

TCC Verlagsgesellschaft
c/o W.I.S. Training + Service GmbH

Industriestraße 171
50999 Köln

E-Mail: kompendium@wis-sicherheit.de

Projektidee und -realisierung:

Oliver Arning
Suum Cuique - Medienberatung & Moderation

Kronprinzenstraße 38/40
44135 Dortmund

E-Mail: info@suum-cuique.org

Layout und Satz:

DITO
digitale Dienstleistungs-GmbH

Hängebank 3
45307 Essen

E-Mail: dito@ditogmbh.de

Bibliografische Informationen der Deutschen Nationalbibliothek: Die Deutsche Nationalbibliothek verzeichnet diese Publikation in der Deutschen Nationalbibliografie; detaillierte bibliografische Daten sind im Internet über http:/dnd.d-nb.de abrufbar.